Бывают любови разные — сиюминутные, восхитительные, тяжелые, странные, неудачные, вовсе никуда не годные. А бывают главные, их всего ничего. С такой любовью ничего нельзя сделать, она просто есть, и все.

Когда у меня спрашивают, где я беру сюжеты для своих романов, мне все время приходится врать, что придумываю. Потому что никто не поверит, что «так бывает».

Все изменилось, жизнь изменилась, но одно из моих самых лучших воспоминаний — как я сидела на досках возле лодочного сарая, ждала Женьку, который должен был меня спасти, и слушала Максима Леонидова.

А Питер, лучший город на земле!.. Просторный, летний, широкий! Вольный ветер, «флаги на башнях», корабли на Неве, Стрелка, которую так парадно и торжественно омывает река!..

УДК 821.161.1-32
ББК 84(2Рос=Рус)6-44
У80

Оформление *С. Груздева*

Под редакцией *О. Рубис*

**Издательство благодарит телеканал ТВЦ
за предоставленное фото на обложку**

Устинова, Татьяна Витальевна.

У80   Свиданье с Богом у огня. Разговоры о жизни, любви и самом важном : [сборник рассказов] / Татьяна Устинова. — Москва : Эксмо, 2019. — 352 с. — (Татьяна Устинова. Первая среди лучших).

ISBN 978-5-04-100323-4

Татьяна Устинова — известный писатель, телеведущая и интереснейший собеседник. Разговоры о жизни, любви и самом важном — сборник размышлений автора о тех самых простых и сложных вещах, составляющих нашу жизнь. Любовь, отношения в семье, дети, друзья, интересные незабываемые встречи — вот те темы-киты, которые интересны каждому из нас. А нетривиальный взгляд писателя делает самые простые и обыденные моменты и события пронзительными и значимыми! Истории, рассказанные Татьяной Устиновой, словно мозаичное панно складываются в напитанную любовью, полную переживаний и сильных эмоций картину жизни!

УДК 821.161.1-32
ББК 84(2Рос=Рус)6-44

ISBN 978-5-04-100323-4

РАЗГОВОРЫ о ЖИЗНИ,
ЛЮБВИ и САМОМ ВАЖНОМ

ТАТЬЯНА
УСТИНОВА

Свиданье
с БОГОМ
у огня

Москва
2019

СОДЕРЖАНИЕ

ТЯЖЕЛАЯ НОША

...У меня творческая встреча, я трушу ужасно и приговариваю про себя всякие глупости вроде того, что «трус, мол, не играет в хоккей» и «волков бояться — в лес не ходить», но ничего не помогает, я только сильней боюсь и начинаю злиться на себя. При чем тут волки-то?! И хоккей тоже ни при чем, может, трус в него и не играет, но я-то тоже не играю! И — да, я трус! Я боюсь, что не смогу связно говорить, что не отвечу ни на один вопрос, забуду все, что хотела сказать, перепутаю Серафимовича с Катаевым: первый написал «Железный поток», второй — «Время, вперед!», а не наоборот, не сумею правильно процитировать Борхеса, хорошо определившего, что такое на самом деле детектив. И еще вот: я навернусь на каблуках, надетых «красоты ради», уроню очки и стану ползать по сцене и шарить — без них я ничего не вижу, совсем, никак, — а люди будут сидеть в зале и смотреть, как я ползаю!..

Это очень страшно.

Встреча начинается, и я говорю, не слыша себя, и мне хочется убежать и спрятаться, но я говорю, и постепенно начинаю себя слышать, и мне начинает казаться, что люди тоже слушают и сочувствуют, и, кажется, вот сейчас я удачно пошутила — смеются, а сейчас стало по-настоящему интересно, потому что все молчат, никто не шушукается, не кашляет, не разговаривает по телефону громовым шепотом.

У тебя такая работа, говорит моя мама, когда я жалуюсь, что мне страшно, и в этот раз я точно провалюсь, вот увидишь!.. Ты общаешься с людьми — это и есть твоя работа. Когда ты дописываешь роман, и его печатают, а потом развозят по книжным магазинам, ты начинаешь общаться, не напрямую, конечно, но все, что ты думаешь, чувствуешь и понимаешь или чего не понимаешь, становится им ясно из книги. Это большое счастье, что люди хотят общаться дальше и приходят на встречи с тобой, а ты трясешься и думаешь о какой-то недостойной ерунде.

Недостойная ерунда — это как раз про каблуки и очки. Ну, в том смысле, что какая разница, как именно я выгляжу! Самое главное — красота внутренняя, так сказать, осмысленная, выработанная.

И еще честность.

Между прочим, так было всегда.

Обе бабушки считали, что думать о нарядах — глупость и пошлость, и, когда я старалась украситься, например, красным шарфиком, был у меня такой, косились неодобрительно. Брось ты этот шарфик, ей-богу! Главное, что внутри!.. Главное, сколько книг прочитано, сколько работы сделано, и как сделано — тоже важно. Главное, довольны ли в школе или институте, выполняешь ли ты свои обязанности. Очень немногочисленные, подчеркивали бабушки, совсем немногочисленные!.. В наше время, продолжали бабушки, девочка в твоем возрасте должна была... И пошло-поехало!.. И поехало, и пошло!

Одна бабушка «в моем возрасте», каким бы этот возраст ни был, помогала своей маме, то есть прабабушке, по хозяйству, сидела с братьями и сестрами, а их было много, носила своему папе, то есть прадедушке, обед на станцию, а это километров шесть, а он был машинист паровоза и никак не мог отлучиться с работы. И вот в любую погоду, в снег или в дождь, в жару или в грозу, бабушка собирала узелочки и шла на станцию, строго наказав сестрам и братьям ждать и не баловаться. Я отлично представляю себе — или мне кажется, что представляю, — трехоконный домик, узкие неровные стекла, а за ними плывущие встревоженные детские лица. Их заперли, оставили одних, велели сидеть тихо и дожидаться, и «чтоб ни-ни!», а придут не скоро, и они знают, что не скоро, и нужно как-то продержаться, а темнеет рано, электричества или керосина, конечно, нет и в помине, и очень страшно сидеть в темноте, и хочется есть и перестать бояться, и чтоб уж скорей взрослые пришли. Но нет, придут не скоро, и неизвестно, принесут ли поесть, нет ли...

Другая бабушка «в моем возрасте» прекрасно шила, и это ее шитье не раз выручало семью, спасало от голода в прямом смысле слова. Еще она стояла в очередях, многочасовых, многокилометровых — за керосином, за хлебом. А однажды, это она уже взрослая была, ей удалось добыть кусок стекла. Разбитое окно — серьезное бедствие!.. Мальчишки с улицы камнем или мячом попадут или ветку какую-нибудь ветром принесет ненароком, и нет стекла, а где его взять? Взять негде. В жилконторе все лимиты выбраны на двадцать лет вперед. Спекулянтам нужно отдать двадцать пять рублей — деньги в тридцатые годы не просто бешеные, а несуществующие как будто. Ну, наверное, как в нашей системе координат миллион. Или два. Множество окон, рассказывала бабушка, много лет стояли без стекол, хорошо если удавалось забить фанеркой, но, как правило, затыкали чем-нибудь, тряпками, ветошью. Холодно зимой без окна. И вот бабушку и еще каких-то активистов послали что-то там такое разбирать на чердаках. И она нашла в углу кусок стекла, огромный. Умная бабушка не побежала его сдавать, а припрятала, и ночью они с прабабушкой пришли и вытащили стекло, как воровки.

И вы понимаете, да?.. Это ведь ерунда. Все по-настоящему трудное у моих бабушек было еще впереди.

Тридцать девятый год, например. Одного деда арестовали и посадили. В обвинении было сказано, что дед собирался удрать за границу и для этого рыл подкоп из Клина, где он тогда работал на железнодорожной станции, в панскую Польшу. Побег удалось предотвратить, деда судили и почему-то на процесс пустили бабушку, уж не знаю почему. Приговор был вынесен 31 декабря — лагерь, не расстрел. Деда увели в наручниках.

Бабушка вышла из зала суда, очень собранная и сосредоточенная. Не знаю, что было у нее в тот момент в голове и в душе, но она пошла и купила новогоднюю елку. Она была твердо убеждена, что у ее детей, моих папы и тети, должен быть праздник Новый год, и точка.

Вторая моя бабушка вместе с дедом в этом же году убежали из Сталиногорска, где дед служил инженером. Начались аресты, и ему кто-то шепнул, что сегодня ночью за ним придут — предупредили. Бабушка с дедом в этот день вместе ушли с работы под ручку, как уходили всегда, но не домой, а на станцию, дождались электрички и уехали в Москву к прабабушке. В чем были, в том и уехали — летних одеждах, сандалиях, — бросив квартиру, добро, денежки, в общем, всю жизнь. Бабушке было двадцать два, а деду двадцать семь. Мамы моей у них еще не было тогда.

Да. А потом война!.. Близкие бомбежки, эвакуация, теплушки, крошечные дети, «рабочие карточки», «литерные карточки», «все для фронта, все для победы».

Оборотистой и ловкой бабушке — это уж ей было лет двадцать шесть! — удалось выменять на пальто целую наволочку сахара. Она кое-как притащила ее домой, плюхнула на стол, и вот это был праздник, скажу я вам!.. Вот это было событие!.. Вы понимаете? Можно было положить в стакан кипятку сколько угодно сахару, хоть пять ложек. Хоть семь. А в наволочке не убывало! А дед, который никогда-никогда ничего не умел добыть, добыл корыто!.. Какие-то ушлые артельщики привезли целую подводу, молниеносно распродали и исчезли. За корыта дрались, отнимали друг у друга, женщины голосили, мужики матерились, но деду как-то удалось ухватить и остаться целым. В корыте можно было стирать, а можно было мыться, что угодно можно было делать с этим корытом, это же почти что райская жизнь!..

Другая моя бабушка в этой же самой эвакуации, только в другом конце страны, в это время вытапливала сахар из свеклы — ставила в печку чугунок, свекла «подтаивала», и то, что из нее вытекало, можно было есть. Вкусно, сладко!..

Да. А впереди еще был сорок шестой год, самый голодный и страшный, а потом возвращение в Москву, оказалось, что некуда возвращаться, потому что довоенные квартиры заняты, и бороться бессмысленно, и жаловаться некому.

Впрочем, в том «моем возрасте» бабушки этого своего будущего еще, конечно, не знали. По их мнению, украшательство шарфиком или любым другим предметом туалета, как и мысли о кавалерах и дискотеках, было делом мелким, недостойным и пошлым. И страхи мои — я всегда боялась контрольной по химии, двойки по английскому, попасть впросак — тоже казались им идиотскими.

Да.

Впереди маячит новая творческая встреча, и я прикидываю, о чем буду говорить, пишу заранее план, и этот план никуда не годится — неинтересно, скучно. И я переписываю план, и этот новый не годится тоже, и примерно дня за три я начинаю бояться и изводить близких подступающей истерикой. Хорошо вам говорить — это твоя работа! Вот попробуйте сами, сделайте эту мою работу, и вы увидите, как это все трудно и страшно.

И я уже почти готова рыдать и убиваться над своей тяжелой долей, но тут вдруг откуда ни возьмись появляются бабушки, которых давно нет, конечно. Бабушки и их трудности и страхи, с которыми они прожили свою единственную жизнь — никто ведь пока точно не знает, есть ли еще один шанс!

Они прожили, как могли, и, между прочим, обе были уверены, что жизнь их сложилась просто отлично и была к ним милостива.

...Нельзя распускаться, вот что. А я то и дело позволяю себе... распускаться!.. Мне ничего этого не нужно делать — ни биться в очередях за керосин, ни воровать стекло, зная, что, если поймают, посадят. Не нужно собирать на станции уголь, а потом везти его на саночках домой, чтобы как-нибудь обогреться.

Мне не нужно бороться так, как боролись мои бабушки, и вот самое потрясающее! Боролись они не во времена Юлия Цезаря, а, считай, позавчера, но мы так распустились, что об этом позабыли и самодовольно утопаем в самодовольной жалости к себе и самодовольных сетованиях на судьбину!

...Если я на сцене навернусь на каблуках, значит, поднимусь, извинюсь за неловкость и продолжу. Общение с людьми — моя работа, и это превосходная работа!.. А если потеряю очки, значит, обойдусь как-нибудь без очков. Какая разница?!

Я УЛЕТАЛА,
А ОН ОСТАВАЛСЯ

Мы с мужем то и дело летаем в командировки. То меня несет встречаться с читателями в Бийск или в Лондон. То ему нужно в Екатеринбург или Стокгольм — разумеется, «по делу, срочно». Нам нравится, что мы такие деловые — еще бы! — но расставаться... трудно. На самом деле трудно. До сих пор.

Получается, что этот самый Бийск или Лондон не с кем разделить, а тогда зачем они нужны?! Некому шептать в ушко: «Смотри, смотри, как целуются, давай мы тоже!» Не перед кем ныть, что сил больше нет и пятку стерла. Некому показать розового лабрадора на переднем сиденье машины, пристегнутого ремнем безопасности и улыбающегося во всю пасть в предчувствии поездки. Не перед кем горделиво поигрывать хвостом — видишь, сколько народу пришло на мою встречу, или смотри, какой я умный, докладываю, а они все слушают!..

Я улетала, он оставался и был грустен.

Ибо, как сказал великий Ибн-Хазма, «в разлуке три четверти горя берет себе остающийся, уходящий же уносит всего одну четверть».

Утром мы выпили кофе, без всякого энтузиазма, и он в пятьдесят первый раз спросил у меня, где паспорт, телефон и кошелек, а я в пятьдесят второй ответила, что все давно в сумке и отстань от меня.

Пока мы ехали в Домодедово, эти самые кошелек с паспортом были помянуты еще раз тридцать — ну, мы такие. Дело не в кошельке и не в паспорте, а в том, что это... забота, и она проявляется именно так. Невозможно и странно сказать друг другу пятьдесят раз подряд: я люблю тебя, я скучаю по тебе, хотя ты еще и не улетела даже, я беспокоюсь о тебе, хотя точно знаю, что все будет хорошо.

Поэтому пусть будет кошелек!..

Мы очень быстро приехали — нам близко! — прошли все рамки и кордоны, поднялись на второй этаж, еще раз все выяснили про кошелек и паспорт, будь они неладны!..

И вот тут все и кончилось. Линия контроля, за которую провожающих не пускают. Водораздел.

Мы остановились и посмотрели друг на друга.

Да, да, не навсегда и не на войну, но как неохота, господи!..

Я рассматривала его потерянную унылую физиономию, на которую он натянул невнятную улыбку, а он все порывался что-то сказать — как раз невозможное и странное, и вовсе не про паспорт.

— Ну я пойду?

И тут он взял меня за пуговицу.

— Ты знаешь, — начал он, глядя мимо меня. — Мне всегда так не хочется тебя провожать...

Конечно же, я решила, что должна ему помочь!.. А как же иначе?! Я должна избавить его от тяжкого мужского труда объяснения в любви — ведь им это на самом деле очень трудно!

Я должна его спасти. Пусть он знает, что я все понимаю.

И, ежу ясно, я перехватила инициативу. Я ведь инициативная! И знаю его сто лет.

— Не скучай, не грусти, не забывай ужинать, — затараторила я, — будь осторожен за рулем, у Мишки в среду занятий нет, его можно не будить, я позвоню сразу, как прилечу, и сейчас позвоню, как только пройду контроль...

Я говорила и говорила, все бодрей и бодрей, он порывался меня перебить, но я не давала ему такой возможности. Я же ему помогала изо всех сил!..

— Эх, Устинова, — сказал он с насмешливой грустной нежностью, когда я выдохлась и замолчала. — У тебя, как всегда, весь пар в свисток! В общем, пока. Звони.

И ушел, не оглянувшись.

Не нужно все брать на себя, вот в чем штука! Не нужно говорить «за него», если вдруг раз в сто лет получилось так, что он сам хочет сказать очень важное. Не нужно спасать, когда этого не требуется. Нужно оставить им хоть что-то: труд заботы о нас, тяжесть объяснений, нелепость слов. Просто послушать их, притаившись. Даже если вокруг толпа и аэропорт. Может, именно в этой толпе он скажет что-то, никогда не слышанное раньше, и это «что-то» вдруг поразит в самое сердце!

Но где там!.. Мы, девочки, все понимаем лучше их и уж точно можем лучше сформулировать то, что они хотят сказать, потому что мы знаем о жизни все, а они такие неприспособленные!..

Зато мы приспособленные втройне! Вчетверне. Впятерне.

Только потом почему-то стенаем, что мужиков нынче не стало, все повывелись, инфантильные, слабые, не способные отвечать за нас и малюток.

Еще бы они не повывелись, если мы не даем им даже слова сказать — из лучших побуждений, конечно!

Давайте засунем эти самые побуждения на самое дно наших бездонных сумок. Пусть пока там полежат, между кошельком, паспортом и телефоном. А сами послушаем, что нам говорят. И помолчим, ну хоть раз в жизни!

И все станет по-другому.

Я ПОСПОРИЛА
С ПРИЯТЕЛЕМ

Чуть не до драки! Приятель молод, хорош, умен и очень успешен. Он — мое недавнее приобретение. Я обзавелась им уже в этой новой жизни, в которой меня показывают по телевизору, и передают по радио, и почитывают на пляже, и быть со мной знакомым не то чтобы приятно и полезно, но... можно. Вполне можно. Не стыдно.

Мы видимся редко, на каких-нибудь совсем уж обязательных мероприятиях, где я бываю по долгу службы, а он забредает просто так, от скуки. В этот раз ему было как-то на редкость скучно, а моя обязательная часть закончилась очень быстро, и мы сели в угол с бокалами. Это называется «поболтать». To have a cozy chat!.. Он любит иностранные слова и выражения.

Ну, где вы собираетесь провести лето? В Тоскане? В Канне? Может, на Капри? А как насчет финала «Формулы-1»? Завтра на матч в Рим летите? Может, вместе? Мой джет улетает завтра из Чкаловского в пять утра, там будут только свои. А в сентябре вся компания собирается в Ниццу! Правда, компания поредела немного, кризис, настроение плохое, те развелись, этот запил, а тот вообще, говорят, того... разорился. Было тридцать миллиардов активов, а стало всего шесть. А это вообще не деньги, шесть миллиардов, смешно!..

Я киваю. Я всегда киваю, когда не знаю, что сказать. Легче кивать, чем... вдаваться во всю эту чушь. Но тут его понесло что-то. Должно быть, я кивала слишком активно. Чертов кризис. Он все испортил. Он всех их, потерявших двадцать четыре миллиарда, страшно подкузьмил. И дело даже не в деньгах, что деньги, мусор! Кризис подкузьмил в смысле образа жизни — все стало не так. Бывало, полетишь в Лондон к своему стоматологу, а оттуда рукой подать до Лазурного Берега, где все свои — ну, ты знаешь, — и всегда есть чем заняться. Выйдешь на Променад дез Англе, а там опять все свои — ну, ты же знаешь! — и прямо по променаду на какую-нибудь хорошую вечеринку, шампанское Crystal, бриллианты Chopard, и поет сама Алла, или этот, как его?.. Дима, что ли? Ну, он еще какой-то конкурс песни и пляски выиграл, как же его? Ну, ты, наверное, знаешь.

А сейчас что? Сейчас серая скука. Все попрятались по своим замкам, кто на Рублевке, кто в Лангедок-Руссильоне, заводы бы продать, да не берет никто, «Мазератти» который месяц в гараже в Монако, девиц разогнали, вон сколько их, брошенных, несмотря на вложенные в тюнинг бабки, скучает по московским кабакам!

Ну, я, конечно, и сказала все, что думаю про тюнинг, «Мазератти» и променад, как говорится, в целом.

Он обиделся до слез. Я его оскорбила! Он никогда не думал, что я такая... такая!

Ну, какая, какая?!
Тут-то мы почти подрались, но пришел мой муж и за подол оттащил меня от него. Куда тебя понес-

ло, спросил Женька, когда мы садились в машину. Что тебя разобрало-то так? Я долго думала, несколько дней. И правда, что это меня разобрало?! С чего бы?.. И постепенно стала догадываться.

Он, бедный, *на самом деле думает, что так живут все!* Что жить так можно и нужно, и единственное, что имеет смысл, так это Променад дез Англе, казино, яхта, сама Алла, которая поет только для него, и три ящика этого самого Crystal, будь он неладен!..

Кто-то убедил его, что весь мир существует для того, чтобы он жил именно так. И все эти убогие придурки, которые ходят на работу, растят детей, гуляют с собаками и мечтают об отпуске, нужны только для того, чтобы он мог на них делать деньги.

Кто-то убедил, а он искренне поверил!..

У таких, как он, нет здравого смысла, вот до чего я додумалась. Отсутствует как таковой. Нет, это я не о том, что он звездным небом не любуется и забыл, как пахнет сирень на рассвете!

Я о более приземленном. Они на самом деле думают, что метр жилплощади стоит пятнадцать тысяч евро. Они на самом деле думают, что джеты-яхты-мазератти есть у каждого нормального человека. У кого нет, те, стало быть, ненормальные. Они на самом деле уверены, что на курорты ездят исключительно в обществе длинноногих блондинок, а дети в это время с бонной, а жена в это время с бриллиантовым колье и фитнес-тренером. Они на самом деле верят своему консалтингу, который утверждает, что в этом году ожидается офигенный спрос на квартиры-студии в Белгравии.

Он не врет. Он и вправду так думает.

И тогда я ему позвонила и мы помирились.

Он не виноват в том, что убогий. Его так воспитали, сначала папа-комбайнер, а потом мир наживы и чистогана.

МОЙ МУЖ ОБЪЯВИЛ, ЧТО СОБИРАЕТСЯ... В ПОХОД

Куда ты... собираешься?! Как — куда? В поход. Ну, это когда рюкзаки, палатки, байдарки — в нашем случае велосипед, — пригоревшая бурая смесь, вроде бы гречневая каша с тушенкой, сто километров туда, сто обратно, а может, двести туда и двести обратно, тренировочные штаны, рюкзак, а в рюкзаке палатка. К седлу приторочен котелок, чтоб варить бурую смесь. Ты не знаешь, где ветровка, в которой я выиграл восемьсот метров на пятом курсе? Ты не видела мои велосипедные очки? А рюкзак? У нас же был нормальный туристический зеленый брезентовый рюкзак без всяких этих модных наворотов!..

Я понятия не имею, где ветровка. Должно быть, там же, где учебник по термодинамике Я. М. Серебрийского, по которому ты на том же пятом курсе сдавал спецкурсы. То есть нигде. Велосипедных очков у тебя никогда не было. «Нормальный» рюкзак, кажется, сгнил в гараже у папы в девяносто первом году. Тогда нечего было есть, и ты в этом самом рюкзаке возил с огорода картошку. Сушить рюкзак было недосуг — у нас тогда был младенец, помнишь, и этот младенец все время орал, помнишь? — а рюкзак, в свою очередь, все время был «в работе», вот и сгнил. Нет, я нашла, конечно, какой-то рюкзак, совершенно неподходящий, потому что как раз «с наворотами», быстренько съездила в магазин, купила ветровку, а потом «подсунула», как будто она век лежала в гардеробе на нижней полке. Он не заметил, конечно, что это «не та» ветровка. Очки... ну, с очками проблема, но, может, как-нибудь без них?.. И все три дня «до похода» я чувствовала себя заботливой, «правильной» и, главное, очень умной женой.

У него свои дела. Он мужчина и вполне имеет право на «личную жизнь». Кроме того, смена обстановки! Это особенно важно и прописано отдельным пунктом во всех психологических журналах и американских книгах, типа «Зрелые отношения: сохранить себя и не упустить его». В том смысле, что сохранить и не упустить очень просто — каждый занимается своим делом, и тем не менее что-то нас объединяет.

Каждый пошел своею дорогой, а поезд пошел своей.

Жаль только, ни один психолог не может внятно сформулировать, что именно объединяет-то — привычка, дети, счет в банке, автомобиль, медицинская страховка, место на паркинге?! Вот это, последнее, особенно красиво и особенно напоминает американские фильмы, не правда ли?..

В общем, все было очень красиво и очень по-американски до тех пор, пока он не ушел в свой поход.

А он взял и ушел. Утро наступило, солнышко светило, и я было расположилась варить ему кофе и жарить омлет, и тут вдруг он поцеловал меня совершенно ничего не значащим поцелуем, в духе психологических этюдов из журналов, бодро сказал «Ну, пока!», посетовав на то, что очки так и не были найдены, похлопал себя по карманам и... ушел.

А я осталась.

Кофе я выпила, а омлет задумчиво вывалила в миску, чтобы впоследствии отвезти маминой собаке. Кузьма очень уважает омлет, особенно вчерашний.

Потом я села и стала думать.

Все вранье, вот что я надумала. Нет, общая медицинская страховка и место на паркинге — вещь великая, системообразующая и цементирующая, особенно в Америке, кто ж спорит!.. И право личности на... что там?.. на самоопределение или на частную жизнь, что ли, это просто отлично! И я, как умная жена, должна считаться со всеми вышеприведенными пунктами, особенно на двадцать первом году брака!..

Должна, должна...

Но, черт возьми, он ушел, и все пропало! И я не могу по этому поводу ликовать, несмотря на все поучения умных книг и американских психологов!

Собака перестала есть, пить, радоваться жизни и была бледна все три дня, что его носило по Подмосковью. Дети решительно не знали, чем заняться, и все время просидели за компьютерами, каждый за своим.

Папа полез в колодец, потому что там — ясное дело! — заклинило насос, подвернул ногу, долго завывал оттуда нечеловеческим голосом, а потом мы все его тащили и еле вытащили. Мама замариновала три килограмма шашлыка, и его никто не стал есть. Меня поразила бессонница и отчасти депрессия на почве того, что я пишу никудышные романы и вообще плохая мать.

Поэтому, когда он вернулся, хромая и потирая побитую велосипедным седлом задницу, мы все выли от счастья, скакали вокруг него, наперегонки ухаживали, наливали ванну, подносили то пиво, то ромашковый чай и стоически вынесли все его стенания по поводу того, что в свои сорок шесть он в «плохой форме». Проехал не триста километров, а всего двести восемьдесят, что ли! Поэтому, когда он опять соберется в поход, я не стану следовать рекомендациям психологов, ни наших, ни американских! Я буду ныть, требовать, капризничать, и мне будет совершенно наплевать на «право личности» и на «смену обстановки»!

Мне наплевать на то, что это... полезно. По мнению психологов.

Для меня — вредно. Я не могу без него жить. И я хочу, чтобы он об этом знал.

МОЯ ДРАГОЦЕННАЯ МАКАКА

На каникулах мы полетели в Стамбул.

Полетели потому, что дети своими глазами должны увидеть бухту Золотой Рог, мосты над Босфором, тающие в солнечном мареве, как нити сахарной ваты, корабли, серый камень мечети Султан-Ахмед, Святую Софию, ворота Константинополя, розы под снегом — чтобы понимать хоть немного, откуда взялась цивилизация.

Женя должен был выступать на конференции и лететь в Стамбул не мог. Я долго ныла, что дети растут без отца, что каникулы нужно проводить с пользой и т.д. Мой муж слушал, морщился, вздыхал — я мешала ему писать доклад, — соглашался и кивал. Потом дописал и улетел в свою командировку.

В Стамбуле у нас вышла история. Перед отъездом сыну Мишке подарили фотоаппарат, шикарный, сложный, почти профессиональный. Мишка так его хотел, облизывался, предвкушая, как будет снимать, закатывал глаза и скакал, как макака. От восторга и разгильдяйства инструкцию к нему он, разумеется, позабыл в Москве. А снимать просто так, нажимая на кнопочку, не получалось — фотоаппарат был слишком сложен, самовлюблен и горд тем, что столь сложен.

Мишка совсем упал духом. Он бодрился, но по его расстроенной мордахе все было видно. Вот Стамбул. Вот розы под снегом. Вот серые камни великих мечетей. Вот даже и фотоаппарат, будь он неладен!.. А снимать не получается.

С нами был сопровождающий — взрослый, упитанный, сурьезный дяденька, как раз умеющий фотографировать. И Мишка, совершенно изнемогший от сознания собственной ужасной ошибки, попросил его *показать*, как пользоваться этой прекрасной и сложной техникой. Сурьезный дяденька подошел к вопросу воспитания моего сына со всей ответственностью. Он бубнил, что нужно было изучить инструкцию. Да, но она в Москве! Нужно было заранее. Да, но фотоаппарат подарили за день до поездки! Нужно было подготовиться и взять ее с собой. Да, но он забыл, забыл!.. В следующий раз он постарается, а сейчас, пожалуйста, ну пожалуйста, *покажите как!..*

Не тут-то было. Дяденька решил не отступать и не сдаваться. Воспитание продолжалось до самого вечера. Воспитуемый каялся и осознавал, но так и не фотографировал. Непонятно, почему я терпела так долго. Я не мешала воспитательному процессу и искренне стыдилась, что мой сын такой болван. Только в отеле я вдруг очухалась, и возле ресепшена мы с Мишкой обнаружили каких-то голландцев с точно таким же аппаратом, которые за минуту *показали нам*, как снимать, чтоб получалось хоть что-то.

А подробную инструкцию мы подробно изучили в Москве.

Как вы думаете, почему нам кажется, что наши дети хуже всех остальных детей?! Почему мы готовы верить тому, что говорят о них вовсе чужие люди — подруга жены, друг мужа, бабушка подруги жены, дядя друга мужа или учительница химии?! Почему мы готовы со скорбным видом кивать, когда некто убеждает нас в том, что ребенок — разгильдяй, тунеядец, ни черта не смыслит в крекинг-процессе, завтра продаст родину и станет позором семьи?! Почему мнение этих людей для нас так важно, ведь мы-то знаем собственного ребенка гораздо лучше всех посторонних воспитателей, вместе взятых!..

Я знаю, что мой сын растрепа, что может забыть телефон у друга Димки, а кроссовки в спортзале. Я знаю, что по-английски он пишет грамотней, чем по-русски, а от его интернет-стрелялок у меня волосы на голове встают дыбом.

Я знаю, что, огорчив нас, он расстраивается куда больше, чем мы, потому что он благородный, умный, добрый и очень молодой мужчина, который просто еще не умеет быть всегда собранным, всегда ответственным, всегда положительным и осознающим последствия своих поступков!

Бог даст, он станет таким к своим сорока годам, но сейчас-то он еще может побыть... маленьким. Не всегда и во всем совершенным, но очень любимым и защищенным родителями со всех сторон!

Не верьте, когда вам говорят, что ваш ребенок плох. В крайнем случае влепите ему по заднице, скажите, чтоб в следующий раз был умнее, заварите чаю и садитесь рассматривать фотографии.

Вот Стамбул. Вот розы под снегом. А вот сияющая кривоватыми передними зубами физиономия вашей драгоценной макаки!

Так чего вам еще нужно?!

СВИДАНЬЕ С БОГОМ
У ОГНЯ

Жить было довольно трудно и как-то ничего не хватало — ни денег, ни време,ни, ни нарядов, ни развлечений.

Дети маленькие, и, главное, по-разному маленькие. Одному нужен велосипед, кроссовки и игровая приставка, а второму — памперсы, набор погремушек и прогулочная коляска вместо люльки. На работу два часа в одну сторону, машина старая совсем и в пробке перегревается, из нее начинает валить пар, и приходится вылезать и толкать ее к обочине, чтобы все остальные страдальцы вроде нас все же могли как-то ехать на работу.

И время от времени нам начинало казаться, что все наши друзья и приятели, уже сделавшие какие-никакие карьеры и гораздо раньше родившие детей, которые уже подросли и не слишком обременяли собой родителей, живут как-то проще, веселее, интереснее, свободней!..

На самом деле довольно трудно семь раз подряд объяснить семи приятельницам, что зимние каникулы я провела, катая по участку в Кратове коляску с младенцем, а не катаясь в Австрии на горных лыжах с инструктором.

Ну и так далее.

А очень хотелось, чтоб было... красиво и свободно, хотя бы иногда, хотя бы разочек, но чтобы было!..

Очень вредно не ездить на бал, особенно когда ты этого заслуживаешь!..

И вот однажды на бал нас пригласили.

Ребята, это было такое событие!.. Как раз кто-то из тех приятелей, что уже давно и прочно сделали карьеры, устраивал «летний праздник». Я понятия не имела, что это такое, и мне объяснили.

Это когда снимают какой-нибудь дом отдыха или клуб на Клязьме или Истре и там предаются разным приятным развлечениям: катанию на лодочках, играм на свежем воздухе, милой болтовне и поеданию шашлыка или чего там?..

И мне очень туда хотелось!.. Я так и представляла себе полосатые шезлонги, теплые доски пирса, на которых можно сидеть, свесив ноги в воду, запах шашлыка, красоту летнего вечера, умные разговоры, красивых людей, играющих за высокой сеткой в теннис или бадминтон. У меня воображение-то будь здоров, вот я и навоображала.

Сейчас я не вспомню, почему Женя, мой муж, не смог поехать. Или не захотел. Но не поехал.

Если тебе так уж невмоготу, сказал мой муж, давай я попрошу кого-нибудь, и тебя захватят. В речной клуб на Истре или Клязьме, где красиво предаются летним увеселениям, просто так, на электричке, не доедешь, а машину я никогда не водила.

В общем, он попросил, и меня «захватили».

Да, перед праздником я, как гимназистка перед балом с юнкерами, несколько дней придумывала, во что бы такое мне нарядиться. И выбор был невелик, и я понятия не имела, что следует надевать «на летний праздник за городом». Широкополую шляпу из итальянской соломки и льняной сарафанчик?.. Тонкие джинсы, белую рубаху и бейсболку козырьком назад?.. Платье в горошек и беленькие босоножки (см. кинофильм «Красотка», эпизод с игрой в поло)! У меня ничего этого не было, зато был безразмерный спортивный костюм и кроссовки, когда-то довольно белые и довольно кокетливые.

Н-да.

В общем, меня «захватили» на праздник, где я почти никого не знала, а меня-то уж не знал совсем никто, и я там полдня слонялась между полосатыми шезлонгами, шашлычницами, нарядными дамами в платьях в горошек и шляпах из итальянской соломки.

Все дамы как раз были между собой знакомы, рады друг друга видеть и мило щебетали про свою прекрасную и недоступную моему пониманию жизнь. Как покатались в Австрии и куда нынче планируют выехать «на солнышко». Что именно купили в Милане и как теперь придется лететь в Нью-Йорк за тем, что не докупили.

Со мной никто не разговаривал, и я ни с кем не разговаривала — не о чем.

Зато я посидела на теплых досках пирса — часа четыре сидела! — тоскливо думая, как там все без меня дома. Должно быть, уже сестра приехала, и самовар ставят, утром мама собралась пирог печь, красота.

Короче говоря, когда пришло время уезжать, выяснилось, что меня... забыли. Тот самый приятель, которого Женька попросил меня «захватить», давно уехал, просить каких-то других приятелей подвезти хотя бы до Москвы я постеснялась — меня пугали их машины, жены, шляпы и разговоры про лето в Ницце.

Когда стало ясно, что на территории загородного клуба из гостей я осталась одна и еще сторож, запиравший ворота за последней машиной, мне сделалось не по себе.

Я всерьез не знала, что дальше-то! Идти на шоссе и ждать автобуса? Какого? И где он останавливается? И сколько его ждать?.. И вечереет уже... вовсю.

Официанты убирали пластмассовые стулья, сворачивали шатры, гремели какой-то посудой, таскали мешки в маленькие запыленные грузовички с откинутыми бортами, торопились, всем хотелось домой.

Сторож тоже не пришел в особенный восторг, обнаружив меня на вверенной ему территории. Он только собрался всех выпроводить, выпустить собак, хорошенько поужинать и завалиться спать, а тут я!..

В общем, не придумав ничего лучшего, я позвонила Женьке и сказала: спасай.

«Ну, конечно, — ответил он. — Выезжаю. Ты там как-нибудь потерпи, пересиди где-нибудь. Я скоро буду. Часа через два...»

Все же «загородный клуб», где я жила красивой жизнью, от нас совсем неблизко.

Я пристроилась на каких-то досках, сложенных возле лодочного сарая, и стала смотреть на воду. Вскоре официанты со своим хозяйством убрались с территории, и сторож выпустил большую лохматую собаку, издалека крикнув: «Она смирная!» Собака подбежала, понюхала мои кроссовки, попила из реки, потом несколько раз для порядка брехнула на буксир, тянувший по стремнине баржу, и унеслась по своим делам.

А я все сидела и начала подмерзать, и есть мне очень хотелось.

Потом пришел сторож, уселся рядом со мной и спросил, чего это я вместе со всеми не уехала. Я что-то ему соврала, не признаваться же, что меня забыли, но, по-моему, он догадался.

Некоторое время мы просто сидели, я косилась на него, потому что побаивалась, мало ли что! И все придвигала к себе рюкзачок и ощупывала, все ли там, в рюкзачке, в порядке! А потом сторож включил приемничек, который принес с собой.

Из приемничка негромко запел Максим Леонидов, и я как-то сразу приободрилась.

Песни Максима Леонидова — это что-то очень близкое, почти родное, сразу объединившее нас со сторожем. Ну не может быть совсем пропащим, или никчемным, или опасным человек, который любит слушать Леонидова!..

«Ему говорят, что окончен бой, — пел нам со сторожем приемник, и мы слушали, и река слушала, и лохматая собака прибежала, улеглась и тоже стала слушать, — и пора вести учет несбывшимся снам. Ему говорят, что пора домой, дома, по слухам, уже весна!»

Так мы сидели и слушали, и песен было много, нам хватило до самого приезда Женьки, который прибыл и стал колотить в ворота!

— Хотите? — спросил сторож, когда я полезла в нашу «Ниву» и, щелкнув крышкой, вынул кассету из приемничка. — Я себе еще запишу!..

Она до сих пор с нами, эта кассета, только уже теперь, конечно, не кассета, а диск. Мы давно перегнали все песни на диск и дописали новые, а некоторые, особенно любимые песни, записали еще и в телефоны — вот как технологии продвинулись!

С тех пор прошло не так чтоб уж очень много времени — лет восемь, наверное.

Все изменилось, жизнь изменилась, но одно из моих самых лучших воспоминаний, как я сидела на досках возле лодочного сарая, ждала Женьку, который должен был меня спасти, и слушала Максима Леонидова.

Без них обоих — нет, нет, без них троих! — Максима, Женьки и безымянного сторожа, я бы тогда совсем пропала.

И тут не так давно у Леонидова случился день рождения. Вообще говоря, день рождения у всех людей на свете случается каждый год, но есть особенные, именуемые юбилеями, хотя я не знаю ни одного человека, который любил бы свои юбилеи. Тем не менее их почему-то принято отмечать широко и с размахом.

Накануне юбилея я ему позвонила, Леонидову. Жизнь изменилась так, что я теперь могу взять и позвонить ему.

— Макс, — завопила я в телефон. — Как я счастлива, что ты родился! Я учу речь, чтоб как следует тебя поздравить!

— Устинова, — сказал он устало. — Знаю я твои поздравления. Тебя ведь не остановить, если ты речи начнешь произносить. Ты лучше просто приходи на концерт! Слушай и получай удовольствие, поняла?! И шут с ними, с проникновенными речами, особенно с твоими!

На тот концерт я не попала. Папа заболел, я металась, и никак мне было не вырваться, и я не слышала его, и речей никаких не произносила.

...Талант — такая редкая штука. Редкая и удивительная. И необъяснимая.

Талантливые мальчики, которых хочется слушать, открыв рот, если они поют, читать запоем, если они пишут, кланяться им в ноги, если они делают сложные хирургические операции, — это подарок судьбы.

Это и есть «мое свиданье с Богом у огня», как придумал тот же Макс Леонидов.

Честно, я не знаю, что имел в виду Достоевский, который утверждал почему-то, что «красота спасет мир». Не понимаю. Мне кажется, что мир спасет талант. И гармония, которую он вносит в окружающий мир, делая его чуть лучше, спокойней и понятней.

Ничего плохого не может случиться, покуда есть река, а над рекой туман, теплые доски возле лодочного сарая, большая кудлатая собака, торчком поставившая ухо, и диск с песнями Максима Леонидова!

Я знаю, он не любит речей, а над моими вообще всегда потешается, но тем не менее скажу такую речь: Макс, я люблю тебя.

Ну, просто, чтоб ты знал.

ПОЕЗД ДАЛЬШЕ НЕ ИДЕТ...

Мишка и Димон явились на днях из института и были непривычно задумчивы. Мишка — мой сын, а Димон его друг. Когда они являются домой, всегда случается небольшой переполох, мистерия-буфф. Все мечутся и орут. Кругом валяются куртки и башмаки сорок седьмого размера, как будто в дом явились не два парня, а рота солдат в химзащите. Собака начинает брехать от счастья и прыгать так, что стены сотрясаются от ужаса. У нас такая... не маленькая собака, а даже довольно большая. Парни начинают орать, что борщ они ни за что не будут, зато сейчас закажут две пиццы размера «макс». Домоправительница Ритуся очень громко и очень настойчиво говорит, что пиццы никакой не будет, а будет как раз борщ.

В общем, всегда все хорошо.

А в этот раз было не очень хорошо. Даже куртки и ботинки как-то уменьшились в размерах и почему-то не занимали полквартиры. И про пиццу речь не шла.

На лекции в институте моих мальчишек познакомили с исследованием американского демографа Николаса Эберштадта. Тридцать пять лет он пытается найти ответ на вопрос: «почему умирают русские». Тридцать пять лет работы, килотонны проштудированных статистических данных, семнадцать написанных книг — и полное недоумение. Вроде бы рождаемость в норме, и медицина вроде бы на уровне Восточной Европы, но...

Мальчишки думали целый день, даже на лекции по теории вероятности, и поняли то, чего никак не мог взять в толк демограф Николас Эберштадт.

Русские умирают от апокалипсического вида за окном и телесериалов. За окном — закрытые за нерентабельностью и полностью вымершие оборонные заводы, похожие на зону отчуждения взорвавшейся АЭС, облупившиеся стены одинаковых многоэтажек с одинаковыми подъездами, в которых выломаны рельсы для колясок и кнопки вызова лифта. Там воняет кошками, мусоропроводом и перегаром. Дома, в маленькой «двушке», сорок семь квадратных метров, — безусловно, жилье люкс, — вонь из подъезда смешивается с ароматом «альпийского луга» дешевого освежителя воздуха и запахом сырости от наружных стен. В телевизоре сериал. В компьютере «одноклассники» (одногруппники, сокамерники). На кухне табуретки из IKEA, сковорода с готовыми котлетами по четным и пельменями по нечетным дням и салатик из заветренных овощей, вывалянных в обезжиренном майонезе. К телевизору и сковороде прилагается жена, в бигуди и тренировочных штанах, помешанная на восточных танцах и диетах из журнала, и дочь, ждущая свидания с одноклассником (одногруппником, сокамерником). Машина, разумеется, купленная в кредит, и работа, разумеется, скучная до умопомрачения. По выходным посещение шопинг-центра, футбол, визит к теще и «накатить по маленькой» с братом супруги.

Неделю назад стукнуло сорок лет, и все дела уже давно поделаны! Никаких других не будет, а те, что были задуманы в двадцать, поделать не удастся уже никогда.

Ну, собственно, вот и все. Поезд дальше не идет. Станция Березай, хошь не хошь, вылезай.

Все это они мне изложили и уставились на меня встревоженными детскими глазами — я должна была немедленно их утешить. Сказать, что в их-то жизни все точно будет по-другому. Что у них получится. Что все не так плохо.

Я утешила. Сказала. Убедила. Налила чаю и достала шоколадку. Пока еще, несмотря на то что им по девятнадцать лет, их все же можно утешить шоколадкой.

А меня — нет.

Когда государству нет дела, когда отсутствие идеологии превращается в идеологию, когда разрушены основы, а создавать какие-то другие основы никто не умеет, когда национальная идея — выкачивание нефти, а национальный герой — оборотистый сантехник, стыривший во времена безвременья состав с соляркой и, таким образом, вышедший нынче в олигархи, когда литература постоянно объясняет тебе, что ты подонок, лох, быдло и ничтожество, когда в телевизоре маньяки, «зона» и разбитые фонари, а за окном пустеющие заводы и полоса отчуждения, когда тебе сорок лет и у тебя уже все «налажено», вот тогда ты и умираешь.

Внезапно. От остановки сердца. От скуки. От безысходности.

Только мальчишкам лучше пока этого не знать.

МОЙ МУЖ НЕ ПОХОЖ
НА ТОМА КРУЗА, НО...

Я была на пресс-конференции и отвечала на, честно сказать, туповатый журналистский вопрос: «Кто прототипы героев ваших романов? Где вы берете мудрых, в общем, настоящих мужчин?» Не успела я дать философский ответ: «В жизни!» — как мне позвонила мама моего старого приятеля.

С приятелем мы... приятельствуем не так чтоб очень тесно, не так чтоб очень душевно, но, в общем, довольно давно.

Его мама звонила мне в последний раз примерно лет пять назад, и с тех пор я ничего о ней не слышала.

После пресс-конференции я ей перезвонила.

«Он решил уйти с работы, — сказала мне его мама отчаянным голосом. — За последние три года он уже во второй раз меняет работу, никак не может найти себя, бедный мальчик. Ты имеешь на него влияние, — продолжала мама голосом придушенным. — Если он опять потеряет работу, мы останемся совсем без средств, а нам с отцом нужны дорогие лекарства и ежегодные обследования. Ты сама знаешь, какая нынче пенсия».

Ну да, я знаю. Мои родители, кажется, тоже ее получают, эту самую пенсию, и это никакая не пенсия, а плевок в лицо тем, кто всю жизнь много и тяжело работал.

В общем, я ему позвонила. Родители перепуганы и в отчаянии, сказала я, им нужны лекарства и некая стабильность, они это давно заслужили, а мы с тобой молодые и сильные лоси, мы-то в любом случае заработаем, и не важно, нашли мы себя или еще только в процессе поиска.

Он выслушал меня совершенно равнодушно, а потом объяснил, что в этой жизни каждый за себя. Ну, в том смысле, что никто никому ничего не должен. Никаких лекарств и обследований! Что такое, ей-богу!.. Бывшая жена пристает, родители пристают! И всем денег подавай! А он не печатный станок. Он ищет себя.

Он говорил долго, постепенно распаляясь, я слушала, настроение стремительно портилось, и я ругала себя, что ввязалась не в свое дело, но...

Я-то знаю, как живется, когда денег нет *вообще*. Когда в магазине нужно долго и мучительно выбирать, что купить — пакет сушек или полкило колбасы. Когда не на что починить туфли. Когда нужно выкраивать на лекарства.

Я едва дождалась с работы Женю.

Он мыл руки, а я стояла над ним и спрашивала, что нам делать. Чужие родители совсем пропадут, покуда их сын ищет себя.

Как что делать, удивился мой муж, конечно, помогать!.. Да, но придется помогать постоянно, пожалуй, всю оставшуюся жизнь. Ибо сын, даже если и найдет себя, наверняка примется искать еще что-нибудь возвышенное. Великую любовь, к примеру. Или святой Грааль.

Мой муж пожал плечами. «Ну мы же справимся, — сказал он, вытирая руки. — На лекарства для двух дополнительных стариков у нас хватит, а покупать им «Роллс-Ройс» вряд ли придется».

Я точно знаю, что отличает мужчину от существа неопределенного пола, но в брюках.

Великодушие, вот что.

Мой муж трудоголик, зануда и доктор наук. Его невозможно оторвать от телевизора во время Кубка УЕФА, его невозможно затащить на светский раут. Он разбрасывает вещи, теряет ключи от машины, засыпает на модной премьере, и во время покупки пиджаков мы непременно разводимся. Да, еще он решительно не похож на Тома Круза, смеется над словом «биеннале» и забывает в машине свои очки, а потом сверху садится сам.

Кстати, тот, который ищет себя, всегда выглядит прекрасно, истово чистит ботинки, читает художественную прозу, красиво курит и вообще орел-мужчина.

И все это не имеет никакого значения.

А великодушие имеет.

Мы слишком многого хотим, понимаете? За досадными мелочами мы видим мужиков и вбили себе в голову, что их на самом деле не существует, перевелись! Да нет же! Вот они, рядом с нами, но «глянцевые стандарты» и кондовые советские стереотипы, слившиеся в нашем сознании в единое целое, заставляют нас вздыхать и искренне мучиться из-за того, что любимый, черт побери, совершенно не похож на Тома Круза! И пиджак сидит на нем как-то не так, и домашнее задание у ребенка он опять не проверил, и зарабатывает меньше!

Мой муж зарабатывает не слишком много, но двух чужих стариков готов содержать, потому что он... мужчина. Потому что он так понимает жизнь.

И мне наплевать, что на Восьмое марта он, по всей видимости, опять не подарит мне ни одного бриллианта величиной с куриное яйцо. Зато я точно знаю, как отвечать на вопрос: «Где вы берете мудрых, в общем, настоящих мужчин?»

ДВЕРЬ В ЛЕТО

Не люблю сентябрь! Пусть кто как хочет, а я — ну не люблю!

Особенно потому, что новый год.

Ну, в смысле учебный, учебный!..

Все летние радости позади: дача, гамак, пинг-понг, длинные теплые дни, короткие теплые ночи, ожидание моря — мама, мама, а на море когда? Мама, мама, а мы надолго на море? А мы на досках будем кататься по морю? А мы будем в песке валяться у моря?..

Будем, сынок. Будем, не волнуйся. Вот мы, а вот и наши билеты на море! Все будет.

Но в сентябре вдруг получается, что все не «бу-дет», а «было».

Дети не пристают с морем — оно ведь уже было! Гамак, натянутый между соснами, мочит дождик, надо бы снять, но дырка вместо гама-ка — окончательный приговор лету, а мы не хо-тим пока, мы еще «не готовы»!

И дети «не готовы»!

Никого не добудишься утром, ни студента — это старший сын, Мишка, ни школьников — младшего Тимофея и племянницу Сашку. Не встают, и все тут.

Лето не отпускает.

Давеча позвонила подруга и тревожным голо-сом осведомилась:

— Вы к школе готовы?..

В каком смысле?.. Учебники куплены, рюкзаки с ужасными мордами и черепами на фасаде — очень модная вещь! — припасены. Дневники, методические пособия, хрестоматии, тетрадки для домашних заданий — все есть.

А к школе мы, пожалуй, не готовы.

Мы все еще, как кот у какого-то, сейчас не вспомнить, американского писателя, ищем «дверь в лето». Все вместе, не только дети.

Мы хотим, чтобы впереди было море, гамак между соснами, и дни длинные-длинные, и радость жизни полная-полная, и пирог с малиной горячий-горячий, и огурцы, купленные у бабки, только что с грядки, а не выращенные на «гидропонике». Когда-то наша биологичка пыталась втолковать нам, что такое эта самая «гидропоника», но я так и не поняла. Поняла только, что с грядки лучше.

— А ты на встречу с классной ходила? — тревожно, как шмель в летних зарослях крапивы, гудела в трубке подруга. — А деньги на охрану у вас уже собрали? И почем охрана? У нас полторы, и говорят, что еще потом дособерут. А англичанка все та же или вам поменяли?

Ох, не ходила я на встречу, и про деньги на охрану мы каждое утро забываем, хотя уже сто раз в школе напоминали, что нужно положить их ребенку в рюкзак или в карман, чтобы он «сдал».

И мы не положили, и он не сдал.

Мы ищем «дверь в лето».

И без толку, без толку!.. Нет ее, этой двери. Сентябрь за окнами, темнеет рано, птиц не слышно боле, и далеко еще до первых зимних бурь... Впрочем, это все мы будем зубрить во время надвинувшегося на нас учебного года.

А двери нет.

Как всегда, ее отыскала моя мама, самая неправильная из нас. Мало того, что она «неправильная», она еще... оптимистка.

— Танюш, — сказала мама в телефонную трубку, и голос у нее, не в пример подруге, был очень веселый, — поедем отдохнем немного от сентября, а?

— Как отдохнем?! — тяжко поразилась я. — Учебный год только начался, нужно втягиваться в работу. И на встречу с классной я так и не сходила, и деньги за охрану...

— Да ладно! — перебила моя неправильная мама. — Успеем мы втянуться. Поехали, а?..

Если бы вы знали, как были счастливы дети, что мы едем «отдыхать от сентября»! Как орали, скакали, как моментально собрались, как скулили, чтоб скорей, скорей, как влезли в машину и уселись там со встревоженными лицами — вдруг мы передумаем?..

Но мы не передумали. И бездельничали целую неделю, нисколько себя не ругая.

Ребята, в этой грянувшей осени нет никакой фатальной окончательности, вот что!.. И приговора нет. Лето прошло, но мы-то остались, и далеко еще до первых зимних бурь, и льется чистая и теплая лазурь... Вот, ей-богу, льется!..

О СТРАННОСТЯХ ЛЮБВИ

Однажды мы всерьез поругались.

Не знаю, что на него нашло.

Он наговорил гадких слов и, уже договаривая, понял, что делает что-то непоправимое, и голос у него стал испуганный, и мне показалось, что договаривал он через силу, изо всех сил желая остановиться, но все же договорил — по своей мужской привычке доводить дело до конца.

Мы не помирились сразу, а это катастрофа.

Я не умею жить, отравленная ссорой, не могу дышать ее воздухом и на самом деле не знаю, как это получается у женщин, умеющих виртуозно и продолжительно ссориться!..

Он положил трубку, а я стала ходить из комнаты в комнату.

В одной комнате у нас светлые полы, а в другой — темные. Я ходила и смотрела под ноги, сначала на светлое, а потом на темное. Мне было очень жалко себя, несправедливо обиженную. И свою жизнь, которая, считай, пропала. И вдруг я стала думать, что было бы со мной, если бы его вообще не было. Не в том смысле, чтоб он... умер, а в том смысле, если бы мы с ним не встретились. Ну просто не встретилась, и все. Мне сорок лет, и я точно знаю, что не встретиться нельзя. Это в восемнадцать кажется, что можно промахнуться, упустить, пройти по соседним улицам, открыть не ту дверь.

Нельзя. Этот самый шанс предоставляется всем и всегда. Другое дело, что он единственный, и в этом суть дела. Мы все — взрослые, а не восемнадцатилетние — точно знаем, *кто именно* был «шанс». Правда? И точно знаем, почему мы его упустили, если упустили. И благодарим небеса, если все случилось.

Ну, вот я ходила и представляла, что его в моей жизни нет. Я не знаю, как он говорит, как думает, как хохочет. Я понятия не имею, как он дышит или молчит. Я не знаю, как пахнет его одеколон и как он водит машину.

И некому смотреть в глаза, и сопеть в ушко, и не на кого обижаться, и некому звонить — его же нет!.. Некому варить кофе, и жарить омлет, и ныть, чтоб быстрей приехал, и ругать, что приехал поздно, тоже некого. Его нет, а проделывать все это с кем-то другим невозможно, потому что — зачем?.. И еще я понятия не имею, что он думает о жизни, вселенной и вообще, а мне же нужно знать, что думает обо всем этом именно он! Я не рассматриваю придирчиво его джинсы и рубашки, чтобы в очередной раз убедиться в том, что он самый красивый из всех известных мне мужиков. Ну, пусть не самый и не красивый, но все же лучше остальных, по крайней мере для меня, а я об этом даже не знаю, потому что... его нет и никогда не было.

Пожалуй, и меня нет. То есть не было бы. Наверное, была бы какая-то другая тетенька, обремененная какими-то другими заботами, и бог знает, какие романы она бы писала, может, совсем никудышные, потому ей не о чем было бы писать — его-то она никогда не знала!.. Не было бы их, не было бы и нас, все так просто!.. Просто и справедливо. Чего мы хотим от них?! Что мы хотим получить... на выходе, как говорил наш профессор химии? Чтоб они стали ангелами уже при жизни? Чтоб никогда не совершали ошибок? Чтобы никогда не говорили обидных и несправедливых слов, не засыпали, когда на экране целуются, не опаздывали с работы, не летали в командировки, не пили пиво, не уставали от нашего милого щебетания, не выходили из себя в примерочной, покуда мы, такие прекрасные, меряем очередную водолазку?!

Так не бывает.

Тут я перестала жалеть себя и свою пропадающую жизнь. Ничего не пропало, вдруг подумала я и наступила на светлый квадратик пола. Ничего же не пропало, ей-богу!.. Ну наговорил он ерунды, ну и мучается теперь, наверное, еще больше меня. Он всегда мучается, когда бывает несправедлив, — я-то знаю его как никто!.. Знаю, знаю и не пойду я на темный квадрат, потому что ничего не случилось. И, боясь передумать, я быстро написала ему записку — терпеть не могу слова «эсэмэска»! Он ответил через три секунды. Должно быть, сидел, уставившись на телефон, и мучительно придумывал, что бы такое ему сделать, чтобы все вернулось, но не придумал — куда ему придумать, ведь он просто мужчина!

И он есть.

ЛУЧШИЙ КОМПЛИМЕНТ
ОТ МУЖЧИНЫ

Очень все это непросто! Ну, вот это все — приходит время, с юга птицы прилетают, снеговые горы тают, и не до сна!.. Не потому что я вся такая романтическая, а потому что весна — это всегда тревога, как будто ожидание чего-то. Всем нам объяснил дядюшка-кузнец из фильма про графа Калиостро, что ипохондрия, во-первых, завсегда на закате делается, а во-вторых, происходит она от того, что человек смотрит на солнце и думает, вот взойдет оно, к примеру, завтра или не взойдет?

Ну вот и я, и я!..

Весна пришла, а в моей жизни так ничего и не происходит! То есть большой, но чистой новой любви нету, а есть только все тот же старый, относительно молодой муж, старые подросшие дети, старая молодая собака и старая работа. Где мои темные очки, я немедленно нацеплю их на нос и отправлюсь гулять на бульвар, вся такая воздушная и к поцелуям зовущая — не потому что мне хочется на бульвар, а потому что весной положено романтически гулять по бульварам. Еще весной положено худеть «к лету», чтобы влезть в тот самый сарафанчик со сто сороковой страницы модного журнала — на предыдущих ста тридцати девяти тоже в основном сарафанчики, но в душу запал почему-то именно этот. Стереотипы, стереотипы замучили!..

И я решила, что немедленно нужно что-то менять. Ну, не в смысле старого мужа на нового и старых детей на других, а что-то такое сделать с собой, чтобы пришло «правильное» ощущение весны.

Меня всегда заботит «правильность» моих ощущений и соответствуют ли они все тем же стереотипам, будь они неладны!..

В соответствии с ними весной — да и вообще всегда! — чтобы придать себе ощущение «правильной» женственности, следует носить каблуки и платья.

И пришла я как раз в «правильный» магазин и уставилась на платьица из «весенней коллекции» — их было не слишком много и особой красотой, на мой взгляд, они не страдали.

Ну, вот я рассматривала платьица, не понимая, как применить их к себе и своей новой весенней красоте, когда ко мне подошла продавщица.

Я посмотрела на нее, а она посмотрела на меня.

— На вас ничего нет, — сказала она скучным голосом, не найдя во мне ничего хорошего.

Я немного упала духом.

— Как, совсем ничего?

Продавщица пожала плечами без всякого энтузиазма.

— Ну вы же сами видите размеры, — пояснила она, стараясь быть деликатной, — вам нужны большие, а у нас тут... — она поискала слово, — молодежный магазин.

Ну да. В молодежном магазине мне делать нечего. Здесь нет моих размеров. Мне нужно в магазин для пожилых. Возможно, там размеры найдутся. Некоторое время, старательно делая бодрое и независимое лицо, я еще потаскалась вдоль вешалок с платьицами, вожделея их все больше и больше как раз потому, что нельзя. Они мне не подходят. У всех людей весна и платья, а мне нужно в магазин для пожилых, видимо, за телогрейкой! И некоторое количество «правильной» женственности мне, по всей видимости, так и не удастся добыть для себя этой весной!

Но ведь мне так хотелось именно весны!..

Я вышла на улицу, нацепила на нос темные очки и, глубоко и вдумчиво жалея себя, потащилась мимо витрин с платьицами, сарафанчиками и купальниками.

На вас ничего нет!

И я решила купить джинсы. Шут с ней, с «правильной женственностью», но ведь, когда приходит время и с юга птицы прилетают, все-таки обязательно нужно купить что-нибудь ненужное!.. Ну хоть что-нибудь!..

Тут мне повезло. Не джинсы, а мечта — странного цвета, с дырками на всех возможных и невозможных местах, выглядят так, как будто были найдены на помойке, а стоят бешеных денег. Как раз в моем духе. К джинсам я еще присовокупила маечку, тоже странноватенькую, черную, с какими-то буквами.

Ну, никакой весны и женственности, но хоть так!..

Приехав домой, я первым делом нацепила и джинсы и маечку и стала придирчиво изучать себя в зеркале, когда вдруг со второго этажа спустился мой сын Мишка. И увидел меня.

— О! — сказал он и показал большой палец. — Мама, ты самая красивая женщина на свете!

Ей-богу, это лучший комплимент от мужчины, который я получила этой весной.

КАЗНИТЬ
НЕЛЬЗЯ ПОМИЛОВАТЬ

———————

Друг позвонил мне среди ночи и чуть не плакал — ей-богу!.. Они опять поссорились. Они поссорились и теперь опять разводятся. Они разводятся, и теперь уже точно навсегда.

Надо сказать, что они все время ссорятся, поэтому я не очень пугаюсь, кроме того, я достаточно взрослая девочка, чтобы пугаться из-за таких вещей!.. Ну поссорились. Ну разводятся. В первый раз, что ли!.. В последний, что ли!.. Авось совсем не разведутся.

Позевывая, я спросила, что на этот раз.

Я не сразу поняла, что он всерьез перепуган.

«Ты знаешь, случилось что-то совсем плохое. Что-то такое, чего я совсем не понимаю. Нет, раньше тоже все время случалось, и тоже плохое, и я тоже ничего не понимал, но сейчас как-то особенно не понимаю. А она мне не объясняет».

«Нет, ну хорошо, хорошо!.. А из-за чего все началось-то?..»

Да началось не сейчас и даже не вчера. Она все время в плохом настроении и все время какая-то несчастная. А когда не несчастная, то в раздражении. И у раздражения этого определенных причин нет, но есть одна штука, которая раздражает ее постоянно, — это он!.. Не то чтобы она пришла с работы, а он кругом расставил грязные кофейные чашки и поразбросал носки, и забыл в школе ребенка, и не осведомился у тещи, как ее радикулит (бронхит), и прогулял субботний выезд с тестем на дачу, где уже давно пора поливать (окучивать) и открывать (закрывать) теплицу, чтобы помидоры не погорели (померзли). Все вышеперечисленное он регулярно проделывает, как и большинство мужчин, и в этом смысле ничего не изменилось, он продолжает в том же духе, только раньше она хоть иногда была в хорошем настроении, а нынче все время в плохом. И они все время ссорятся по вечерам, и он потом даже не может вспомнить из-за чего. Собственно, он как-то вообще не может понять из-за чего!..

И вот они опять поссорились, и проссорились весь вечер и полночи, и теперь он звонит и не знает, что делать дальше.

Я осторожно осведомилась, может, ей новые туфли хочется, а сказать словами она не может, ибо тонкая натура, а он все никак не догадается про туфли-то, ибо мужчины никогда не могут ни о чем таком догадаться. Мысль о межпланетной катастрофе или третьей мировой войне вполне может прийти им в голову, а вот о новых туфлях — почти никогда не приходит.

«Да нет, — ответил он грустно. — Дело не в туфлях. Я спрашивал. И цветы привозил, и в отпуск на майские слетали, только там тоже все время ссорились, и я не могу вспомнить из-за чего!..»

Я слушала его потерянный голос в трубке и думала как-то в разные стороны, о новых туфлях, которые мне тоже хочется, о том, что всех жалко и дело плохо, и она, должно быть, просто его разлюбила, а от этого диагноза нет никаких рецептов спасения, и не поможет ничего, о том, что уже скоро на работу, светает почти!.. И вдруг мне в голову пришла ужасная мысль.

Никто не придет назад, понимаете?..

Ничего не вернется, никогда.

Потерять, разломать, не уследить, сделать недовольное лицо, зачитать приговор гораздо проще, чем сохранить, уберечь, сделать счастливое лицо и добиться помилования! Несчастным и нелюбимым вообще быть проще, чем счастливым и любимым, ибо любовь и счастье — большая работа!

И трудно очень.

Нужно как-то ухитряться любить их здесь, и сейчас, и такими, какие они есть. И прикладывать к этому усилия, и не жалеть себя и этих усилий, и никогда не подсчитывать, кто кому больше должен — она ему за то, что зарплату принес, или он ей за то, что ребенка из детского сада забирает!

Трудно, конечно, а что делать?..

И еще я подумала, что уж точно не хочу, чтобы мой любимый, который спит сейчас за стенкой, звонил по ночам чужим людям и говорил с тихим отчаянием, что все пропало!.. А я ведь тоже вполне себе умею делать недовольное лицо и зачитывать приговоры! И я уж точно не хочу, чтобы кто-то его утешал — только я могу утешить его лучше всех!

Утешить, пожалеть, помиловать.

Задеть, обидеть, казнить.

Кое-как попрощавшись с голосом в трубке, я стала варить кофе и жарить омлет — утро наступило, окончательно и безоговорочно. «Час быка» миновал.

И когда он, мой собственный, вылез к завтраку, сонный, недовольный, зевающий и невыспавшийся, я так ухаживала за ним, как будто ему сегодня предстоит, по меньшей мере, битва с драконом.

Он ничего не понял, конечно, ему было весело, и вкусно, и любовно, и на работу мы опоздали!..

Он ничего не понял, зато я в эту ночь поняла как-то на редкость ясно — я не хочу его казнить.

Я хочу, чтоб мы жили долго и счастливо и умерли в один день.

ДУРАЦКИЕ МЕЧТЫ

Однажды к нам в гости пришел Димон и был непривычно грустен. То есть на самом деле он приходит часто, а вот грустит редко, почти никогда.

Димон — друг Мишки, а Мишка — наш сын.

Мишке и Димону по семнадцать лет. Они категоричны в суждениях, чрезвычайно умны, знают о жизни все, редко сомневаются, презирают дураков и неучей, точно знают, что люди не должны совершать ошибок, страшно гордятся тем, что почти разучились писать рукой — только на клавиатуре, исключительно на клавиатуре! Еще они любят умные разговоры, газету Independent — ей-богу! — нашу собаку Нэну, чай с лимоном и конфетами и считают себя циниками.

Когда Димон ушел, я спросила у Мишки, в чем дело. Что такое случилось? Почему мальчик вместо двух килограммов конфет съел всего один и ни разу не заржал добрым радостным мальчишеским смехом? Мишка ответил, что у Димона скоро день рождения. И он, Димон, несмотря на то что по натуре страшный циник, вдруг загрустил немного. Просто он мечтал — когда-то очень давно, в далеком-предалеком детстве, — чтобы у него был горный велосипед.

Такой крутой, самый настоящий, на широких рифленых шинах, со множеством передач, суппортов, спортивным рулем и сверкающими на солнце спицами колес. А еще он мечтал, чтобы у него был кот.

И вот теперь у него, у Димона, есть все. Есть компьютер, очень навороченный, очень быстрый и вообще продвинутый. Есть всякие игровые приставки. Есть принтеры, сканеры и даже собственный домашний сервер, что ли... Еще у его папы есть, кажется, японская машина, а у мамы, кажется, еще какая-то машина.

А кота и велосипеда так и нет. Вот он и загрустил немного, Димон-то.

Я тоже загрустила — не то чтобы немного!.. Я загрустила всерьез.

А тут, как назло, еще и депутаты! Эти самые депутаты в телевизоре как раз в этот вечер рассуждали о том, что следует немедленно ввести комендантский час для подростков. Чтобы они не болтались вечерами по улицам, а чинно сидели дома и вместе с родителями осуществляли просмотр программы «Время» с последующим ее обсуждением. Помимо комендантского часа предлагалось еще ввести фильтры, чтобы из мировой Сети подростки не скачивали ничего такого, что могло бы их растлить. Заметьте, про велосипед и кота не было сказано ни слова, а ведь это так просто!

Послушайте! Может, если купить им всем по коту и еще по велосипеду, не понадобится комендантский час и фильтры, а?.. Может, все дело в том, что нам некогда и неохота с ними возиться. Неохота! У нас программа «Время», очередной чудодейственный рецепт похудания, депутаты, разведенная подруга, сериал про любовь и семейные ценности — вот у них там, в сериале, все по-другому: и дети красивые и умные, и муж деловит и интересен, и родители никуда не лезут, сидят себе тихо на втором плане и время от времени подают реплики. Куда нам кота-то?! У нас от него непременно сделается аллергия, и еще он издерет когтями свежекупленный белый диван и станет оставлять на брюках клоки своей гадкой кошачьей шерсти! Куда нам велосипед-то?! На балконе и без велосипеда не протолкнуться, там тьма полезных и нужных вещей — вроде ножной швейной машинки, полученной когда-то в приданое, катушечного магнитофона и телевизора «Радуга», который давно ничего не показывал и не покажет больше, и надо бы его на дачу увезти, но все как-то недосуг.

Послушайте!.. Мы ведь взрослые. Мы-то должны понимать, что им от нашей прекрасной жизни просто некуда деваться — только кануть в эту самую Сеть, пропади она пропадом, или спасаться от фатального одиночества в компании себе подобных! Они ведь все когда-то хотели велосипед и кота, только нам до этого не было дела. Или мы не обращали внимания. Или нам было лень.

Я не люблю котов, я люблю собак — чем крупнее, тем лучше. И я не знаю, как моя собака поладит с котом, но я его куплю. Я еще не сошла с ума и не принесу его к порогу Димоновой квартиры. Он будет жить у нас, но это будет как бы его кот, и он сможет к нему приходить. И когда Димон станет пить чай с конфетами, кот будет сидеть у него на коленях. Может быть, это очень глупо. Может быть, уже поздно. Может быть, но все-таки я его куплю.

Мы взрослые. Мы здесь. Мы рядом. Мы всегда на твоей стороне, мальчик, каких бы глупостей ты ни наделал. Пока у нас есть возможность, мы выполним твои самые дурацкие мечты.

И пусть идут к черту депутаты, фильтры и комендантский час.

Кот-то у нас обязательно будет.

НА ПОРОГЕ

День начался ужасно. Мы все вскочили ни свет ни заря, а я этого терпеть не могу! После многолетней работы на телевидении, когда нужно было «уходить в монтаж» на ночь, сидеть перед монитором на продавленном стуле, из которого во все стороны вылезали поролоновые внутренности, накрывшись с головой шерстяным платком — от холода, поедать булку с сосиской — от голода, курить одну сигарету от другой, есть растворимый кофе ложкой из банки и запивать теплой водой из-под крана, чтобы не заснуть, — вот после всего этого вставать в полшестого я не могу. Мне плохо. Меня тошнит от вида детей и от запаха кофе. Радостные всхлипывания, подвывания и слоновьи прыжки собаки — ура, ура, уже утро, все встали, сейчас гулять поведут! — вызывают во мне отвращение. Бодрый утренний голос мужа, живо интересующегося — не постирала ли я его пропуск на работу вместе с рубахой? — заставляет меня задуматься о бренности всего сущего.

Я не хочу. Не хочу я!

Перспектива тоже была не радостной.

Женька уезжает в командировку и приедет неизвестно когда — как пойдут испытания. Может, вечером, а может, через неделю. У младшего в школе утренник, и про костюм зайчика мы с бабушкой, ясен пень, забыли. Да и хотелось ему вовсе не костюм зайчика, а костюм пирата. По этому поводу происходят некоторые рыдания и метания. У старшего в институте очередной тур КВН. Сценарий он написал, конечно, но никто, никто не оценил его, сценария, великолепия. И Мишка теперь слоняется в трусах, хотя давно пора уезжать, и пребывает в томности — то ли сценарий сию минуту переписать, то ли объявить всем, кто будет в этом КВН играть, что они дураки и ничего не понимают в большой русской драматургии — ну в том смысле, что он там понаписал.

Ну ма-ама!.. Ну сделай что-нибудь!.. Ну Та-аня! Ну пропуск-то где?!

Сейчас. Just a moment. Всегда готова.

Кофе убежал на плиту, и теперь по всему дому воняет жженой резиной, мне нужно не то чтобы навести красоту, но хотя бы прикрыть наготу, ибо у меня историческая встреча с издателем. Он начинает работать в восемь утра, он собранный, хорошо организованный, деловой человек, и наплевать ему, что мне легче переночевать на пороге его кабинета, чем с Рязанского шоссе переть к нему на Ленинградку к десяти по всем декабрьским пробкам!..

Я несобранная, плохо организованная и ни фига не деловая, вот какая я! И еще он мне сейчас всыплет за то, что я опять опаздываю с романом.

Тут как раз собаку стошнило. Стошнило ее в тот самый момент, когда я уже почти вырулила на старт, дыша духами и туманами, и на шпильках. Кто не пробовал мыть полы на шпильках, тот ничего не понимает в жизни!

В общем, я рыдала всю дорогу до издательства. У меня ничего не получается, ничего! Мне уже сорок лет, а я так ничему и не научилась. У меня безответственные дети и инфантильный муж. Мама, видимо, впала в склероз — костюм зайчика-то был забыт! Сестре нет до меня дела. Романы я пишу долго и плохо, издатель недоволен, и сейчас он мне всыплет.

Мне не место среди всех остальных, умных, собранных и деловых людей, назначающих встречи на десять. Они живут совершенно другой жизнью. У них наверняка есть... *особые условия*. Их всех оберегают, окружают любовью и заботой, создают вокруг них уют, красоту и беспечность, как-то так.

Зареванная, торжественная, почти окончательно решившая удалиться от мира в обитель на Белом море, прикрыв очками глаза, чтобы не слишком походить на пожилого сенбернара, опоздав на полтора часа, я воздвиглась в кабинет издателя.

Он удивился немного — у меня на самом деле был странный вид, а про обитель он не мог догадаться, конечно.

«Я хотел показать тебе сводки, — сказал издатель и сунул мне в руки растрепанную папку. — Смотри. Роман, с которым ты так долго мучилась, везде в первой десятке. Ты смотри, смотри! И у оптовиков, и в магазинах, и в рейтингах. Ты молодец, — сказал мне издатель. — Не зря мучилась».

Потом я три часа ехала домой, с Ленинградки на Рязанку, лелея мысль о том, что я молодец. Ну, видимо, не все еще пропало!

Дома металась виноватая мама, некстати забывшая про зайчика, и пахло пирогом. Мама изо всех сил стремилась загладить свою ужасную вину и улучшить мне настроение. Тимофей объявил, что в полугодии у него по английскому «вырисовывается пятерочка и Ольга Викторовна его хвалила». Мишка позвонил и очень деловым тоном сообщил, что задерживается, ибо у него репетиция КВН, сценарий полностью одобрен, осталось теперь только хорошо отыграть. «Вы с папой придете на финал, мам?..»

«Ну конечно, придем! Если папина установка будет работать, а меня не вызовет на ковер издатель».

И вообще — скоро Новый год.

А Новый год приходит без всяких *особых условий*.

РАЗВОД
И ДЕВИЧЬЯ ФАМИЛИЯ

Однажды среди ночи позвонила подруга и сказала, что от нее ушел муж. В нашем, немолодом уже возрасте, как говорил Хоботов, такие звонки давно не новость, и ощущение катастрофы — вскочить, натянуть джинсы и ехать спасать — немного притупилось. Это пятнадцать лет назад, когда мы ничего не знали, казалось, что мир рухнул — ну, конечно, муж ушел!.. Что делать, как жить? Куда кидаться? Хоть из окна, потому что сил нет терпеть. И больно, и страшно, и ночь на дворе, пресловутый «час быка», и непонятно, удастся ли дожить до рассвета? Сейчас все... попроще. Уже можно обойтись шлепанцами, собственной полутемной кухней, чашкой кофе, сигаретой и телефоном, иногда до самого утра. Тут уж ничего не поделаешь. Ей надо рассказать мне или кому-нибудь, какой он подлец, а мне или кому-нибудь надо это выслушать. Помочь в данную секунду нельзя ничем.

Потом будет можно даже не помочь, а отвлечь немного. Поедем на выходные в Дивеево или в Бородино. Пойдем в парк слушать этнический джаз. Давай жарить шашлыки у нас на участке... И джаз, и парк, и шашлыки — все под бесконечные разговоры об одном и том же. Вернее, это один нескончаемый разговор, суть которого сводится к тому, что он подлец. Вот как ей не повезло, моей подруге. Ей попался подлец. С этим подлецом она прожила много лет, и спустя долгие годы все открылось! Ну в том смысле, что он подлец и просто ловко маскировался. Я слушаю и соглашаюсь — конечно, подлец, кто же еще?! Не соглашаться нельзя, в отчаянии, горе и безнадеге человек нуждается только в поддержке и уж никак не в «разборе полетов»!

Я слушаю и день, и два, и неделю, и месяц. Подлость подлеца приобретает какие-то космические масштабы, а его свинство становится все более свинским. Оказывается, все эти годы он... Вместо того чтобы... А она-то думала, что он... А на самом деле в это время...

В конце концов разговоры про подлеца начинают угрожать моей семейной жизни тоже, ибо телефон звонит, я встаю и ухожу с ним в другую комнату, провожаемая саркастическими мужниными высказываниями в том смысле, что если я и дальше буду часами сидеть с телефоном в другой комнате, он, пожалуй, начнет посещать стрип-бары и попадет там в дурную компанию.

Но мне не до него. Мы с подругой по косточкам разбираем подлеца и в подробностях обсуждаем его очередную подлость. В конце концов, когда перспектива посещения стрип-баров начинает приобретать все более реальные очертания, я предлагаю ей осторожно — может, вы уже перестанете рвать друг другу душу? Отпусти ты на свободу и его, и себя, и... жизнь продолжается! Или нет?.. Нет. Третьего дня он прислал эсэмэску, в которой... Вчера звонил в полночь и сказал мне, что... Сегодня он позвонил мне перед совещанием, и ему хватило наглости заявить, что... Что?! Что?!

Я очень ей сочувствую, я старательно вникаю в детали, я уже в сотый раз выслушиваю историю о том, как он забыл поздравить ее с днем рождения три года назад, а потом оправдывался, что был в командировке и там потерял счет времени. В сотый, а все как будто в первый! Мне уже кажется, что я знаю проделки его сестры так, как будто это моя собственная сестра. Я старательно подсчитываю его деньги, и у меня тоже «не сходится», из чего я делаю вывод, что он долгие годы тратил их на каких-то посторонних баб. Впрочем, что с него взять — подлец!..

Какая-то смутная, раздражающая меня мысль постепенно, но уверенно формируется в моем мозгу и начинает просачиваться в наши разговоры, как керосин из-под пресса. Постой, постой, что у нас получается? Получается, что все эти годы ты даже не подозревала, что он подлец? Ты вышла за него замуж, и тебе было не восемнадцать, и ему не двадцать три, у вас обоих за спиной уже было по одному неудачному браку, и все равно ты не подозревала, что он подлец? Ты ездила с ним в отпуск, рожала от него детей, вникала в его отношения с начальством и все еще не подозревала, что он подлец? Ты спала с ним и — хуже того! — просыпалась с ним же, варила ему кофе, пристраивала к врачам, ибо мужики ненавидят лечиться, их непременно надо заставлять, ты хвасталась им на встрече выпускников и опять не подозревала, что он подлец?!

Здесь что-то не то, думаю я. Так не бывает. Это такая же ахинея, как и внезапная тяга моего собственного мужа к стрип-барам! Я же его знаю! Или мне только кажется, что знаю?..

И тут она в очередной раз позвонила. У нее был такой счастливый голос, что я ее не узнала. Видимо, будет богатой. Ничего особенного не случилось. Просто подлец вернулся домой, вот и все.

ОБЪЕКТ ПОКЛОНЕНИЯ

Дернул меня черт пристать — отвези да отвези на дачу!.. А середина дня. А времени нет. А я пристала!..

В общем, ноутбук я забыла в машине. Ну металась туда-сюда в панике и — забыла!.. Без ноутбука «работать головой» нет никакой возможности. Помните, старый черт у Толстого учил крестьян «работать головой», а те все никак не могли взять в толк, чего он от них хочет-то, потому что умели работать только руками?!. Раз головой не выходит, значит, руками, ведь как-то же нужно работать, без дела сидеть не годится, так утверждала моя бабушка. Ну и я принялась грести листья, мыть крыльцо и чистить дорожки.

Ноутбук-то обратно в город уехал!..

Я драила плитку, продвигаясь от крыльца к кустам жасмина, думала о романе, забытом ноутбуке, потерянном времени и решительно не думала о... джинсах.

Когда спине стало совсем невыносимо, я кое-как дошаркала до крана, шланг перестал плеваться холодной упругой водой, бухнулся на отдраенную плитку, я воззрилась на нее с гордостью, перевела взгляд, и тут вдруг обнаружилось...

Если б вы только знали, что тут обнаружилось!..

Джинсов на мне не было.

То есть они никуда по большому счету не делись, конечно, но то, что раньше было джинсами, да еще любимыми, да еще светлыми, да еще такими довольно кокетливыми, ну, по крайней мере, на мой взгляд, оказалось безобразной твердой мокрой тряпкой, как следует зацементированной летевшей с плитки грязью.

Растопыренной пятерней я попробовала стряхнуть хотя бы часть культурного слоя — куда там! Я потопала ногами в тщетной надежде, может, отвалится хоть часть. Я взялась за штанины и стала глупо трясти ими в разные стороны, как клоун в цирке, но что было трясти?!

Ничего, ничего не помогало!

Сестра сказала: «Что ты переживаешь, все отстирается, это просто земля, ты же не купалась в цистерне с мазутом!» Но я ей не поверила. Мне хотелось... гарантий, что джинсы будут спасены.

Я ковыряла пальцем, пытаясь раскопать под слоем грязи их истинную сущность. Поплевав на палец, я пыталась расчистить хотя бы островок. Я проклинала все на свете и себя в первую очередь — зачем я их надела, да еще на дачу!.. Я раз пятьдесят спросила у сестры, точно джинсы отстираются? Будто она не сестра, а стиральная машина с универсальной программой!..

Вернувшись в город, я первым делом кинулась спасать джинсы. Я остервенело почистила их щеткой, налила в контейнер специальное волшебное средство, а потом каждые пять минут проверяла, как они там крутятся в машинном барабане!

Джинсы после всех спасательных операций выглядели идеально. Написала бы — как новые, но нет, они выглядели гораздо лучше новых! И отстирались, и отгладились, и, кажется, стали еще кокетливее.

Все было бы прекрасно, если бы на следующий день они не порвались. Так, что никакому восстановлению больше не подлежали, и я, мужественно сопя, скатала их в ком и выбросила на помойку — чтобы больше никогда не видеть.

Они, эти самые джинсы, просто не вынесли моей любви, понимаете?.. Они готовы были служить, и украшать меня, и доставлять удовольствие, но решительно не желали превращаться в объект... поклонения.

Это оказалось выше их сил. Они не захотели такой ответственности.

Как только джинсы — или новая работа, или новый (старый) ребенок, или любимый мужчина (женщина, собачка) — становятся объектом поклонения и идефиксом, они решительно не желают оставаться рядом.

Джинсы рвутся, ребенок предпочитает вашей истерической любви компанию друзей или подруг, любимый удаляется в пампасы, с работы выгоняют.

Потому что так нельзя. Это... перебор.

Мы не оставляем выбора — ни себе, ни людям, ни джинсам, ни работам. Я так тебя люблю, так хочу, и можно сказать, жажду, что сию минуту сконаю,сь, если не заполучу в вечное и бесконечное владение.

А они-то так не хотят. Они хотят и вполне могут быть... нашей частью жизни, а не ее основной составляющей, ибо у нас своя жизнь, а у них своя! Собственная. Даже у джинсов, которые вот взяли и порвались!..

Давайте любить и хотеть... в меру.

Если любимый занят своими делами, ребенок ушел к другу, джинсы испачкались, а мама уже час болтает по телефону с тетей Раей и не обращает на вас никакого внимания, скажите себе: «Тихо-тихо-тихо!» — и отправляйтесь в кино.

Освободите их немножко от своей любви. Заодно попкорна погрызете!..

А ВЫ НЕ БЫЛИ
НА КОЛЫМЕ?

———————

Однажды Юра принес домой реликтового тритона. Тритону было четыре тысячи лет, а может, две с половиной, точно никто не знал. А Юре лет тридцать шесть, наверное. Может, тридцать четыре.

Юра работал на шахте им. XXI съезда КПСС, этой шахты сейчас нет, и нашел он тритона в «линзе» — во льду вечной мерзлоты. Вместе с куском «линзы» Юра вырезал тритона, принес в свой барак и свалил в тазик. Пока он мыл руки и жарил картошку, реликтовый тритон четырех тысяч лет от роду, а может, двух с половиной, оттаял, ожил, начал понемногу плавать в тазике, а потом выбрался и стал ползать по дощатому полу.

Юра решительно не знал, что следует делать с реликтовыми тритонами, когда они оживают и начинают ползать и плавать, и поэтому утром выпустил его в Колыму. Тритон, подумал Юра, если он не дурак, конечно, как-нибудь освоится с новыми условиями жизни. Не зря же он единым духом перемахнул четыре тысячи лет!

А может, две с половиной.

Через некоторое время Юра полетел «на материк», в Винницу, к родителям, и в самолете встретился с биологом, который, захлебываясь от счастья, показал Юре точно такого же реликтового тритона, добытого еще какими-то шахтерами и переданного биологу для изучения. Оказалось, что этот тритон обладает такими-то и такими-то уникальными свойствами, а эдакими и растакими, напротив, не обладает. Еще оказалось, что он подтверждает следующие гипотезы и опровергает предыдущие гипотезы, которые, если бы не тритон и не шахтеры, никогда не были бы ни подтверждены, ни опровергнуты.

Биолог летел на научную конференцию, глаза у него сияли, волосы на голове шевелились от предчувствия победы и уши горели. Непосредственно тритон был у него в банке, а в портфеле докторская диссертация на тему тритона, а может — бери выше! — Нобелевская премия, или что там дают в биологии?..

Научный мир будет стонать от восторга, а седовласые академики выстроятся в очередь, чтобы пожать биологу руку с зажатой в ней банкой с реликтовым тритоном.

Юра слушал и смущался, потому что ребята то и дело находили в забое, в мерзлоте, тритонов, мух, блох, пауков и еще каких-то тварей, и никто на них особо никакого внимания не обращал. И о перевороте в мировой науке, ясное дело, никогда не думал.

С тех пор прошло много лет, и шахты такой больше не существует, и Юра давно уже работает на Дусканье — так называется река и Юрин прииск, — и тритоны больше не попадаются, но чудес ему и без тритонов хватает.

Тайга, река, сопки, закаты, рассветы.

Брусника, голубика, морошка, жимолость — длинненькие, твердые темно-синие ягоды с нежным налетом, как будто тронутые туманом.

Варенье из жимолости отличное, и просто так пригоршню съесть вкусно.

Юра редко выбирается в Магадан, хотя у него там квартира, японская машина и все прочие атрибуты успешного цивилизованного человека. В Усть-Омчуге, где у него контора, еще одна японская машина, несгораемый шкаф со старательской бухгалтерией и старательскими договорами, он тоже надолго не задерживается.

В тайге как-то лучше. Понятней, надежней. Красивей, безопасней.

Какие там опасности, в тайге?.. Ну, зимой мороз — на этот случай есть тулуп, валенки, шапка. Летом медведь — на этот случай карабин и фальшфейер. А больше кого там бояться?..

Я раньше думала, что все это какие-то сказки и что люди специально переворачивают реальность, живут в тайге и на приисках.

Теперь, побывав на Колыме, я точно знаю, что перевернутая реальность как раз «на материке», то есть здесь, у нас с вами.

Там все по-честному.

А здесь... сплошной фальшфейер. Шума много, дым пускает, искры сыплются, а толку никакого. Если хочешь жить в согласии с собой и природой хотя бы какое-то короткое время, нужно купить билет до Магадана, позвонить Юре, договориться, чтоб встретил, и уехать на Дусканью.

В поисках смысла — я прекрасно знаю, что нынче модно изнемогать от цивилизации и искать нечто посконное, домотканое и истинное, — но для этого не обязательно тащиться на Тибет и обременять собой далай-ламу.

Не ходите, дети, в Африку гулять. В Африке все чужое, и вы все равно там ничего не поймете. Вы же не родились в Конго или Джибути.

Вы родились именно в этой стране, над которой самолет летит девять часов и где есть все — золотые прииски, синие реки, изумрудные горы, Юра, варенье из жимолости. И реликтовых тритонов хоть отбавляй.

Езжайте все на Колыму.

А то сплошной фальшфейер какой-то получается.

ПОЧУВСТВОВАЛА СЕБЯ
СТУКАЧОМ

———

Знакомая барышня собралась замуж.

Вызвала, вся трепетная, в кафе и сообщила, что «они с Игорешкой решили пожениться».

«Игорешка» в этом году заканчивает курс, барышня пока что курс продолжает, но есть родители, а также бабушка с дедушкой, которые на все готовы — и квартиру снять, а может, даже купить, и машинку брачующимся подарить, и Мальдивы оплатить, впрочем, лучше, конечно, Ибицу, и ложки-вилки-салфетки-табуретки взять на себя.

То есть смело можно под венец.

Не очень, правда, ясно, кто на ком собирается жениться, то ли родители друг на друге, то ли дедушка на бабушке, ибо и свадьба, и лимузин, и денежки, и дальнейшая жизнь — это докука «взрослых», а вовсе не молодых, ну да ладно.

Вот мы посиживали в кафе, попивали капучино, обсуждали наряды и агентство, которое может взять на себя такое сложное мероприятие, как современная городская свадьба «миддл класса», и чувствовали себя практически героинями сериала «Sex and the City», и очень себе нравились, как вдруг выяснилось, что барышня с «Игорешкой» собираются... повенчаться.

Я поперхнулась капучино, барышня сочувственно похлопала меня по спине. Я достала сигарету и осторожно осведомилась:

— А мама знает про венчание?

Ну конечно, знает! Здесь, правда, есть некоторые трудности, потому что нужно выбрать храм покрасивее и побогаче и с батюшкой договориться, чтобы он не всех скопом венчал, как в Северной Корее на празднике невест, а чтоб только «их с Игорешкой», так сказать, эксклюзивно. Венчают исключительно с бумажкой из ЗАГСа, так что придется сначала туда, а потом сюда, и платьев, выходит, нужно два, или нет, ура, даже четыре! Потому что получается, что «первых дня» будет два, ну и «вторых», соответственно, тоже.

Про платья я все поняла, а про венчание не очень.

— А зачем ты собираешься венчаться?..

Ах, ну как зачем, как зачем?.. Затем. Во-первых, все так делают. То есть венчаются. Это очень модно и красиво. Во-вторых, тогда праздников получается два, а платьев, соответственно, четыре (см. выше). В-третьих, было еще что-то важное. Точно было!.. Да, вот! Нужно же, чтоб Бог благословил, вот что!..

И она успокоенно улыбнулась.

Чувствуя себя стукачом и отчасти Павликом Морозовым, сдавшим властям родного отца, я на следующий день позвонила ее маме. И спросила про венчание.

Мама вздохнула и сказала, что о затее осведомлена, дальше последовала сбивчивая речь про то, что «так сейчас все делают» и, кажется, что-то про платья.

Я опять поняла про платья и не очень... про венчание.

Нет, барышня, правда, очень мила, хотя вовсе не из православной семьи, папа бороду не носит, мама заутреню не стоит, дети церковно-приходскую школу не посещают! «Игорешка» тоже вполне ничего, но я точно знаю, что и она никаким терпением не страдает, и он никакой самоотверженностью не поражен. И еще, кажется, я точно знаю, что будет дальше.

Дальше некоторое время все будет очень весело — и Ибица, и машинка, подаренная папой, и ложки-вилки-салфетки-табуретки, и дни рождения на кухне со свечами, и друзья, приглашенные в пятницу на пиццу.

Потом все это... надоест. Новизна быстро приедается и становится обыденностью.

Нужно ехать домой и там ударно «выдавать» уже жену и подругу жизни (мужа и отца семейства). Подавать котлету. Выслушивать историю про Тырышкина, который опять подсидел его (ее) на работе — кто такой, этот Тырышкин-то?! Смотреть футбол (бокс, гандбол, синхронное плавание, ледовое катание). Поить аспирином, когда он пришел не просто подшофе, а на рогах. Выдавать денежку из заначки, когда у нее развалились любимые шпильки.

Все это нам известно и понятно, только непонятно, при чем тут... Бог.

Ну, поклянется она «Игорешке» в вечной любви, и он ей тоже, ну, обманут они друг друга, ежу понятно, ну, не будут же они в самом деле жить «долго и счастливо» и в один день не умрут, но Бога-то зачем во всю эту канитель втягивать?!

Он разве насильно заставляет клясться перед алтарем, чтобы потом... обмануть?! Он как-то силком, что ли, тащит барышню с «Игорешкой» к венцу?! Он как-то настаивает, что ли, на том, чтобы они давали обещания именно Ему?! Ему самому!

Вот что хотите со мной делайте, а я точно знаю, что есть... наказуемые вещи. Ну они точно есть.

Не нужно венчаться, потому что это модно, красиво и «так делают все», включая Ирку из четвертого подъезда. Если точно не уверены, что «в богатстве и в бедности, в болезни и в здравии, в жизни и в смерти»!..

В двадцать три года в этом решительно нельзя быть уверенным. Ну никак нельзя, несмотря на всю любовь к «Игорешке» и желание быть как Ирка.

Впрочем, может, Бог и простит. Он-то как раз терпеливый.

ВОЛШЕБНЫЙ ПЕС

Зимой всегда нелегко, гораздо хуже, чем летом. Дня нет. Мы встаем в темноте, будим детей, чтобы отправить в школу и в институт, а они не встают — ночь на дворе. Мы по нескольку раз вламываемся в их комнаты, стягиваем одеяла, потряхиваем, пощекочиваем, поглаживаем, а дело ни с места, а время идет, а за окнами ночь, а ехать надо и уже опаздываем. Когда мы начинаем покрикивать и повизгивать, нога за ногу, кое-как, с большим трудом, зевая до слез и натыкаясь на стены, они по очереди волокутся в ванную, а потом, понуро ссутулившись, сидят за столом, болтая ложками в чашках, и никакие уговоры, что нужно непременно позавтракать, да еще быстро, не помогают — не могут они ночью завтракать, не хотят.

Мы возвращаемся домой в темноте — дня как будто не было!.. Кругом горит электрический свет, и, где не успели задернуть шторы, в окна лезет ночь, непроглядная, твердая и холодная, как гранитная скала. Чтобы не видеть скалу, нужно скорей, скорей задвинуть шторы и хорошо бы еще свечи зажечь, чтобы живое пламя потеснило немного электрический свет, но какие тут свечи!.. Нужно быстро готовить ужин, быстро его съесть, быстро выслушивать истории и быстро проверять уроки, ночь на дворе!..

Из-за постоянной ночи все, с одной стороны, какие-то вялые и ненатуральные, как помидоры в вакуумной упаковке, с другой — раздражительные, взрывоопасные, не приставай, не влезай, будет только хуже!..

На дорогах грязь, на сапогах белые разводы, на лицах зеленоватая бледность, на тротуарах скользкая мерзость, в пакете невкусная еда, на работе несделанные дела, на душе темнота.

...А что делать? Климат такой...

Получается маета, отсутствие смысла, никакого просвета, бодрости тоже никакой, и ждать, в общем, нечего — весна еще когда-а-а придет! И кто ее знает, может, вообще не придет.

И вдруг у нас собака пропала.

Позвонила сестра, и я даже не сразу узнала ее голос. Этот самый голос сказал, что на участке никого нет, пусто. Инка даже не сразу поняла, что случилось, и некоторое время бессмысленно слонялась в дневных угасающих сумерках и заглядывала под каждый куст. Но и под кустами никого не было!..

Все дело в том, что наш пес живет под кустом. Пса зовут Микимото — ну, потому что так зовут! — и он самурай по происхождению и по сути. Порода называется акита. Мы взяли его летом, когда светило солнце, и день еще был, и тепло тоже было, и солнце светило вовсю, и кусты были плотные, упругие, во все стороны растопырившие ветки. Наш щенок прекрасно доехал аж от самой Дубны, где проживал до нашего появления в его жизни с братьями, сестрами и хозяйкой Аней, и уже здесь, у нас, обойдя участок по периметру, выбрал себе куст пораскидистей и в нем поселился.

Никакие уговоры — в будке, мол, гораздо лучше, суше, выше и вообще как-то цивилизованней для собаки — на него не действовали. Он самурай!.. Он спит на земле, ему наплевать на дождь, и его не интересуют такие мелочи, как жара, холод или удобства. Он не мелочится.

Он всегда всем доволен и очень рад нас видеть. Заслышав знакомую машину, он скручивает в бублик толстый, пушистый и раскидистый хвост и бежит встречать. Дождаться нет никакого терпения, и пока открываются ворота, под ними торчит улыбающаяся физиономия нашего акиты, а потом нужно обязательно опустить стекло, потому что в ту же секунду, как машина въезжает на участок, Микимото кидается, бежит, догоняет и ставит лапы на дверь, и в салон просовывается лобастая башка — ребята, вы приехали?! Вот радость-то, вот молодцы!..

Он оптимист. Ему нравится непогода, впрочем, солнышко тоже нравится, он никогда не огорчается по мелочам, и его хвост бубликом то и дело мелькает тут и там. Микимото интересуется жизнью.

А тут Инка вышла — хвоста не видно, нигде не мелькает, и под кустами никого, и, самое главное, дня нет. Он то ли не начался, то ли уже закончился, и где искать самурая — непонятно, и как он исчез — непонятно тоже, и куда!.. А живем мы в старом поселке, где множество улочек, переулков, тупичков, старых дач с покосившимся штакетником. Как его искать во всей этой сумеречной дачной путанице?!

Мы со старшим сыном, не раздумывая ни секунды, поехали. Бессмысленные созвоны, бессмысленные вопросы — а ты во сколько обнаружила, что его нет? Как только вышла, так сразу и обнаружила! А в какую сторону он мог побежать? Господи, да в любую! Он же еще щенок, мало ли куда его могло увести любопытство и несгибаемый самурайский дух! А за железную дорогу он мог уйти? Ну, конечно, и вообще нужно спешить, сейчас совсем стемнеет!..

Мишка высадил меня на берегу какой-то поселковой лужицы, которая в нашей мифологии именуется озером, и я пошла по мокрой улочке, засыпанной облетевшими листьями, слегка припорошенными снегом.

...Вы не видели здесь собаку? Уши торчком и хвост бубликом! Не пробегала? Может, и пробегала, шут ее знает. Мало ли по поселку собак бегает!..

И темнеет, темнеет стремительно!..

Мишка сразу, как только мы поехали, вызвал на поиски друга Димана. Друг Диман выслушал сообщение о том, что Микимото пропал, и сказал: «Еду». Потом я, немного поколебавшись, позвонила Жене. Я знала, что лучше не звонить, у него завтра доклад, и я знала про доклад, а его еще написать нужно. И с утра муж звонил, очень раздраженный, и говорил, что работа у него «не идет», а вопрос серьезный, и от него многое зависит.

Женя выслушал меня и сказал: «Еду».

Я металась по переулкам, приставала к бабусям в платках и случайным прохожим и уже понимала, что никого мы не найдем — ну потому что это невозможно и уже почти ночь!..

Скоро будет совсем окончательная ночь, и наш маленький самурай, такой бодрый, жизнерадостный и глупый, останется на улице и станет искать куст, в котором он привык ночевать, и свой желтый мячик, и миску, и нас, и никого не найдет.

Снег пошел, я сильно замерзла, ноги чавкали, когда я наступала в лужи, и тут мимо меня проехала на машине Инка, не заметив. Она же собаку искала, а не меня!.. Я бегом догнала ее, влезла в теплое нутро автомобиля, и мы втроем — еще Саня была, племянница, — не разрешая себе скулить, выработали план действий.

Совершенно идиотский. Мишка поедет направо. Диман поедет налево. Женя поедет прямо через дорогу. А мы втроем по кругу.

Мишка с Диманом, как самые продвинутые, вооружились навигаторами, чтобы искать при помощи технических новинок, а мы продолжили по старинке — на всех перекрестках притормаживали и в разные стороны смотрели в сумеречные переулки. Ничего и никого не было в переулках, только сгущавшиеся сумерки, старые заборы и облетевшие кусты.

Его нашел Мишка.

Позвонил и заорал так, что я чуть не уронила трубу.

«Я его держу, — орал Мишка. — Он здесь, со мной!..»

Все члены мафиозного клана как-то в одну секунду съехались на угол улицы Коммунистического Интернационала и Клары Цеткин, где Мишка держал за ошейник совершенно мокрого самурая. Он был страшно рад нас видеть.

Мы затолкали его в багажник, захлопнули дверь, заперли замки, выдохнули и закурили — даже те, которые отродясь не курили.

Кругом была ночь, снег пошел. Мы все продрогли, вымокли, устали и были абсолютно счастливы.

Мы громко говорили, хлопали друг друга по плечам, то и дело заглядывали в багажник и сообщали Микимото, что он последний идиот, и обзывали его другими разными неприличными словами, потом лезли в машину, трясли его за уши — он радостно улыбался — и обсуждали «операцию», и вспоминали подробности, и сотый раз требовали, чтоб Мишка рассказал, как он его увидел, совсем рядом с домом, как бросил машину, выскочил, побежал, догнал!..

Все это было нам очень важно.

Потом мы все заехали на участок, проверили ворота и калитки, чтобы Микимото снова как-нибудь ненароком не утек, уселись пить чай и в пять минут уничтожили недельные запасы провизии, и то и дело выбегали на крыльцо, чтобы проверить, мелькает ли в темноте белый хвост бубликом!..

...Мы никак не могли его потерять. Ну никак. В кромешной темноте, когда день то ли не приходит вовсе, то ли приходит всего на несколько минут, очень нужны хоть чей-нибудь оптимизм и стойкость. Для поддержки очень нужны!..

Совершенно необходимо сознание, что холод и мрак — просто мелочи жизни, и настоящему самураю на них наплевать, он все равно радуется жизни, людям, открывающимся воротам, желтому мячику.

Доклад напишется, работа сделается, солнышко выглянет, весна придет — обязательно должен быть кто-нибудь, кто, может, и не убедит нас в этом, то хотя бы поддержит.

Наш пес-самурай нас поддерживает, и спасибо ему за это!

НА ГРАНИ КИПЕНИЯ!

Почему-то билеты на самолет ему все время покупают очень неудобные, ужасно неудобные: или улетать нужно в четыре утра, или прилетать в два ночи и никогда из Домодедова, до которого нам рукой подать, а всегда из Шереметьева, до которого семь верст киселя хлебать!..

Болваны какие-то покупают. То есть болванки, или нет, нет, болванши — секретарши и помощницы бывают исключительно женского рода!..

И мы их потом меняем. Не секретарш, а билеты, ясное дело.

Вот и на прошлой неделе пришлось. Мы рассмотрели билеты, все поняли — и про семь верст, и про четыре утра, и про то, что обратный почему-то на воскресенье, хотя можно смело улететь в пятницу и не сидеть в уездной гостинице все выходные!.. Я, конечно, заорала, что все дураки. Он, конечно, сказал, что оно того не стоит, и поехал в кассу.

Я в это время то ли интервью давала, то ли книги читателям подписывала. Нечто, в общем, важное и общественно-полезное.

И тут он позвонил и что-то такое забормотал в трубку перепуганным голосом.

Я поняла, что дело плохо, и, сделав лицо как у товарища Огурцова из кинокартины «Карнавальная ночь», улыбаясь улыбкой типа «гыы-ы», подвиливая задом, извиняясь и кланяясь — люди-то ждут! — выскочила в коридор.

В трубке все это время продолжалось бормотание, а на заднем плане какие-то вопли, не слишком отчетливые, но такие... настойчивые.

— Что случилось?! Ты где?!

— Я в кассе, — сказал он растерянно.

Я думала, его забрали в милицию.

— Я хотел поменять билет. А они говорят, этот тариф поменять никак нельзя, и вообще нужно ехать в кассу, где его покупали, а шут знает, где его покупали, потому что я же сам не покупал, а они говорят...

Тесня его голос в телефонной трубке, раздраженное женское контральто неслось мне в ухо без пауз и запятых.

— ...А я вам повторяю — езжайте туда, где куплено, а у нас система этот тариф не грузит и вообще до закрытия полчаса мне кассу сдавать а билеты надо сразу проверять а то накупят а потом сдают а вы знаете как это нам неудобно когда сдают...

Я не выношу хамства — покажите мне хоть одного человека, который бы любил, когда хамят, ну вот и я не исключение!.. Но здесь есть некоторый нюанс.

Конечно, я огорчаюсь, когда хамят *мне, и меня* это задевает. И потом, как все нормальные люди, я придумываю «достойные ответы», которые в нужную минуту, конечно же, не пришли мне в голову, но когда хамят *ему,* я готова... убить.

Как говорила Софико Чиаурели, «хорошо бы подкараулить в темном переулке и треснуть кирпичом по голове!»

Он не умеет защищаться, по крайней мере, в этом смысле!.. Он нормальный мужик и базарить с женщиной просто не может. Да еще на повышенных тонах! Да еще без пауз и запятых! Он сразу теряется, краснеет, начинает бормотать извинения — ну его мама с папой так воспитали. Ошиблись, видимо. Нужно было как-то по-другому воспитывать.

— ...И что мне тут с вами до самого закрытия сидеть вы что не видите здесь написано е эф джи восемьдесят восемь дробь сорок а должно быть написано пи ку це сто двадцать один тире восемнадцать есть у вас глаза или нет...

— Скажи ей, чтобы она замолчала, — сквозь зубы процедила я.

— Я прошу прощения, — сказал он мимо трубки, — мне плохо слышно. Одну минуточку, пожалуйста.

Она не замолчала, конечно, но он, видимо, куда-то выскочил.

— И вот так уже полчаса, представляешь?!

— Какого лешего ты там стоишь и все это слушаешь?! Далась она тебе! Дойди до соседней кассы и купи другой билет!

— Да жалко же! — Он вдруг засмеялся. — Этот пропадет, а за него казенные деньги плачены!

— Ничего не жалко! — Из ноздрей у меня густо валил пар, а копытом я рыла землю. Красного тумана перед глазами еще не было, но вот-вот.

— Да и вообще я тебе не за этим позвонил!

— Уезжай оттуда немедленно — слышишь?! Это издевательство просто какое-то, а ты почему-то терпишь!

— У нее на столе лежит твоя книжка, представляешь?! А я всегда так горжусь, когда вижу у людей твои книжки, как будто это я сам их все написал.

Я хрюкнула и замолчала.

— А еще у нее очень смешная фамилия, тебе для романа пригодится — Поросевич. Елена Поросевич. Должно быть, нелегко ей живется с такой фамилией.

Это он так ее защищал. От меня.

— Пусть поменяет, — буркнула я.

Нелегко нам всем живется, да?..

И Елене Поросевич — фамилия не удалась, и все к ней лезут с глупостями вроде этих самых билетов, наивно полагая, что к билетному кассиру вполне можно приставать именно с вопросами про билеты. И ему — он жалеет казенные деньги и, как нормальный мужчина, думает, что в устройстве этого мира есть некая разумная логика, если нужно поменять билет, значит, его нужно поменять, и точка!..

Но и мне не легко — я не желаю прощать хамство, особенно в его адрес, и даже в обмен на мой собственный роман, лежащий на столе.

И вот до сих пор испытываю непреодолимое желание «подкараулить в темном переулке и треснуть кирпичом по голове!»

НАШ АНГЕЛ

Эти родственники присутствовали в нашей жизни всегда. Есть московские родственники, а есть курские. Из Курска родом мой прапрадедушка Алексей Михайлович, полный георгиевский кавалер и герой Плевны. Кто-то из родных когда-то давным-давно ездил на экскурсию в «братскую Болгарию» и в этой самой Плевне на памятнике русским воинам нашел его фамилию. Прабабушка Александра потом перебралась в Москву, и таким образом часть семьи оказалась здесь, а часть осталась там.

Когда я была маленькой, курские родственники наезжали довольно часто, жили у бабушки с дедушкой. Они приезжали с чемоданами, жесткими, коричневыми, с побитыми алюминиевыми уголками — у нас таких не водилось!..

У девчонок — там тоже две сестры — были косы, а в косах роскошные банты, повязанные на редкость искусно и красиво. Родственники привозили конфеты «Птичье молоко» в узких, длинных коробочках с картинками на крышках — у нас не было таких коробочек и таких картинок!..

Мы с Инкой, сестрой, с самого детства к конфетам были равнодушны. Мы любили леденцы «Взлетные», свежий черный хлеб, воблу и газированную воду «Буратино». И еще яблоки! Вот курские яблоки были особенные — красные, крепкие, щекастые, как купчихи на картинах Кустодиева. Про Кустодиева я была отлично осведомлена, потому что мама каждую субботу таскала нас в Третьяковку, даже не на экскурсию, а «на лекцию». Дорога была неблизкой, «лекция» умной и продолжительной, очень хотелось спать и есть, до русской иконописи, Феофана Грека, равно как и до Кустодиева, мне не было никакого дела, но приходилось терпеть.

Впрочем, летом, когда приезжали родственники из Курска и привозили яблоки в больших деревянных ящиках, пахнувшие свежей стружкой, никаких «лекций» не было, зато мы ездили на речку!.. Гостей полагалось развлекать, и бабушка, которая никаких развлечений особенно не приветствовала, — работа всегда найдется, вот и нужно работать, чтобы «заслужить» отдых, — собирала сумочки, мы долго ехали на автобусе, потом тащились вдоль шоссе, потом по краю песчаных карьеров выходили к реке, и можно было купаться сколько угодно! У нас же гостят родственники, значит, мы не просто так купаемся, а «со смыслом»!

Когда гости, все немного не так, как в обычной жизни, — вот купание, к примеру, и свежие лепешки на завтрак, которые бабушка не ленилась печь.

На ночь приходилось ставить раскладушки или даже на полу стелить матрасы, и тогда в комнатах было не пройти, красота!.. Гостей укладывали непременно на кровати, они отказывались и протестовали, а хозяева устраивались на полу.

И в этом тоже было приключение! Снизу привычная комната выглядела совсем иначе, и я долго вертела головой, рассматривала плоскую люстру с нарисованными вишнями, книжные полки и внутренности большого полированного стола, который раздвигали только на праздники, когда собиралось много народу. В конце концов бабушка шикала на меня, чтоб не вертелась, но я все равно вертелась.

Потом подросшие девчонки стали приезжать из Курска вдвоем, без родителей. Это называлось «за покупками». Утром они вставали, исчезали на целый день, чтобы вечером вернуться совершенно обессиленными, но «с добычей». «Добывали» трикотажные кофты, колготки и — предел мечтаний! — сапоги! Сапоги удавалось добыть не в каждый приезд, зато рассказы про очереди с первого на третий этаж ЦУМа или «Детского мира» были обстоятельные, с подробностями, как детектив.

Потом все совсем выросли, повыходили замуж, старики постарели и приезжать перестали. Много лет мы состояли в более или менее бессмысленной переписке — у нас все слава богу ничего, а как у вас?.. Как здоровье тети Раи и дяди Алексея? Уродились ли в этом году яблоки?..

Так продолжалось лет пятнадцать, до прошлого года, а затем вдруг началась какая-то суета, телеграммы, вопросы, можно ли у нас остановиться, и все такое, а потом мне позвонила Лариса, младшая из тех двух сестер.

Я помнила ее совсем плохо — золотистые локоны, банты, блузка с оборочками, что-то такое.

Ей нужно приехать совсем ненадолго. И вот она звонит по старой памяти — можно ли к нам?.. Если это неудобно, тогда, конечно же, в гостиницу...

— Конечно, приезжай! — сказала я, немного недоумевая, что именно мы все будем делать в одной квартире. Когда-то это казалось очень просто, а сейчас?..

По-моему, она расслышала мое недоумение, потому что немедленно принялась с жаром убеждать меня, что это все же неудобно, и позвонила она сгоряча, и поедут они, разумеется, в гостиницу, но тут во мне взыграла моя бабушка, которая утверждала, что гости в доме — это святое.

— Нет уж, — заявила я, обретая уверенность, — какие гостиницы в Москве! Конечно, к нам, не выдумывай!

Потом мы еще посовещались с мужем относительно собаки. Наша собака — мирное и прелестное существо зеленого камуфляжного окраса размером с небольшого среднеазиатского ишака. Она очень любит сыр «Российский» и играть в мячик, но на человека неподготовленного производит... странное впечатление.

Собаку на все время гостевания родственников решено было запереть и не выпускать — во избежание.

Гости прибыли, и Ларису я узнала сразу. Собственно, ничего не изменилось — все те же локоны, правда, без ленточек, губки бантиком, блузка с кружевцами и «сабо». Игоря, ее мужа, я не помнила, впрочем, я не обратила на него внимания — мужик как мужик, чего там особенно рассматривать!..

Я готовилась к приему, стол у меня был накрыт, так красиво и прекрасно, и в комнату, которая предназначалась им, я поставила вазу с цветами, страшно гордясь собой, — у гостей своя комната, и никаких матрасов на полу, жалко, что бабушка не видит, она была бы довольна!

Мы чинно расселись вокруг стола и стали осуществлять светский прием.

Как ваши дела?.. Как поживает тетя Рая, она всю жизнь нездорова, но ни разу не была больна!.. Уродились ли в этом году яблоки?.. Ах, еще не сезон!.. Как это мы запамятовали! Что ваши сыновья? Спасибо, прекрасно! А мы привезли фотографии нашей дочери, которая тоже, бесспорно, прекрасна.

В конце концов выяснилось, что Ларисе требуется консультация в больнице. По такому... довольно сложному вопросу. Сложному и страшному.

Мы выразили готовность помочь. Они выразили благодарность.

Мы выразили надежду, что все обойдется. Они выразили благодарность. И еще надежду, что не слишком обременяют нас собой!.. Это все ненадолго. Консультация, как правило, не занимает много времени.

После этого они прожили у нас год.

Оказалось, что нужна операция и делать ее будут в Москве, если вообще будут, если еще не опоздали, и понять: будут или не будут, можно, только проведя разнообразные и всевозможные исследования...

Искали врачей, больницу, нашли, долго ждали операцию, а ее все не делали, откладывали. Я звонила Владимиру Давидовичу (Николаю Евгеньевичу, Петру Петровичу), он посылал меня к чертовой матери, разные ведь врачи бывают, и требовал, чтоб звонил муж пациентки, а когда звонил муж, то профессор, ежу понятно, трубу не брал, и всякое такое. Искали деньги, консультантов, препараты за миллион.

Игорь — муж Ларисы — уезжал в Курск, возвращался из Курска. Покуда его не было, в больницу худо-бедно ездила я, а вернувшись, он заступал на пост.

Он вообще оказался каким-то необыкновенным мужиком, этот самый Игорь из Курска. Посторонние тетки в больнице у меня спрашивали: «Это ваш родственник, да?» — и пребывали от него в восхищении.

Наша собака стала считать их семьей и перестала рычать и брехать трубным, как из бочки, басом, когда по утрам они выходили из своей комнаты.

Потом была операция, и вроде бы все обошлось, и они оба уехали домой, а потом еще приезжали на химиотерапию и консультации, и их дочь все звонила и жаловалась Ларисе на кавалера, или на бабушку, или еще на какие-то свои необыкновенные жизненные трудности.

Лариса переживала из-за бабушки и кавалеров, она всегда и за всех переживала!.. Бездомные собаки, брошенные дети, нищие старики из телевизора. Всем нужно помогать, им же хуже, чем нам!..

Я удивлялась и радовалась, что моя троюродная или даже четвероюродная сестра, которую я совсем не знала, такой... ангел.

Потом было лето, жара, и мы с Ларисой ездили в ЦУМ покупать сарафан. «Ты с ума сошла, тут же все так дорого!» — «Да ладно, зато смотри, как красиво, у тебя такого сарафана никогда в жизни не было! Там, в Курске, все упадут замертво, как только ты в нем выйдешь прогуливаться на проспект Им. 50-летия Октября!» Мы купили и сарафан, и еще пижамку в цветочек.

Да, меховая жилетка!..

Дело в том, что моя меховая жилетка произвела на нее совершенно неизгладимое впечатление. Должно быть, потому, что это на редкость ненужная вещь — куда ее носить, когда?! Зимой, летом? До такой степени ненужная, но шикарная, что оторваться от нее Лариса никак не могла, и я подарила ей жилетку и потом огорчалась, что подарила — мне тоже нравилась жилетка, ужасно нравилась.

Потом мы договорились, что в августе мы непременно прибудем в Курск, но они опять приехали к нам — что-то пошло не так, и очень резко не так, и в Курск мы поехали как раз в минувший понедельник, потому что в воскресенье она умерла.

Вы знаете, столько людей на похоронах я никогда не видела, как и такого снега, который вдруг повалил отвесной стеной, как в кино!.. И кучи цветов, курганы, холмы. Растерянные тетки с университетской кафедры английского, где она преподавала. Растерянные молодые мужики с работы Игоря — он там эмвэдэшный начальник.

И такая прекрасная жизнь там у них была, понимаете, в городе Курске, куда маленькой привозили мою маму, а меня никогда!.. Дом с садиком, а в садике старые яблони, и улица под горку, и двор, который нынче замело снегом, и собака Греми, научившаяся подавать лапу в окно террасы, если ей оттуда кричали: «Греми, дай лапу!» И свет из окон прямоугольниками, и новое платье, которое всегда, каждый год шилось ко Дню милиции, чтобы идти в нем «в концерт», а потом на банкет, а потом вся кафедра три месяца жила рассказами о том, как там все было, на концерте и на банкете!..

И ничего не стало, и ничего мы не смогли, хотя старались. Очень.

И мы так друг друга любили весь этот год!.. И оказалось, что мы близкие люди, и Лариса — ангел, красавица, светлая душа, а Игорь — друг, брат, а не просто «муж родственницы»!

И я ей очень благодарна, Ларисе. За последний год, за то, что мы здесь и сейчас, и только об этом и нужно думать и помнить, а все остальное — чушь и ерунда.

За все смешное, а вспоминается почему-то только смешное. То мы с ней лифчики перепутали — я стирала в специальных трепетных мешочках, а как же, кружева, и она в больницу увезла мои, и мы потом меняли!.. Потом она какую-то склянку с лекарством пролила на диван, и боялась признаться, и отводила глаза — преступление же!.. Должно быть наказание, и она боялась пятна на диване. Еще Игорь почему-то выпил коллекционный кальвадос, который я добавляю в эклеры по столовой ложке, приняв его за виски, что ли!.. А наша собака сняла с вешалки его дубленку и спала в ней, и мы утром метались, ибо отчистить дубленку от шерсти и слюней нашей собаки можно только в химчистке, а ему ехать!..

Я ей очень благодарна за жизнь, что случилась у нас в этот год, хотя это было трудно и поначалу неловко, и меня вечно раздражало, что нужно не просто ужин подать, а еще и уговорить, чтоб поужинали, потому что они все время отказывались от всего, чтобы не создавать нам проблем, и создавали таким образом втрое больше. Потом они перестали жеманиться, а мы перестали приставать, и все наладилось у нас. А теперь она умерла.

Я не хочу забывать, понимаете?.. Я хочу помнить, что все конечно и может в любую минуту измениться, фатально, необратимо!.. Что потери могут быть... ужасны, но, черт побери, есть и приобретения, да еще какие!..

Любовь дорогого стоит, и оказалось, что мы все любим друг друга, а еще в моей жизни появился Игорь, которого я знать не знала, и город Курск, откуда родом мой прапрадедушка Алексей Михайлович, и что все это нужно ценить, жалеть и беречь — здесь и сейчас.

Мне это объяснила Лариса, девочка из моего детства.

МОЯ БАБУШКА ГОВАРИВАЛА...

Третьего дня вдруг он мне объявил, что летит в командировку и там у него работы-ы-ы!.. То есть очень много у него там работы. И вся она какая-то сложная, разная, важная, и, в общем, не до меня ему решительно. Он должен приготовиться, морально и физически.

Физически он готовится очень просто — я аккуратно складываю его вещички в чемодан трепетными кучками и сорок раз повторяю, где именно внутри чемодана расположены крем для бритья, а где запонки. Иногда ему в голову приходит фантазия носить рубашки с запонками!.. Обратно я всегда получаю чемодан, который снаружи ничем не отличается от того, с которым он улетал, а изнутри напоминает как бы апартаменты уездного комиссара после веселого налета махновцев. То есть я, как нормальная взрослая девочка, решительно не могу себе представить, что именно нужно делать с вещами, чтобы они превратились в то, во что превращаются, когда я получаю их обратно!..

Нет, что ты там делал-то?! Спал в них?! Топтал их ногами?! Поливал из душа?!

Ничего я не делал. Я работал.

Итак, с физической подготовкой к сложной командировке у нас все понятно и просто.

Хуже с моральной.

Он думает о своем — он всегда думает о своем, а о «моем» очень редко, почти никогда! — смотрит в бумаги и на вопрос: «Хочешь чаю?» — отвечает рассеянно, что поедет, пожалуй, часов в семь, ибо пробки и вполне можно опоздать, а опаздывать он не может, у него где-то там, куда он летит, много трудной работы.

Да, но ты улетаешь только завтра!.. А сейчас, может, чаю?..

Ну вот завтра я и поеду в семь. А сейчас дай мне подумать.

Он всегда все забывает, теряет, не знает, и ему скучно помнить о таких глупостях, как паспорт, очки и ключи от квартиры, а уж когда... «думает о своем» — пиши пропало!

Что-то такое он потерял и на этот раз, то ли телефон, то ли билет на самолет, то ли детей. Я точно знаю, что все это никогда не теряется безвозвратно, рано или поздно находится — в карманах, чемодане или за обеденным столом в ожидании ватрушки, но вот этот момент, когда он ищет, мечется и пребывает решительно не в себе, нужно пережить. Я все про это знаю. Я давно научилась с этим справляться.

Успокойся, все будет хорошо. Не дергайся, мы сейчас все уладим. Давай я посмотрю, куда именно ты мог засунуть телефон и билет. В конце концов, телефон можно купить новый, а билет восстановить, они нынче все электронные!..

А тут мы вдруг совершенно рассорились.

Бабушка Клавдия Васильевна, когда-то учившая меня печь плюшки и правильно обращаться с таким хрупким существом, как мужчина, говаривала, что ссориться можно когда угодно, но только не на ночь и не перед работой!

Вот хочется тебе поссориться, учила Клавдия Васильевна, ссорься на здоровье, но выбери для этого правильное время! Если еще удастся выбрать правильное место — так, чтобы никто, никто ничего не видел и не слышал! — значит, ты молодец. Все уроки усвоила, и стало быть, настоящая женщина. Ссориться постоянно очень скучно, а настоящая женщина не должна позволять себе так скучно проводить жизнь. А на ночь и перед работой — запрещено строжайше, раз и навсегда!..

Итак, на этот раз я очень определенным голосом объяснила ему, что он невозможный человек, и жить с ним невозможно, и иметь дело невозможно тоже. А следующим вечером он улетел в свою командировку, где ему предстояло много сложной работы.

Весь день мы не могли поговорить. Для нас день в состоянии ссоры — катастрофа, конец света. Мы так не умеем. Мы не можем. Мы погибаем, оба. Правда.

Конечно, когда он прилетел, мы помирились и все наладилось, но что-то такое как будто колючее осталось у меня в голове, и я время от времени натыкалась на эту колючку, и царапала она меня, и не давала покоя, как камушек в ботинке.

А потом меня одолела бессонница, я до утра сидела на кухне, глотала чай, думала и вдруг все поняла!..

Я ведь тогда все неверно сделала, поссорилась, причем одновременно и на ночь и перед работой! Все бабушкины уроки псу под хвост!

И я побежала в спальню и растолкала его, чего не делала никогда в жизни. Я толкала его довольно долго, он все не просыпался, — если уж спит, он спит крепко, — и когда наконец он открыл совершенно чистые, ясные утренние глаза цвета тающего весеннего льда и уставился на меня с изумлением, я немедленно поклялась ему, что мы никогда, никогда больше не будем ссориться. Ей-богу!..

Нет, я взрослая девочка и точно знаю, что, конечно, мы поссоримся еще миллион раз. Но только не на ночь и не перед работой!

КУРТКА ИЗ ПРОКЛЯТИЙ

Просто так шататься по Иерусалиму не имеет никакого смысла. Правда.

«Просто так» можно шататься по Питеру или, скажем, по Парижу. По Екатеринбургу можно, я пробовала. Вот набережная, а вот река Урал. А вот памятник основателям железоделательных заводов — нашему Демидову и голландцу Генину. А вот и надпись, повествующая о том, что это памятник именно им, а не Минину и Пожарскому. А что? Вполне можно перепутать — два дядьки в странных одеждах, кто их знает, кто такие!..

В Иерусалиме такие штучки не проходят. Там как-то очень быстро понимаешь, что здесь все началось и здесь же, по всей видимости, все и закончится. Там булыжник не перекладывали с тех самых пор, как по нему бродили Иисус и Пилат.

Там узкие улочки и странные стены. Там мальчишки играют в футбол на улице, которая ведет к Храму, — а зачем нужна улица, которая не ведет к Храму (писать непременно с большой буквы)...

Там пещеры, чахлые деревья, и кладка времен крестоносцев кажется оскорбительным новоделом.

И там Митя.

Мы полетели в Израиль на книжную ярмарку, и почему-то не было никакой культурной программы. Мы зашли в туристическое агентство посреди Тель-Авива и обрели Митю.

Видимо, навсегда.

Разумеется, он доктор наук и, ясное дело, из Питера. Разумеется, он ироничен, тонок, смешлив и до неприличия хорошо образован.

Ходить с Митей по Иерусалиму каждый раз серьезное испытание, потому что он не признает никаких рамок. Вот эта вся канитель — у вас оплачено два часа, а мы гуляем уже два часа десять минут — решительно не про него. За ним хорошо бы записывать — но где там!.. Наши познания в истории, философии, географии так смешны, что это все равно, что мой сын Тимофей девяти лет от роду принялся бы записывать лекции по физике за Львом Ландау.

Ну все равно ничего, кроме смеху, не вышло бы.

Любая экскурсия по Иерусалиму состоит в том числе из крыш.

Во-он крыша храма, где перестала дышать дева Мария, мама Иисуса. А вон, весь в зелени, дом с горницей, где проходила тайная вечеря — в Гефсиманском саду.

В какой-то очередной раз мы с Митей залезли на крышу и простояли там примерно часа полтора. Митя все рассказывал, а мы все слушали.

— А вон в том доме, — сказал Митя, и мы покорно повернулись и посмотрели, — музей истории Холокоста. Сходим?..

Тут я очень тихим от усталости и очень твердым от переживаний голосом объявила своим подельникам, что в музей Холокоста я не пойду. И точка.

Есть вещи, которые я не могу проделывать.

Ну вот я никогда не посещаю детских домов. Ни образцово-показательных, ни заброшенноужасных. Никаких. Я точно знаю, что после посещения такого рода заведений стану социально опасной и меня придется изолировать от общества.

И в музей Холокоста — ни за что.

— Да и не нужно, — сказал Митя осторожно. — А историю хотите?.. Я расскажу.

Вот вам история: в одном лагере смерти очень старому и очень религиозному еврею немцы приказали сшить им кожаную куртку, но не из простой кожи, а из самого святого, что только может быть в жизни любого религиозного еврея, — из свитков Торы. Как известно, Тору делают из кожи кошерного животного, и кожа эта самая тонкая и прочная. Или куртка, сказали немцы, или мучительная смерть, и не только ему, но и всем, кто был с ним в бараке. А это человек двести, что ли.

И у старого еврея получился выбор: или святотатство, отвратительное, худшее из того, что можно себе представить, или смерть — не только его, но и совсем не религиозных молодых мужиков, ничего не понимающих в том, что Тора того стоит, и перепуганных пацанят, которые держатся из последних сил, и мальчишек вроде нашего Тимофея, которые совсем ничего не понимают, кроме того, что жизнь в одночасье стала ужасной, неуютной, голодной и страшной, и непонятно, где мама и зачем нужно каждое утро вместо завтрака под окрики часового мчаться на построение и показывать выжженный на детском запястье порядковый номер!..

И вы знаете, он сделал выбор.

За ночь он сшил эту проклятую куртку.

И его не расстреляли. И барак не расстреляли тоже, по крайней мере на этот раз.

Старик был очень старым и уж точно читал на древнееврейском. В отличие от нацистских ефрейторов.

Он раскроил куртку так, что она оказалась сшитой исключительно из тех мест, где проклинались злодеи, а нацисты ничего не поняли. Совсем ничего. Ничегошеньки.

Козлы потому что.

И Митя рассказывал, как бы немного посмеиваясь надо мной, что я не хочу идти в музей и боюсь его!..

Это вопрос выбора, вот что. Вся наша жизнь — вопрос выбора. Какая новая и свежая мысль!..

Можно погибнуть, потому что недоумки с автоматами или обстоятельства сильнее, или попытаться их обойти, оставив обстоятельства и недоумков с носом.

И с тех пор, как Митя мне это объяснил, я все время помню про старого еврея, кожаную куртку и выбор. И точно знаю, что он у меня есть.

ХОРОШО ЗАБЫТОЕ СТАРОЕ

Я сейчас не вспомню точно, сколько лет они были женаты. Лет семнадцать, наверное, а может, и больше, потому что поры, когда они *женаты не были*, никто из нас не застал. Мы познакомились, когда они уже были вместе, и мы никогда не задавались вопросом, как они, к примеру, встретились и что было до того, как встретились. Моя мама Людмила Михайловна называет такие браки «с детского сада».

Итак, они были женаты с детского сада.

Ничего особенного, женаты и женаты, как все.

Никакой романтики, никаких рождественско-пасхальных картинок с уютными домиками, розовощекими малютками и парочкой бриаров, возлежащих у ног. Да, на заднем плане еще обязательно должен быть семейный автомобиль, сверкающий лакированными боками, огонь в камине, выложенном речным камнем, и прислоненные к стене доски для сноуборда. Так вот, ничего этого нет.

Да и они сами никак не Джонни Депп с Ванессой Паради!..

Лера то и дело принимается худеть, и все без толку, естественно. Мите вообще наплевать, как он выглядит, и она то и дело его «улучшает», причесывает, приглаживает, одергивает сзади помятый пиджак.

Дети тоже как дети, и тоже ничего особенного!.. Учатся в Москве в среднестатистической муниципальной школе, вовсе не в Лондоне, и учатся тоже так себе, средненько, как большинство известных мне детей. Я вообще всегда завидую родителям, у которых необыкновенные дети! Завидую и сержусь — должно быть, от зависти сержусь-то!.. Сержусь и не верю ни одному слову, правда. Когда мне начинают рассказывать, что старший мальчик в свои пятнадцать знает четыре языка и нынче изучает пятый — как правило, народов майя, ибо китайский и вьетнамский уже освоен, — играет в юношеской сборной по волейболу и на гитаре, а младший на утреннике в детском саду декламирует из Гомера, катается на коньках так, что вот-вот затмит Илью Авербуха, и с радостной детской улыбкой на пухлых губах встает каждый день в пять утра, чтобы принять холодный душ и отправиться к репетитору по пению, — я не верю и ничего не могу с собой поделать!

Мне кажется, все это сладкие родительские мечтания, дурацкая попытка взрослых выдать желаемое за действительное, переложить на детей ответственность за собственную несостоятельность и незнание китайского языка.

Короче говоря, у Леры с Митей совершенно средние дети, а они сами совершенно средние родители.

Проблемы начались, когда ее повысили по службе, что ли. Нет, поначалу не имелось никаких проблем, а было сплошное веселье и радость жизни — денег прибавилось значительно, жить стало свободней, служить интересней. Можно себе позволить и сапоги купить, и в отпуск слетать, не раздумывая мучительно, что предпочесть, отпуск или сапоги. Можно на выходные в Питер съездить «сей семьей», то есть всей семьей, как старательно выговаривал их младший мальчик, не обремененный репетитором по технике речи.

Другое дело, что выходных вскоре совсем не стало, ни в Москве, ни в Питере, все дела, дела, и все по службе. Да и Леру эти самые вожделенные выходные перестали интересовать. У нее же тоже, как и у меня, на руках одни мужики, а что бы нам ни говорили феминистически настроенные умницы-красавицы, знающие о жизни все, за ними, за мужиками, нужно постоянно ухаживать. Ну не бывает в природе мужчин, которые станут готовить завтраки, выслушивать истории, приносить букеты, дарить браслеты — и так годами! Может, они и существуют, но это исключительно гаремные персонажи, а в гаремах мне как раз бывать не доводилось.

Так или иначе ухаживать приходится нам, девочкам. И завтраки подавать, и уроки проверять, и свежевыглаженные рубашки подносить, и истории выслушивать, подчас нам совершенно не интересные, и свекрови звонить, и пиджаки в химчистку сдавать — а как же иначе!..

Кроме того, у Леры начались командировки, а там как раз никому ничего подносить не нужно, а нужно, напротив, демонстрировать ум и красоту, принимать комплименты и ухаживания — командировки подразумевают ухаживания и флирт, а как же иначе!..

После долгих лет «служения» Лера неожиданно осознала, что служить ей надоело хуже горькой редьки и вполне можно не «служить», а жить как-то по-другому, по-молодому, на полную катушку! Ведь все эти люди из ее нового окружения так и живут — не серо, не скучно, не убого, а красиво и правильно. По крайней мере, ей так казалось, и я хорошо ее понимала.

И тогда она решила, что пора разводиться. Мы, подруги близкие и далекие, не особенно ее и отговаривали. Ну а почему нет?.. Действительно — новая жизнь, новые люди, новые шансы!.. Бог с ним, с этим Митей, он действительно какой-то никакой, карьеры не сделал, «уши врозь, дугою ноги и как будто стоя спит»! Мы — с Лерой во главе — были уверены, что и развода никакого он не заметит, тем более у него все есть: завещанная бабушкой хрущевка в средненьком районе и прикупленная им самим средненькая машинка. Жених хоть куда, найдет другую, подумаешь!.. И мальчишек от него прятать она не собиралась — встречайся на здоровье, проявляй заботу, отцовскую любовь, а что такое? Ничего особенного, так все сейчас делают!..

Я не знаю, как она ему объявила о разводе, что именно там было, но он очень быстро съехал из их общего дома в бабушкину хрущевку, а дальше началось непонятное.

Лера, которую никто из нас никогда не видел плачущей, теперь по каждому поводу принималась рыдать, твердить, что «жизнь кончилась», «все пропало», «больше никогда и ничего не будет».

Чего не будет-то, спрашивала я, но Лера не отвечала.

А однажды я встретила Митю в парке, где он по субботам гулял с младшим. И была какая-то... убийственная картинка. Я не знаю, как это объяснить.

Развелись они летом, а встретила я его уже осенью. Холодно было, листья жгли. Пахло горьким дымом и засыпающим лесом, умирающими листьями, близкими холодами. Он, нахохлившись, сидел на промерзшей лавочке и смотрел перед собой, а его сын в шапке с помпоном лез на какое-то бетонное чудище на детской площадке, плод больной фантазии паркового архитектора, а потом перебегал к облупленной металлической лесенке, и на нее лез тоже, и кричал оттуда бодро: «Пап, посмотри!»

— Ты знаешь, я ничего не понял, — сказал Митя, когда я глупо спросила, как дела. — Чем я стал не хорош?.. Она ведь мне так ничего и не объяснила! Все же было прекрасно.

Я осторожно уточнила, может, все же не слишком прекрасно, раз уж все так получилось, и он махнул на меня рукой.

— Мы в прошлом году здесь гуляли, вон там, где эстрада! Там уже все оттаяло, мы на краю сидели, и она мне за воротник засунула ледышку, представляешь? Ну, просто так, для смеху! А я ее никак не мог достать.

И он засмеялся так, что я почему-то почти заплакала.

Мы еще помолчали, а потом он сказал, что они, пожалуй, поедут — нужно сдавать малыша бывшей теще, а она не любит, когда они опаздывают.

И он поднялся, высокий молодой мужик, совершенно растерянный.

— И, знаешь, теща все время говорит, чтоб я от нее отстал, от Леры. А я и не пристаю. Я просто ничего не понимаю, правда.

Тогда после этой самой ледышки, засунутой в прошлом году за шиворот, я в первый раз подумала, что, может, на самом деле все неправильно?! Может, мы ошиблись?! Может, было за что бороться?! Может, нужно было Леру отговаривать, скандалить, произносить всякие пошлые и никому никогда не помогающие слова вроде опомнись, приди в себя, не разрушай семью, у вас же дети!..

И я решила поговорить с мамой. Есть такой прекрасный способ получить ответы на мучительные и неясные вопросы, на которые нет и не может быть ответа, — это поговорить с мамой. На самом деле, нам только кажется, что мы умнее всех, вернее, нам хочется, чтоб мы были умнее всех, а как же!.. Родители ничего не понимают, их жизненный опыт никуда не годится, они жили в другое время, в других условиях, в другой стране.

И это все чепуха.

Чепуха и самоуверенность, ибо все, что мы проходим сейчас, в нашей средней школе, они уже прошли в своей, и выпустились, и сдали экзамены. Времена, может, и поменялись, только вопросы в экзаменационных билетах остались, и еще неизвестно, на какую оценку мы-то сдадим!..

Мама долго слушала меня, пожимала плечами, фыркала — она не особенно любит душещипательные истории такого рода, да и Митю с Лерой знает не слишком близко.

Кроме того, как всякая мама девочек, наша тоже уверена, что любая девочка заслуживает непременно принца, а наши мужья подкачали, ибо таковыми решительно не являются.

— Мне кажется, ты чего-то не понимаешь, — сказала мне моя мама в конце концов. — Развод — это же поражение, а как иначе?..

Нет, если б он был алкоголиком или хулиганом, или тунеядцем — в устах моей мамы «тунеядец» значит совершенно пропащий! — тогда нужно было разводиться сто лет назад, а не сейчас. Но, насколько я понимаю, он совершенно нормальный!

В устах моей мамы «нормальный» — это высшая похвала.

— Кроме того, — продолжала мама, — он порядочный человек. Почему-то сейчас об этом почти не говорят, а это же самое главное! Просто вам повезло и вы никогда не имели дела с непорядочными! Вот вы разбрасываетесь. Вы просто очень благополучные, только и всего. И поэтому делаете глупости. Но это от молодости, это пройдет. А Лере передавай привет.

От какой такой молодости?! Наша молодость давно минула! Мы взрослые, и мы умнее всех, я это точно знаю!

А может... нет? Может, не умнее?!

Вдруг мы дуры и, мама права, не умеем ценить тех, кто рядом с нами? Вот новая и свежая мысль, правда?..

Некоторое время я готовилась к разговору с Лерой, такому серьезному и обстоятельному, который бы все расставил по своим местам, я даже речь придумала, честно!..

И опоздала.

Лера позвонила и студенческим шепотом сообщила, что Митька пригласил ее на свидание. И она согласилась. И теперь не знает, что надеть, чтобы поразить его в самое сердце. И мы некоторое время серьезно и обстоятельно обсуждали, что же именно следует надеть.

Теперь они мечутся — то ли прямо сейчас подавать заявление в ЗАГС, чтоб обратно пожениться, то ли подождать до лета.

СУЕТА СУЕТ

Что-то забегалась я в последнее время. Так бывает.

Бывает, я сижу безвылазно за письменным столом — когда шесть часов, когда двенадцать, в зависимости от того, как идет или не идет дело. Под вечер, кряхтя, держась за поясницу и повязав голову тряпкой на манер Фаины Раневской в кинокартине «Весна», я вылезаю из комнаты, иногда злая, как тарантул, иногда счастливая и отдавшая все, как новобрачная. Мне не хочется никого видеть, я вполуха слушаю детей и совсем никак не слушаю мужа — ибо что мне до них?! Там, в романе, и есть настоящая жизнь, настоящие эмоции, настоящие мужчины, приключения и чувства. А здесь что?.. Здесь жалкое подобие!.. Здесь нужно подать все тот же ужин, проверить все тот же английский, сложить все тот же чемодан, который полетит с Женькой в командировку в Тюмень — каска никогда не лезет, а на газовой станции, куда, собственно, командировка, без каски никак нельзя и ее почему-то следует везти из Москвы. И вот я пихаю в чемодан каску, а сама там, там, в романе, где нет никаких касок, и герои еще только-только поцеловались, и, что будет дальше, они не знают, и, самое лучшее, я не знаю тоже!..

Бывает, я очень от этого устаю — от сидения на одном месте, от того, что невозможно сменить план перед глазами, от эмоций, которые нужно постоянно отдавать, отдавать, отдавать, а где брать, неизвестно. Мне хочется все бросить, перестать придумывать, перестать день за днем пихать себя в текст, ужасаться тому, что сделано так мало и так плохо.

А бывает и не так.

Сдав роман редактору, я начинаю жить «полной грудью» здесь и сейчас. Я соглашаюсь на все и сразу, на любые предложения от телеканалов и журналов, потому что соскучилась по «живому», по людям, кровообращению, по энергичной, бодрой, чужой, интересной жизни.

Я соскучилась по запаху кофе из кофейной машины, у него совершенно особенный запах, по шуму больших учреждений, где множество людей одновременно разговаривает, жует, смеется, курит. Я соскучилась по игре в ничего не значащие вопросы и никому не нужные ответы: «Как вы добрались? — Спасибо, прекрасно! — А то, знаете, город сегодня стоит!» Знаю, знаю, и мне это нравится!.. По крайней мере в данный момент.

Суета, беготня, толстые осветительные кабели на полу в студиях, непременные пороги, о которые я всегда сослепу спотыкаюсь, грим, зеркала, команда в наушниках «Моторы идут!».

Любовь к такого рода жизни продолжается у меня иногда несколько недель. Я рано уезжаю, поздно приезжаю, вполуха слушаю, что рассказывают дети, и уж совсем не слушаю мужа — сейчас не до него, не до него решительно!.. И каску из чемодана он кое-как вытаскивает сам, и ужинали они опять без меня, ну и что тут такого?! Нет, а что такого-то?! Сами, что ль, не поужинают?!

Потом я начинаю уставать. Стремительно. Неудержимо.

Я начинаю уставать и уже напоминаю себе не персонаж из кинокартины «Весна» в исполнении бессмертной Раневской, а белку из рекламы, неизвестно кем исполненную, — помните?.. Ну, колеса крутятся, белки в них несутся, потом одна из белок все же сдает, вываливается из колеса и оказывается прелестным и обессиленным молодым человеком. Он изнемог, он сгорел на работе, наподобие меня. Тут кто-то из сердобольных подает ему шоколадный батончик, молодой человек откусывает, мигом превращается обратно в белку, вскакивает в колесо — и понеслось, понеслось, закрутилось, закрутилось!..

Чем мы все тут занимаемся, думаю я со скрежетом, пробираясь по пробкам на очередную глубоко осмысленную работу, наподобие колеса. Чего нам всем надо?! Чего мы добиваемся-то?!

Нет, ну правда!..

Очередная съемка, очень нужная, разумеется, и начинается она в семь часов вечера, разумеется. Раньше никак нельзя, все расписано по минутам. Должны снимать ролик для «социальной рекламы», необходимое, благородное дело!.. Ролик в эфире идет десять секунд. Снимается пять часов.

Я приезжаю в студию — все студии расположены на бывших оборонных предприятиях, в путанице заброшенных зданий, высоковольтных столбов, гаражей с покосившимися дверьми. Предприятия давно обанкротились и теперь сдают «площади» востребованным, деловым, хватким молодым людям, работающим на телевидении и делающим большие и важные дела вроде нашего ролика-кролика.

Заезжать непременно под шлагбаум. Над шлагбаумом непременно должно быть написано «Автосервис», но на это не следует обращать внимания. Плохо освещенная территория, мрачные темные постройки, которые еще не успели сдать, или они еще не успели рухнуть. Снег расчищен кое-как, кругом понатыканы машины тоже кое-как.

За покосившейся дверью холодный замусоренный коридор, во впадинах от выбитой плитки лужицы растаявшего снега, натащенного с улицы. За следующей дверью — металлической — открывается рай и воплощение американской мечты.

Много людей, много огней, запах кофе из машины... Толкотня, давка, веселые голоса. Телевизионные барышни в цветных легинсах и рваных джинсах. Телевизионные юноши, погруженные в свои айподы и вообще «макинтоши». Кресла, подвешенные к потолку на цепях, — дизайн, дизайн!.. Гримировальные лампионы отражаются во всех зеркалах. Гримеры — их две, две девицы на меня одну! — помалкивают и как-то странно стараются не сталкиваться со мной глазами в этих самых зеркалах, и вскоре выясняется почему. Они обе из кино. Они стопроцентные, абсолютные, ко всему готовые профессионалы, и неловко им здесь, и неуютно, хоть это и называется «подработка», и я их понимаю вполне. Они работают очень быстро и очень хорошо, так хорошо, что через какое-то время на моем лице невесть откуда на самом деле появляется лицо, а потом еще через какое-то время даже красота.

Ну все, можно приступать.

Камера выставляется долго и старательно, чуть не с высунутым от усердия языком. Оператор то и дело бегает к монитору проверить, как оно там, что показывают-то, в видоискатель он смотреть не умеет, не научился пока еще. Режиссер морщит лоб и то и дело берет в горсть свой подбородок, для верности. Чтоб не только лоб, но и подбородок были задействованы в работу. По очереди подбегают мальчики и девочки и поправляют на мне нечто. Те, которые не подбегают — их человек сорок, — толпятся позади режиссера, смотрят в монитор, в айподы, друг на друга и дают советы. Оставшиеся качаются в креслах, цепи посверкивают и позвякивают, и строчат сообщения на айфонах.

Сообщения, видимо, о том, что по уши заняты и свидание сегодня уж точно в пролете.

«Вызван докладом Малый Совнархоз. К обеду не жди. Твой суслик».

Наконец все готово, последние подбегания, поправления на мне чего-то, «Моторы идут!» и «Тишина в студии!» и «Ролик номер семь, дубль один!», хлопок, «Ксюха, ты в кадре, тебя видно!», ну... поехали!

И так пять часов.

Все до одной белки изнемогли и вывалились из колес и из крутящихся кресел, и даже шоколадные батончики не помогли, что уж говорить о кофе!..

Взяли, разумеется, два первых дубля, которые были сняты минуты примерно за четыре. Так случайно получилось, что они оказались самыми лучшими.

И поехала я домой, где, конечно, все спали и никто меня не ждал, потому что ночь была уже совсем глубокой.

Нет, я бы пожалела себя и даже, может, поплакала над своей горькой участью бесконечно трудящейся и загнанной, как лошадь, немолодой женщины, если бы поняла, чем именно я все это время занималась!..

Не так, не так!.. Именно потому, что я как-то очень отчетливо и ясно поняла, чем именно весь вечер занималась, жалеть себя мне было стыдно.

Бодрясь и так и эдак поводя уставшими плечами, — я ведь пять часов стояла под софитами и говорила, как попугай, одну и ту же фразу, — в предвкушении процедуры снятия грима, а это дело небыстрое, непростое и очень противное, в ожидании рассвета, который вот-вот должен был наступить, сгоревшая на работе, я заварила чаю и страшно удивилась, когда из спальни, щурясь, почесываясь, позевывая и пошатываясь, появился мой муж. Собственно, разбудил его не мой приезд, а наша собака, которая спросонья забрехала, когда я вошла.

— Здорово, — сказал Женька и отхлебнул из стакана. — Ну, как там все было? — И похвастался: — А я вечером телевизор смотрел, очень интересно. Там в передаче один мужик женился на какой-то певичке, я, правда, не помню, как ее зовут. Только он ее вскоре бросил и женился еще на ком-то, не помню, как зовут. А до этого у него была жена довольно приличная, на той он был женат лет двадцать. Богатый такой мужик, сделал бизнес на свиньях.

— На ком?! — пролепетала я.

— На свиньях, — пояснил мой муж. — У него такой бизнес был, свиной. Правда, я не понял, как его зовут, но очень интересно!..

Ну я-то как раз все поняла!..

Пойду-ка я пока что за письменный стол. Пусть я лучше буду похожа на Фаину Раневскую с тряпкой на голове, чем на безымянный персонаж из рекламы. Никто не знает, как его зовут.

ОРАНЖЕВЫЙ МЕДВЕДЬ

Поздний субботний вечер. Супермаркет был не из дешевых. По пустынным и прекрасным залам слонялись дамы и джентльмены. Облаченные в форму продавцы с усталыми, но приветливыми улыбками рекомендовали им, то есть нам, слоняющимся, тот или иной сорт рыбы, а также коробочки со свежей мятой и французским тимьяном.

Все как у людей.

На этих троих я обратила внимание не сразу — потому что хотелось домой и я изо всех сил мечтала о горячем чае и бутерброде с колбасой. Хотя мне всегда есть дело до окружающих, я подслушиваю, подглядываю, вытягиваю шею и повожу ушами. А потом все это идет в дело, то есть в романы.

Помните, как у великого русского писателя Гончарова?.. «Только смотри, будь осторожен, а то и тебя воткнет в роман!»

Она была в весенней шубейке и темных очках, задранных на платиновые волосы, он в короткой куртке и норвежском свитере, а их сын в чем-то на редкость неопределенном. Впереди шла она с каменным, напряженным стиснутым лицом, потом он, с лицом гневным и красным, а позади тащился пацан, сгорбив плечи и сунув в карманы ручки-палочки, на которых в силу переходного возраста «уж отросли здоровенные мужские кулачищи» (см. того же самого Гончарова, роман «Обрыв»).

И они все время ссорились.

Вернее, ссорился в основном глава семьи. Как только супруга пристраивала в корзину очередную упаковку, супруг тут же подскакивал, выхватывал пристроенное, изучал ценник, закатывал глаза, говорил, что это невозможно, невозможно дорого, и какого лешего это все надо, только бы транжирить, положи на место, кому сказал!..

Парень молчал. Ему было неловко, время от времени он стрелял по сторонам глазами, не слышит ли кто папашиных экзерсисов, а потом опять опустил взгляд в пол, как будто самое интересное было именно на полу.

Папаша все зудел и зудел, а я все шла за ними, как привязанная, и красивая еда, обещавшая так много радости, как только удастся добраться до дома, меня больше не интересовала, а интересовало только одно: остановится он когда-нибудь или нет?! Ну ведь ежу понятно, что у него «все как у людей», и в магазин этот он пришел по своей воле, вернее, приехал, уж точно не пешком перся, и не последняя тысяча у него в кармане, и жена с сыном не виноваты в том, что все так дорого. Так чего зудеть-то бесконечно?!

И тут дошло дело то ли до блинов, то ли до пирогов, которые супруга положила в корзину, а он, разумеется, немедленно выхватил и швырнул обратно, а парень, на свою беду, очень тихо сказал, что ему хочется этих самых блинов или пирогов...

Папаша возликовал, ощутив почву под ногами. До этой секунды все молчали, и его красноречие и эмоции явно пропадали даром. А тут такая удача!..

— Да ты знаешь, как я вкалываю?! Я сутками сижу на этой гребаной работе! А для чего, спрашивается?! Для того, чтоб ты блины жрал?! Отвечай! Для этого, да?! Не-ет, голубчик, так не пойдет! Ты будешь жрать, а я вкалывать?! Нет, ты не отворачивайся, ты на меня смотри! Я тебя кормлю!

И так далее и тому подобное, и во всех вариациях, и не хочу я продолжать, потому что противно.

Парень слушал, опустив лицо, и уши у него горели, и дрожали длинные девчоночьи ресницы. Нет, он не плакал, конечно, он ведь совсем «большой» и к спектаклям такого рода наверняка привычный, не в первый раз и не в последний, чего там, переживем!..

Пока он выступал, мамаша догрузила корзину и направилась к кассе, папаша устремился за ней, и парень поднял голову. И посмотрел на меня, а я посмотрела на него.

Я не знала, как его утешить, чтобы не сделать хуже. Ему и без меня было неловко и стыдно, и уж точно расхотелось и блинов и пирогов, и любое сочувствие только добавило бы страданий и унизило еще больше, а ему уже достаточно унижений для одного вечера.

Что мне было делать? Я пошла в отдел игрушек и разыскала там самого большого и самого дорогого медведя. Покупать игрушки в таких магазинах — идиотизм и нелепость. Очень дорого и бестолково, но я должна была его купить.

Я влетела домой, втащила за собой медведя и кинулась обнимать первого подвернувшегося под руку сына — подвернулся старший — и совать ему медведя. Он страшно удивился, а я целовала его девятнадцатилетнюю изумленную морду, а потом, громко топая, прибежал младший, и его я тоже целовала и обнимала, и говорила им, как я их люблю и какое счастье, что они у меня есть, и сейчас, сейчас мы все будем пить чай с тортом, и станем смотреть кино, хоть до самой ночи, и разговаривать о хорошем, и мечтать, как в отпуск поедем, все вместе.

Они не догадались, конечно, что я утешаю вовсе не их, а того мальчишку из магазина, который уже не первый год гнусно объедает своего папашу!..

И мы пили чай, и ели торт, и смотрели кино, и оранжевый медведь сидел на отдельном стуле, и все у нас было как у людей.

НУ ЕЕ — ЭТУ КРАСОТУ!..

Самолет задерживался, и делать было решительно нечего, только журналы читать. В киоске их было великое множество, все с красивыми девушками на обложках. Я выбрала пару, а еще один предлагался бесплатно, но у него на обложке был дяденька в пиджаке. Я прихватила и дяденьку, задаром же!..

А надо сказать, я то и дело принимаюсь убиваться на тему, что нету во мне никакой красоты, и фотомодельной внешности никакой, и вообще я старая кляча, пожизненный очкарик в джинсах и майке, платья так и не научилась носить! Так хоть посмотрю на «правильных» и по-настоящему прекрасных.

Первая статья оказалась о том, как красивая девушка — вот же ее счастливая фотография! — обрела свою любовь. Сначала у нее все как-то не складывалось (представлена фотография печальная), а потом наладилось. И фотография с красивым юношей, в смысле, с обретенной наконец-таки любовью.

Вторая статья повествовала о том, как красивая девушка (а вот и фотография!) потеряла свою любовь. Сначала все было хорошо (пара фотографий о том, как хорошо все было!), а потом разладилось. Еще несколько фотографий, как именно разладилось. И фотография бросившего ее негодяя под руку с красивой девушкой, точно такой же, но другой.

Третья статья была о том, как красивая девушка искала свое призвание. Сначала шли фотографии, на которых красивая девушка еще не обрела призвания. На одной поет в наушниках, на другой танцует в бальном платье, на третьей просто смотрит вдаль глазами испуганной лани — переживает, бедная, что еще не обрела! Все остальные фотографии ничем не отличались от предыдущих, но на них она уже обрела, о чем мне сообщили подписи, — актриса такая-то. Звезда сериалов «Чувственная и отвергнутая», «Страсть не приходит одна» и «Ангелина — жрица дьявола».

Второй журнал открывался статьей о том, как прекрасная девушка влюбилась в прекрасного принца, — фотографии, фотографии! — вверила себя его заботам, родила прекрасного бутуза, но через два месяца принц явил свое истинное лицо. Превратился в чудовище, отобрал у девушки бутуза, автомобильчик и все до одного платья. Теперь вот даже сфотографироваться как следует не в чем, и где бутуз, тоже непонятно. Сердце матери разбито.

Далее шла статья о том, как красивая девушка — и опять фотографии, подтверждающие красоту, — бросила мужа, влюбившись в артиста (фигуриста, певца), но тут дело пошло интереснее. Ибо свадебные фотографии девушки, где она брачуется с тем самым первым, ныне брошенным мужем, были датированы восемьдесят восьмым годом. Кто-то недоглядел, то ли сама девушка, то ли редактор!.. Путем простейших арифметических вычислений я получила, что красивой девушке нынче идет пятый десяток, а она ничем, ну решительно ничем не отличается от той, девятнадцатилетней, у которой в предыдущей статье увели все платья и бутуза!..

Журнал с дяденькой на обложке внушал некоторые надежды, но и там дело быстро дошло до красивой девушки, которая сделала свой бизнес. Раньше она была телеведущей — вот несколько фотографий девушки в образе, — а нынче она очень успешный дизайнер. Оформляет фирму своего нового мужа по собственному вкусу. И к ней уже выстроилась очередь из мужниных друзей, которые тоже хотят, чтобы девушка оформила их офисы по собственному вкусу. Бизнес процветает.

Тут, на мое счастье, позвонил мой собственный муж, обретенный в том же восемьдесят восьмом году и все еще не превратившийся в негодяя. Он скучал на встрече, то ли ждал кого-то, то ли уже проводил, и теперь наблюдал за жизнью.

— Послушай, — сказал он удивленно. — Ведь сейчас весна, я ничего не путаю?

Я уверила его, что нет, ничего он не путает, и — да, весна.

— А почему все барышни в одинаковых сапогах? Жарко ведь и неудобно. А они в сапогах все! Они что? Стадо?!

Да! Да! Конечно, стадо!

И отличить их друг от друга невозможно решительно, и даже ту, которой вот-вот полтинник, идентифицировать никак не получится, у нее точно такие же сапоги, пустое, гладкое личико, насурьмленные глазки и пухлый, сильно накрашенный рот.

И тут я подумала — ну ее, эту красоту, по крайней мере в том виде, в каком она представлена в журналах! Я туда не хочу, в стадо.

И еще я подумала: редактор, который первым догадается печатать нормальные статьи про нормальных людей с нормальными, не слишком красивыми фотографиями, наверняка перевернет мир.

А может, даже и спасет!..

ТЫ НЕ ИСКАЛ БЫ МЕНЯ,
ЕСЛИ Б УЖЕ НЕ НАШЕЛ

———

...И никакие мы не православные!..

Нет, не в том смысле, что, к примеру, самоеды или культ вуду исповедуем, но... не православные.

Нет, конечно, мы все крещеные, и крещены именно в православие. Слава богу, даже в самые махровые советские-пресоветские времена, когда нынешние православные исповедовали культ марксизма-ленинизма и вместо «Господи, спаси и помилуй» истово повторяли «Слава КПСС!», бабушки и прабабушки покрестили нас.

Нас крестили одновременно с сестрой, и я даже помню, как это было, честно!.. Очень смутно, конечно, потому что мне было три года. Но крещение свое помню. Помню, как утром приехала принаряженная бабушка, которая жила неподалеку, и та, которая жила вместе с нами, тоже вышла в парадном шелковом платье, я и платье помню — серое, в очень красивых желтых цветах, — и газовой косынке, которая неудержимо притягивала мое внимание. Я никак не могла понять, что это такое — легкое, воздушное, как будто неземное. Ну не может *это* быть обыкновенной тряпочкой! Кстати, обе мои бабушки никогда не носили беленьких деревенских платочков «в крапушку» под названием «хебе», только шелковые или кружевные.

Торжественные бабушки и тетушка довольно долго шушукались с мамой и подругой тетей Раей, которая тоже приехала, а я точно знала, что, когда приезжает тетя Рая, — это праздник.

Потом появился папа, довольно взволнованный, и все куда-то заторопились и поехали, и приехали в высокий дом, где было полутемно, горели свечи в белый день! И вот там я испугалась немного — странно пахло, и люди были одеты как-то чудно, и какое-то пение раздавалось в отдалении, и я все крутила головой, чтоб узнать, кто это там поет, а бабушка меня одергивала.

Потом вообще началось непонятное. Вышел дяденька в парчовом халате и начал читать по книге, ни слова не разобрать, но тем не менее и бабушки, и мама с подругой за ним повторяли и крестились, а папа сразу ушел. Почему он ушел?.. Я долго об этом раздумывала. Потом нас по очереди с сестрой стали окунать в воду, и я решила заорать, хотя холодно не было, я это отлично помню! И помню, что решила заорать просто для порядка — я все время орала, когда чего-то не понимала или хотела, чтоб на меня обратили внимание, значит, и тут следовало.

Помню еще, как бабушка довольно смущенно втолковывала мне, чтоб я никому-никому не рассказывала, где мы были и что там делали. Детектив, одним словом!

С тех пор прошло много лет, мы с сестрой выросли и покрестили наших детей, и очень полюбили праздники — Рождество, Пасху, Троицу, но именно как праздники, светлые, радостные, волшебные дни, в которые происходит что-то хорошее.

В пасхальную или рождественскую ночь мы с мамой и сестрой непременно накрываем стол, традиционный именно для этого праздника, и усаживаемся смотреть телевизор — трансляцию из храма Христа Спасителя или из Иерусалима, а когда служба заканчивается, поздравляем друг друга и вкусно ужинаем или, вернее, завтракаем, ибо заканчиваются такие службы под утро.

Еще, конечно, мы ходим в храмы, которые нам нравятся, где нам легко и радостно, например, в церковь поблизости от нас, которую построил когда-то Василий Баженов. И там ставим свечки к нашим любимым иконам и разговариваем с ними, с теми, кто на иконах, как с живыми людьми. Радуемся, когда их видим. Рассказываем, как наши дела. Спрашиваем, как у них дела.

И вот все это никакое не православие, конечно.

Это... так. Наши собственные и очень личные отношения с окружающим миром.

Постов не соблюдаем, молитв никаких не знаем, не говеем и на исповеди не бываем.

Мужиков наших в храм вообще не заманишь, и долгие годы меня беспокоило... своеобразное отношение моего мужа к этим вопросам. А потом я, как Кити из романа Толстого, поняла, что знаю любовью всю его душу, и все, что есть в его душе, все хорошо, а то, что такое состояние называется «быть неверующим», меня не беспокоит. Он порядочный, добрый, честный, терпеливый и никогда не унывает. Он в сто раз более православный христианин, чем несколько сотен нетрезвых прихожан, которые набиваются в храм на Рождество или Пасху, сами толком не понимая зачем. Потому что так положено. Или модно.

К любви к Богу набивание в храм, равно как и потасовки в очереди за святой водой на Крещение, никакого отношения, конечно, не имеет.

Еще у нас есть друзья, тоже никакие не православные, вернее, такие же «православные», как мы, но несколько раз в год мы ездим в Дивеево, в гости к Батюшке Серафиму Саровскому.

Это не паломничество. Это... путешествие. Приключение. Радость. Дальняя дорога, леса, поля. Солнце валится за верхушки сосен. Там, уже за Нижним, начинаются холмы и перелески, леса до горизонта — Россия, самая прекрасная страна на свете.

По дороге мы пьем чай из термоса, очень крепкий, до красноты, чистим картошку в мундире, макаем ее в крупную соль и заедаем свежими огурцами, и ждем изо всех сил, когда на фоне вечереющего поля покажутся купола монастыря. Под вечер кажется, что он висит в воздухе, ей-богу. Арзамасские поля без конца и без края залиты туманом, и монастырь возникает как будто между облаками, земными и небесными.

В общем, красота!

Мой друг Игорь Евгеньевич, которого я в прошлом году потащила в Дивеево, хирург-онколог. Доктор наук, профессор и вообще европейская знаменитость. Его жена тоже врач, кандидат наук и большой начальник в фармацевтическом бизнесе. Так что в смысле религиозного экстаза дело гиблое.

Вот, к примеру, по дороге облепиху покупали. Мы то и дело покупаем что-нибудь по дороге в зависимости от того, что продают, — помидоры, лисички, чеснок, картошку, яблоки и так далее. На этот раз облепиху.

Смирная тетка в платке насыпала оранжевую ягоду в отмытые до блеска стеклянные банки и приговаривала, что облепиха лечит все болезни до одной.

Мы делали тетке знаки, которых она, конечно, не понимала, и все продолжала налегать на излечение от всех болезней, а наш доктор-профессор морщился, вздыхал, тосковал, потом засмеялся тоскливым смехом, потом засверкал голубыми глазищами, мы стали подталкивать его к машине, а он некоторым образом вырывался и все пытался объяснить тетке, что болезни следует лечить докторам, а не облепихой.

Насилу отбились.

В Дивеево, завидев парящий между небом и землей монастырь, профессор притих и стал неразговорчив.

Мы наспех поужинали, разошлись по своим комнатам и притаились, чтоб дождаться утра.

В Серафимо-Дивеевском монастыре всегда много народу — и летом и зимой, и в ведро и в ненастье. Послушницы, служители, паломники и праздношатающиеся вроде нас. Под белой стеной продают свечи, платки, деревянные крестики, бумажные иконки, все как обычно, как везде. Ну и Христа ради, конечно, просят, а как же иначе.

Какая-то бабка подошла к Игорю и попросила, а за ней большая пыльная собака подошла и тоже попросила. Игорь вытащил из заднего кармана джинсов бумажку и сунул бабке, должно быть, довольно много, потому что та стала перепуганно отказываться и совать обратно.

Мы надевали солнечные очки, чтоб не смотреть, и потихоньку двигались через дорогу, и все же по очереди украдкой оглядывались на профессора.

Игорь весь покраснел, до ушей, до голубых глаз, и бабка, заглянув ему в лицо, кажется, что-то поняла, потому что перестала совать ему денежку, а сложила несколько раз и припрятала.

Она шла за нами, очень близко, и разговаривала со своей собакой, и мы слышали, как они разговаривают.

— Вот спасибо так спасибо, — приговаривала бабка, — вот уж спасибо-то! Всего час-то и постояла, а теперича и стоять незачем, домой пойду, в огород, помидоры-то горят! Мы с тобой щас в сельпе говядинки купим, вишь, как повезло-то нам! Кило купим! Сахарку, чайку, а еще, можеть, карамельков! С карамельками чаю попьем. Щец похлебаем свеженьких, а тебе кость! — Это было сказано собаке.

Мы шли все быстрее, чтоб не слышать их, но слышали каждое слово.

— Вот, батюшка, спасибо тебе! Пожалел ты меня сегодня, порадовал. Не зря я тебе вчера плакалась-то, что ножки у меня болят и в ухе гудить чегой-то! А ты и помог! Щас домой, в сельпо только забежим, и завтра уж не пойдем, да мне теперя на несколько ден хватит!.. Спасибо тебе, батюшка, родной ты мой!..

Это она не Игоря благодарила, доктора и профессора. Это она Батюшку Серафима благодарила за то, что прислал профессора с денежкой — вот как хорошо сегодня управил. Не придется до вечера стоять на жаре, да ведь и неизвестно, чего настоишь! А Батюшка так распорядился, что с самого утра все сложилось для нее прекрасно. И теперь хватит и на мясо обоим, и на чай с карамельками. Должно быть, не каждый день они такие пиры закатывают.

Мы пробыли в монастыре до вечера и очень устали. Быть там — тяжелая душевная работа. Под вечер вернулись в гостиницу и сели на плетень, смотреть на купола, уже загоревшиеся вечерним сиянием.

Мы сидели, болтали ногами, а потом Игорь слез с плетня, коротко извинился и сказал, что ему нужно еще раз... туда. В монастырь, к Батюшке.

Мы молча проводили глазами его машину, которая медленно ползла по полю, и ветер крутил за ней пыль.

Нужно так нужно.

Вера такая разная бывает! «Ты не искал бы меня, если б уже не нашел», кажется, как-то так сказал о поисках Бога блаженный Августин.

ЛЕТО КРАСНОЕ

Время от времени — довольно часто, между прочим, — мы начинаем чувствовать себя «сиротами», обойденными судьбой. Мы — это Инка, Элли, Бэлла Александровна, домашнее имя Белик, и я.

Я называю такое состояние «Меня никто, никто!..».

Никто не обращает внимания. Никому нет дела. Никто не интересуется моей жизнью, что уж говорить про работу. Никто не говорит мне хороших и правильных слов. Ну то есть «никто, никто!».

Моя сестра Инка, когда я начинаю очень уж завывать на эту тему, всегда спрашивает у меня: «Никто — это кто?»

Ну и получается, что «никто» — это муж, конечно. И ведь чем дальше, тем хуже!

Помнишь, как раньше нам было весело вдвоем? Помнишь, как мы только и мечтали сбагрить куда-нибудь родителей и детей и побыть вместе?

Помнишь, как заранее начинали подъезжать к маме с папой, чтобы на время нашего отпуска оставить им Мишку? Он еще маленький был, все время орал — он и сейчас все время орет, хотя ему двадцать один год, — и с ним было трудно, но мама соглашалась, и у нас начиналась казацкая вольница! Особенно на любимом Балтийском море!..

А сейчас что?! Сейчас тоска зеленая! А все почему? А все потому, что ты не обращаешь на меня никакого внимания! Ну то есть вообще никакого! Тебе нет до меня дела. Ты все время занят своей наукой (аэродинамикой, хирургией, бизнесом — в зависимости от мужа такой же, как я, «сироты»). Я тебя почти не вижу, а когда вижу, ты или думаешь о своей науке (аэродинамике, хирургии, бизнесе), или засыпаешь сидя и оправдываешься тем, что смертельно устал и твое единственное желание за последние годы — выспаться хорошенько!.. Мы поздно приезжаем, тут уж не до разговоров, потому что нужно быстро или вяло, в зависимости от степени усталости, что-нибудь съесть, выгулять собаку и провалиться в сон, как в обморок, до той секунды, когда начинает звонить будильник, враг номер один, и подгонять, и торопить, душу вынимать, короче!.. Если ты вдруг дома и вдруг выходной, нужно переделать кучу дел, как-то поучаствовать в жизни детей, они ведь тоже, считай, «сироты», и в жизни родителей тоже нужно поучаствовать, тут уж не до разговоров!

А ты понимаешь, к чему все это приведет? Нет, ты не понимаешь! Потому что тебе все равно! Приведет это к тому, что в один прекрасный день дети вырастут окончательно и бесповоротно, и что мы с тобой станем делать?! Превратимся в истерических деда с бабкой, которые только и делают, что пристают к «молодым» с вопросом, когда же, когда будут внуки, чтобы занять себя хоть чем-то? Ну, то есть внуками?! Друг от друга мы давно отвыкли, а все потому, что ты не обращаешь на меня никакого внимания, тебя не интересуют мои дела, а только твои собственные, которые и меня тоже почему-то должны интересовать!..

Поговори со мной! Поговори со мной, а?.. Помнишь, как раньше было интересно разговаривать?..

Помню, дым шел из какой-то трубы. Была зима, собачий холод, а у нас свидание и, стало быть, прогулки, вот мы смотрели на дым и разговаривали про него, и это было страшно интересно!..

А однажды в Питер поехали, это уже совсем недавно, лет десять назад или чуть больше!.. Тимофею было полгода, с ним осталась мама, спасибо ей, а мы с оставшимися детьми, Мишкой и Саней, племянницей, поехали на машине в Питер, и это было так здорово, так прекрасно!

Так интересно!..

Дорога между столицами и тогда была ужасной, но еще можно было проехать, и мы никуда не спешили, мы же в отпуск ехали! У нас впереди была целая огромная отпускная жизнь, дней пять, наверное, а то и все шесть. В багажнике мы везли корзину с едой и термос с чаем, плед и две подушки, желтую и синюю, красивые такие! Дети на них спали, устав ехать.

Под Тверью мы купались в Волге, и четырехлетняя Саня зашла далеко, оступилась, нырнула с головой, ты кинулся и вытащил, а я так испугалась, что для меня и сейчас это худший из кошмаров, как Санина голова скрывается под водой — на одну секунду только, потому что потом ты ее вытащил, но я успела перепугаться до смерти!..

А в Новгороде дети висели на решетке памятника «Тысячелетию России», а мы по очереди нудными голосами читали из путеводителя, чем знаменит этот памятник, какие именно на нем изображены события и фигуры, оставившие след в славной и великой истории нашей страны, а детей неудержимо тянуло на ярмарку, где продавали деревянные игрушки, вырезанные кое-как, но очень притягательные, именно потому, что деревянные, воздушных змеев и летающие тарелки, которые нужно было кидать. У нас было не слишком много денег, но мы покупали дурацких деревянных медведей и летающие тарелки тоже, а потом под стеной Новгородского кремля мы их кидали и ловили, прыгая на песке, как собаки!..

И мы все время разговаривали и никуда не торопились, и в сон нас не клонило, помнишь?!.

А Питер, лучший город на земле?.. Просторный, летний, широкий! Вольный ветер, «флаги на башнях», корабли на Неве, Стрелка, которую так парадно и торжественно омывает река?

А Трубецкой бастион, с которого открывается «невская панорама» и можно посмотреть в подзорную трубу! Зачем смотреть именно в трубу, неясно, город на той стороне и так как на ладони, но мы смотрели, нам нравилось! И золотой купол Исаакиевского собора царит над городом, сияет, как второе солнце! А если повернуться спиной, мир сразу меняется — тень, мрачные стены, нагромождения каменных построек, Петропавловская крепость, что вы хотите!..

Отстояв немыслимую очередь в Эрмитаж, мы волоклись по знаменитым и прекрасным залам, и Сане было совсем невмоготу и ничего не видно, кроме ног впереди и ног сзади, и ты посадил ее на плечи, откуда ее моментально согнали — нельзя нести на плечах ребенка по этим знаменитым и прекрасным залам. Мы умоляющими голосами просили, чтоб разрешили, мы заглядывали в глаза, мы виновато повторяли, что девочка же маленькая совсем, ей ничего не видно, идти трудно, а ботиночки мы сняли, чтобы она никого не задела и не испачкала, но нельзя, нельзя, что вы!.. Снимите ребенка сейчас же!.. Мы сняли, конечно, и ребенок мужественно терпел экзекуцию несколько часов, приобщался к прекрасному, то есть к ногам экскурсантов, и вытерпел, и, освободившись от прекрасного, мы помчались на жаркую летнюю улицу, мороженое есть. И все это было просто замечательно!..

И с Кунсткамерой тоже вышла история. Туда тоже была очередь и тоже немыслимая, и мы ее выстояли, ни Саня, ни Мишка не пикнули!.. Мы толковали им про этнографический музей, про всякие диковины, привезенные из разных путешествий разными путешественниками, и они слушали внимательно и очень заинтересованно и долго шли, путаясь в ногах экскурсантов!.. А потом оказалось, что все это время они надеялись на скунсов!.. И ждали, когда же будут скунсы. Они решили, что камера как раз «скунс». Скунс-камера — место, где будут показывать скунсов, они очень хотели посмотреть, они читали про них у Даррелла!..

А скунсов не было. И они страшно из-за этого расстроились, а мы с тобой развеселились, несмотря на то что нам так жалко их было!.. И остаток дня мы провели на пляже возле Петропавловской крепости — строили замки из песка и рассматривали великий город на той стороне.

И все время разговаривали, и это было прекрасно!..

А еще мы научили Саню играть в дурака. Игра в дурака — это ужасно глупое занятие, совершенно недопустимое, мама оторвала бы нам головы, если б узнала. Но мы научили. И в нашем номере на четверых в какой-то дальней гостинице в промзоне — на центральные и шикарные у нас не было денег, — мы играли по вечерам в этого самого дурака, и Саня все время выигрывала, потому что за нее играл ты, а мы с Мишкой все время злились и кричали, что это несправедливо!..

А сейчас что? Сейчас все по-другому! Нам некогда, некогда, и мы все время расходимся, разъезжаемся, разлетаемся — и все время в разные стороны!

На минувшей неделе я как раз впала в состояние «сироты», о чем и объявила Инке, Элли и Бэлле Александровне — домашнее имя Белик. Они посочувствовали, как могли. Им все это знакомо.

И тебе я тоже сказала, что «меня никто, никто!». Но тебе же на это наплевать, да?.. У тебя работа, нужно думать головой, а сейчас как раз не думается, нужно куда-то лететь, а сейчас как раз не получается, и... в общем, не до меня. Совсем.

И вдруг наступила пятница. Самая обыкновенная пятница, без всяких надежд и перспектив. По субботам у меня радио, а в воскресенье нужно выспаться, потому что выспаться на неделе никак не получается (см. выше).

И тут ты пришел с работы и спросил странным голосом:

— Ты еще способна на безумные поступки?

И я поинтересовалась, на какие именно.

— Ну... вот.

И выложил передо мной на клавиатуру компьютера два билета в Питер. На сегодняшний вечерний рейс. Чтобы успеть, нужно вскочить и бежать.

И я вскочила и побежала, и мы успели на рейс, и я совершенно позабыла, что только что была «сиротой», что меня «никто, никто!», что работы полно и дети брошены.

Лето впереди — целое огромное и прекрасное лето. Длинные дни, вольный ветер, отпуск и возможность поговорить. А это так важно.

О, СПОРТ!..

В нашей стране в последнее время принято любить спорт. Взять, к примеру, нашу семью.

Ну с Женькой все понятно. Он всю жизнь бегает и очень собой гордится. Мама ходит в бассейн, благо бассейн удачно располагается в соседнем доме. Мишка играет в теннис. А Тимофей... Вот с Тимофеем вышла история.

Он безостановочно смотрит по телевизору то биатлон, то бобслей, но футбол побеждает все! Россия, вперед, и все тут. Когда играется матч за восемнадцатое место в восьмой лиге между усть-чуйской командой «Свободный сокол» и «Сталеваром» из Бобруйска, Тимофей не находит себе места от переживаний.

И мы, как образцово-спортивные родители, решили реализовать любовь нашего мальчика к спорту, то есть сдать его в футбольную секцию.

Мы все разузнали, где принимают, по каким дням, за сколько рублей, собрали рюкзачок будущему спортсмену и повели!..

А надо сказать, что в нашем родном загороде несколько лет назад отгрохали очень, ну просто сверхспортивный стадион. Раньше это был обыкновенный стадион, где можно летом побегать по дорожкам и даже поиграть на поле в футбол, а зимой постоять на трясущихся, разъезжающихся ногах возле бортика — ну на коньках то есть покататься! Потом все эти глупости закончились, ибо были отпущены деньги на сооружение самого настоящего спортивного стадиона — с крытыми трибунами, турникетами, рамками, раздевалками.

Попасть туда теперь никак нельзя, конечно, но какая разница! Самое главное — красиво, богато и примерно раз в сезон там играется матч как раз той самой восьмой лиги. Любовь к спорту налицо, и бюджет освоен.

Как взять штурмом эту крепость спорта и здоровья, ни один из нас не знал — входов, выходов, турникетов и рамок не сосчитать, и нас долго посылали сначала оттуда сюда, потом отсюда туда, ибо никто из сторожей толком не знал, где именно занимается футбольная секция. Мы долго метались, нервничали, что опаздываем, особенно Тимофей, которого захватила мысль о том, что он вскоре приобщится к своему любимому футболу. Он подгонял нас, несся впереди большими неуклюжими прыжками, оборачивался, поджидал и опять несся, вдохновленный.

К началу занятий мы опоздали.

Несколько пацанят бодро приседали у бортика, а дядька в тренировочном костюме и со свистком на груди скучал, рассматривая пустые трибуны.

Мы подбежали — красные, мокрые, уже отчасти приобщившиеся к спорту.

— Здрасте, — заговорил Женька на ходу. — Хорошо, что мы вас нашли. Мы вот хотели сына к вам в секцию отдать. Как это можно сделать?

Дяденька со свистком медленно перевел взгляд на нас, порассматривал какое-то время, а потом, должно быть, сообразил, какое Бог ему послал развлечение.

— А мы уже занимаемся! — объявил он злорадно, как бы уличая нас в чем-то постыдном. — Вы что?! Не видите?! Вот!

И он простер руку в сторону приседающих пацанят. Те моментально перестали приседать.

— Нужно было вовремя приходить! Занятия уже пятнадцать минут как идут!

Муж мой ничего не понял. Тимофей ничего не понял. Его тянуло «в спорт».

Я оказалась сообразительней и попыталась оправдаться.

— Мы просто очень долго вас искали, — сказала я и улыбнулась заискивающей улыбкой. — Вот и получилось...

— А раз получилось, так и приходите в следующий раз! — гаркнул обретший почву под ногами спортивный наставник молодежи.

— В следующий раз будет будний день, а по будням мы работаем...

— А я тоже работаю! Вы что?! Не видите?! Вы мешаете! И ребенка вашего уберите!

Мой муж человек исключительно терпеливый, но тут терпение ему изменило.

Он схватил Тимофея за руку и большими шагами пошел прочь со стадиона. Мне еще хватило ума сказать наставнику:

— Спасибо большое. — А потом я их догнала.

Тимофей долго молчал, а потом спросил:

— Я не буду... заниматься футболом, да, пап?

Папа промолчал. Тимофей шмыгнул носом. Он крепился изо всех сил — все же в душе он настоящий спортсмен!..

Не будет никакой «России, вперед!», думала я. Хоть сколько денег вбухайте в Сочи и в покупку иностранных игроков и тренеров. Не будет, и все тут.

Любовь к спорту — это не бесчинства на стадионах, раскрашенные лица и миллионные гонорары. Любовь к спорту, которую я как раз понимаю, — это такие, как Тимофей, которым очень нравится футбол не из-за гонораров и суперстадионов, а потому что это игра, драматургия, переживания, непредсказуемость, и этому хочется научиться!..

Но Тимофей не будет учиться. Мы с ним пока что в теннис играем — сами, как умеем.

ЖЕНЩИНА
ТРУДНОЙ СУДЬБЫ

Когда я вошла, Саша слегка посмотрел на меня, слегка кивнул и слегка поздоровался. А потом уткнулся в свой компьютер, который интересовал его гораздо больше, чем я, да оно и понятно!.. Я была последней в списке приглашенных к Саше на свидание, он устал, а там, в компьютере, по всей видимости, болтался список дел, которые еще необходимо переделать сегодня, а их куча, дел-то!

В общем, сочувствие к Саше пронзило меня в первую же секунду нашей встречи. И не отпускало до самого конца.

Кроме меня, на встрече присутствовали еще человек пять, очень озабоченные. Они все должны были как-то втюхать Саше образчики своего искусства, а Саша должен был принять их или отвергнуть. Это называется «совещание продюсера со сценаристами».

Задача непростая, потому что образчики, по-моему, Сашу раздражали заранее и раздражала необходимость как-то вникать, что-то объяснять, на чем-то настаивать, и было ясно, что он хочет одного, а мы, сценаристы, приволокли ему в сотый раз нечто, чего Саша не хочет. И еще мне показалось с разгону — я была на такой встрече в первый раз в жизни! — что Саша уже миллион раз повторял, что нужно и как именно это должно выглядеть, а... никто не понимает.

Никто не понимает не потому, что мы, сценаристы, тупы и бездарны, а потому, что... тут много есть причин, в общем.

Во-первых, нас всех по-разному учили, а кого-то и вовсе не учили, меня например. Я не заканчивала сценарных курсов и специальных отделений специальных вузов. Я книжки почитала, которые написали гениальные режиссеры и драматурги, например Александра Митту, вот и все «мои университеты». Островского Александра Николаевича тоже почитала я, ибо — хоть мир перевернись! — он был и остается гениальным драматургом и переплюнуть его... трудновато, трудновато.

Во-вторых, у всех разные системы координат не только в смысле написания сценариев, но и в жизненном, так сказать, смысле.

У всех разные представления о любви и ненависти, о счастье и несчастье, о трудностях и приключениях.

В-третьих, жизненный опыт, опять же!.. Бабушка внушала мне, что позволить себе писать можно только о том, что хорошо понимаешь, а чего не понимаешь или не знаешь, о том писать запрещено — глупостей напишешь, но бабушкины правила давно сданы в архив, и любой малограмотный или среднеграмотный человек может написать о чем угодно!.. Жизнь неудержимо мчится вперед! Бывший бухгалтер легко сочинит историю о нейрохирургах, он же прочитал о них в Интернете довольно большую статью!

В-четвертых, и, должно быть, в главных — Голливуд!.. Самый лучший комплимент любому современному фильму — «Ну, это Голливуд!» Как в старину старушки, заглянувшие в Торгсин, говорили: «Как в царствии небесном побывала!» А как же? Вокруг даже не бедность — нищета, даже не разруха — конец мира, а войдешь в магазин «Торговли с иностранцами», там штуки ситцу до потолка, крепдешины всякие, горжетки, туфли с пряжками!.. Так и в наш киношный мир войдешь, а там одинаковые красотки (дурнушки) плачут одинаковыми слезами, одинаковые бандиты (полицейские) одинаково бьют друг друга по одинаковым лицам, а вокруг или березы шумят, или помойка горит. А в голливудский мир заглянешь — там что-то все разные, смешные, тупые бывают, красивые, умные, дурацкие, но их истории можно смотреть.

И зрители это понимают. И Саша это понимает. И все-все видят и понимают, однако дело ни с места.

Уж до чего дошло, сериальчики десятилетней давности кажутся верхом киноискусства — вроде и снято хорошо, и на правду похоже, и играют с душой, и до конца досмотреть хочется. И герои говорят, как люди, — похоже, похоже!.. Умели же снимать... Впрочем, о чем это я?! Когда десять лет назад эти сериальчики только начали показывать, казалось, что это ужас и безвкусица и по сравнению с тем, что снималось двадцать лет назад, вообще никуда не годится!

Или системный кризис грянул, что ли? Такое может быть?

Иначе чем объяснить, что подозреваемый злодей на протяжении восьми минут три раза поименован по-разному?.. На первой минуте он был Назаров, на пятой стал Назаренко, на восьмой окончательно перешел в Назарчука и остался Назарчуком до конца фильма! Как его настоящая фамилия-то? Я, как зритель, путаюсь. Почему честный следователь — он по сюжету честный! — живет в доме с камином? Как это вышло?! Я честный писатель, и у меня в квартире нет камина, не заработала я еще на камин, а следователь, выходит, заработал?! И вот, вот еще мне нравится! Это такой отдельный сценарный ход, он называется «пробей по базе». На телефон фотографируется сивый дед с бородатой козой. Фотография посредством современных технологий и подключения к мировому разуму отправляется в некий Мозговой Центр и там специальным образом обрабатывается — это видим мы, зрители. В результате по-киношному красивый аппарат выплевывает бумажку или показывает на мониторе картинку, тоже очень красивую. Нет, нет, две фотографии — деда и козы по отдельности. Под дедом подпись: «Сидоров Распопий Феофилактович, родился в 1929 году в деревне Мокша Смоленской губернии. Окончил ЦПШ (церковно-приходскую школу), виртуозно играет на гармошке. Курит самосад. С 1939-го по настоящее время занимает должность пастуха при Краснодрыновском сельсовете. Вдовец. Виртуозно владеет холодным оружием — косой и граблями. На сеновале прячет винтовку-трехлинейку времен Первой мировой войны в нерабочем состоянии». Под козой тоже подпись: «Коза-трехлеток Мотька, характер вздорный, решительный. В день дает приблизительно 800 мл молока. Занимает сарайное помещение по соседству с боровом Борькой (Борисом), с которым состоит в дружеских отношениях. В минувшем году боднула пьяного председателя Обмочаева И. Н., в связи с чем Обмочаев И. Н. в грубой форме обещал козу перевоспитать».

Что это за базы такие, в которых все это подробно и обстоятельно описано? Откуда сценаристы их берут?!

Я не знаю, и грустный Саша, похоже, не знает тоже.

Нам с Сашей — в этом мы абсолютно едины! — хочется хороший фильм. Мне — написать. Ему — снять, но у нас не идет это дело, не идет решительно!..

Или вот еще один обязательный номер, так сказать, еще один сценарный ход! Он так же обязателен, как и «пробей по базе». Она — умная, добрая, нежная, трепетная, не важно, сколько ей лет, сорок или двадцать. Он — красавец, богач, вундеркинд, ундервуд и подлец. Он женат на ней 40 лет (3 месяца). Она, конечно, не подозревает, что подлец, ибо он поминутно носит ее из кадра в кадр на руках и катает на кабриолете (яхте), и это застит ей глаза. Потом он ее бросает, — ее сердце разбивается на крупном плане — дзынь! — чтобы начать носить и катать точно такую же, но другую. Я опять, как зритель, путаюсь, которая из них кто, они же совершенно одинаковые! И мне кажется, Саша, как продюсер, тоже путается, он их тоже не различает. Подлец требует вернуть ему ключи от подаренного кабриолета и книжку счетов за коммунальные услуги, потому что из квартиры он ее выселяет. Та, вторая, которую он нынче носит из кадра в кадр, на заднем плане хохочет русалочьим смехом, потешаясь над побежденной соперницей. Побежденная возвращается в хрущевку к маме и сыну. Дальше, если фильм «с претензией», следует демонстрация жизненных тягот отвергнутой: мама-тиран, ставшая такой не от скверности характера, а от тяжелой жизни, обзывает дочь проституткой и неудачницей, сын-дебил, ставший таким от неприкаянности и нелюбви, проводит жизнь с компьютером и обзывает мать дурой и истеричкой, бабушку старой каргой, крадет деньги и уже вот-вот попадет в лапы наркоманов.

Зрители плачут.

Если фильм «без претензии», ослепшая от горя героиня попадает под машину «Скорой помощи», на которой случайно едет молодой, симпатичный профессор. Он сегодня дежурит. У профессора такое хобби — дежурить на «Скорой». Он приводит героиню в свой дом — обязательно с камином, врачи в сериалах тоже зарабатывают на камины! И все прекрасно устраивается. Мать утирает умильные слезы. Сын увлекается волейболом и становится чемпионом района.

Зрители плачут.

Продюсер Саша читает и тоже плачет. Невмоготу ему совсем. Он-то ведь хотел хороший фильм снять, а ничего вышеизложенного он как раз не хотел!

Я знаю отличную историю про любовь. Жила-была девочка Катя, дочка капитана дальнего плавания. Бабушка у нее была — Нина Капитоновна, еще мама и дядюшка-профессор. В соседней школе учились два парня — Саня и Миша. Саня был самый обыкновенный парень, а Миша — подлец подлецом, таким уж он уродился. Катя с Саней ходили на каток и еще, помнится, в зоопарк и как-то незаметно влюбились друг в друга. Им обоим нравились путешествия, открытия, Арктика, Север. Но вмешалась давняя семейная история, совершенно детективная. Оказалось, что дядюшка-профессор в свое время погубил Катиного отца, капитана дальнего плавания, и дядюшка оболгал Саню, который случайно узнал об этом. И Сане пришлось потом полжизни доказывать, что он не лгал!.. Он просто очень любил Катю, и у него был только один выход из положения — найти пропавшую экспедицию Катиного отца. Впрочем, Катя верила ему и без всяких доказательств — она тоже его любила. Экспедицию Саня нашел. Хотя и дядюшка, и подлый Миша, который тоже мечтал жениться на Кате, очень ему мешали. «Бороться и искать, — время от времени повторяет Саня цитату из Теннисона, — найти и не сдаваться».

Конец.

Может, какую-то такую историю написать? Впрочем, ее уже написал Каверин, и называется она «Два капитана». Ну а мы пока приналяжем на женщин с трудной судьбой.

Как говорит грустный продюсер Саша, пролистывая сценарии: «Чего там писать-то?» И правда, писать там нечего.

ПОЭТ
И ХУДОЖНИК

Марина Каменева, великая выдумщица и организатор всех наших приключений, вдруг позвонила и предложила ехать... в Юрмалу.

Это показалось странным — почему туда?.. Вроде весна, не сезон, да и что там делать, в Юрмале-то этой? Прогуливаться по песчаным пляжам в шляпах и длинных ситцевых юбках в окружении советских пенсионеров, для которых Латвия была когда-то заграницей?.. Катить на велосипеде-тандеме вдоль линии прибоя, пугая все тех же пенсионеров и малюток в панамах?

Да и визы получать — морока. Неохота их получать. Великодержавный шовинизм, а может, давняя привычка все еще поигрывала в нас, и мы уже заранее не хотели идти ни в какое латвийское посольство. Выдумали еще посольство какое-то!..

— Нет, — сказала Марина, — все будет гораздо интересней! Мы не поедем «одним днем». Мы поедем с ночевкой.

Ехать «одним днем» — это когда садишься в машину возле дома, а вылезаешь возле «места назначения». В один присест. На одном дыхании. Заложив уши. Остановки не для того, чтобы полюбоваться красотами, а только «по требованию». Обед по приезде, в дороге только прикупленные на заправках семечки, чипсы, «кальмар сушеный», за которого потом все друг друга ненавидят — воняет очень. И всегда — быстрей, быстрей!..

У нас это называется «радиальный выезд», ну просто туда и обратно. Например, в Углич нам очень нравится поехать. В Суздаль. В Новгород Великий, в Нижний тоже хорошо.

Широка страна моя родная, много в ней лесов, полей и рек, а также «не нужен нам берег турецкий»!.. А тут с Юрмалой берег выходил хоть и не турецкий, но все же не наш, не наш решительно!.. Да еще ночевка какая-то.

— А где ночевать-то будем?..

— У Боречки и Любочки, — ответила Марина загадочно, она любит удивлять, наша Марина. — В Пушкиногорье.

Ну, тут уж мы возликовали!.. В Пушкиногорье нас с сестрой возили маленьких, и это было такое путешествие, скажу я вам!..

Мы ехали очень долго — это сейчас я понимаю, какое трудное дело, путешествие с детьми, но наши родители почему-то ничего не боялись и никогда не ленились. Там негде было ночевать — в нашей супердостопримечательной суперисторической, суперинтересной, супердревней стране почему-то всегда негде ночевать, и тогда так было и сейчас осталось, поэтому мне смешны все разговоры о том, что Россия вот-вот станет великой туристической державой!.. Позвольте, как же она станет, если билет на Камчатку стоит семьдесят тысяч рублей, и нам, чтобы полететь с детьми и показать им, как «широка страна моя родная», на четверых нужно, стало быть, двести восемьдесят, а это невозможно ни при каких раскладах. Невозможно, и все тут!..

И что нам делать с детьми и этим самым «чувством родины»?! Как им объяснить наглядно, что она действительно широка и действительно лесов, полей и рек очень много, и все они сказочно, неправдоподобно, дивно хороши?.. И люди хороши, и леса, и дороги, и перевалы, и озера, и монастыри!

Да и жить негде!..

Когда нас повезли в Пушкиногорье, бабушка, всю жизнь проработавшая в ЦК (это не центральная котельная, кто не знает, а Центральный комитет Коммунистической партии), звонила своей приятельнице Анне Ивановне, которая в те времена была председателем то ли обкома, то ли горкома Святых Гор — звучит отлично, правда?! И Анна Ивановна нас поселила. Там, в Пушкиногорье, была гостиничка «для своих», с крошечными номерами и сортиром в конце коридора. Так что жили мы сказочно. Даже на экскурсию попали. И шли в толпе замученных туристов мимо дома Семена Гейченко, директора заповедника, где в окнах были выставлены самовары, на цыпочках шли, и все экскурсанты шли точно так же, боялись потревожить легендарного и знаменитого человека. Все знали, что он где-то рядом, и боялись ему помешать.

Он же с Пушкиным почти на короткой ноге. По крайней мере, мы свято верили, что на короткой!..

Так что Михайловское, Петровское и Тригорское — это отлично.

И опять мы ехали долго и трудно. Федеральная трасса Москва — Рига хороша только первые километров сто, а может, и меньше. Дальше начинается засада — в прямом и переносном смысле. Покрышки рвутся, передний мост отваливается, задний тоже чувствует себя неважно.

Приехали вечером и долго торчали на обочине, все не могли сообразить, куда поворачивать. Миша, Маринин муж — он был за рулем первой машины, — звонил, спрашивал, консультировался, мы не вмешивались, ждали по привычке, когда «взрослые» разберутся. Марина неспроста называет нас «пионерским отрядом», а саму себя «инструктором» и не дает нам спуску, если мы делаем что-то не то и не успеваем утром к церемонии поднятия флага, где бы этот флаг ни поднимался, на Алтае, в Магадане или Петрозаводске.

Следом за Мишей мы неспешно въехали на территорию, и тут выяснилось, что Боречка и Любочка, у которых мы должны гостевать, научные сотрудники Заповедника (пишу с большой буквы, понятно вам?!), и не простые сотрудники! Борис Козьмин — художник, смотритель и хранитель Петровского, усадьбы Ганнибала, назначенный когда-то на должность именно Семеном Степановичем Гейченко, а его жена Любочка — пушкинист, историк, автор многочисленных книг, что уж говорить о монографиях и специальных работах!..

Тут-то мы и забыли про «туризм», сортир в конце коридора и отсутствие гостиниц. Как-то, знаете, стыдно в их присутствии об этом не то что говорить, но даже думать.

Борис Козьмин — человек взрослый, очень хорошо, не по-современному образованный, тонкий и знающий о жизни гораздо больше нашего.

Его жена вообще прелесть, если так можно сказать об умной, талантливой красавице, матери двоих сыновей и бабушке не-помню-скольких внуков!..

По-моему, никто не зовет их Борис и Любовь. Исключительно Боречка и Любочка. Ну... нельзя по-другому. Не получается.

У них «открытый дом», тоже в самом правильном, не слишком современном понимании. Многочисленные гости, которые валом валят в Петровское, сами жарят картошку на огромных сковородах, заваривают чай, рассаживаются вокруг диковинного стола на тяжелых стульях, которые Боречка вырезал когда-то из ганнибаловских лип. Утром поедают яичницу — где в это время хозяева, никто не знает, но понятно, что на работе! — и отправляются... бродить.

В Пушкиногорье не имеет смысла носиться с экскурсионной группой, как бы ни был хорош экскурсовод. Имеет смысл только «бродить»!..

И — не знаю, почему так нам повезло! — мы были допущены к Боречкиным картинам.

Вы знаете, он пишет картины в мастерской, которая примыкает к бане, мне кажется, что именно в таких мастерских рождаются самые удивительные работы!.. Я редко бываю в мастерских художников, почти никогда, но именно такие кажутся мне почему-то самыми правильными. Боречка пишет в «свободное время», то есть когда не исполняет многочисленные обязанности хранителя музея. Времени маловато, конечно, но он очень старается выкроить, и Любочка ему в этом всячески содействует.

Он пишет пейзажи — Сороть, Святые Горы, Петровское, Тригорское, ганнибаловские липы.

И еще он пишет... Пушкина.

Мне кажется, что писать Пушкина почти невозможно. Страшно очень. Это все равно что писать... ну, не знаю, ...иконы. Для этого недостаточно уметь рисовать.

Для этого нужно уметь... верить.

А это не у всех получается, вернее, не получается почти ни у кого, ну, если искренне-то!.. От души.

У Боречки Козьмина получается, и объяснить, как именно получается, невозможно. Честно, я не хотела смотреть картины — мало ли, какая ерунда там окажется, и все исчезнет! Магия, волшебство, очарование, «гений места», как писал Петр Вайль, все тогда пропало!

Ничего не пропало.

Пушкин на Боречкиных картинах оказался именно таким, каким я его себе представляла всю жизнь. Очень молодым, «безбашенным», странным. Мне так и слышалось, как он насвистывает — там, внутри Боречкиных картин. Мне так и виделось, как подбрасывает и ловит тяжелую трость смуглой тонкой рукой, как строит глазки барышням Вульф из Тригорского, как скачет через поля, как кидается в холодную Сороть, фыркает, отплевывается и откидывает со лба длинные темные мокрые волосы!..

Не знаю, почему Пушкин решил поселиться внутри именно Боречкиных картин — кто их разберет, гениев!.. У них какие-то свои дела, нам, обыкновенным людям, совершенно недоступные.

Мне очень хотелось Боречкину картину, но удалось добыть только в Москве, и никакого Пушкина на этих картинах, которые в Москве, разумеется, нет. Пушкин остался в Петровском, и это, видимо, самое правильное. На моей — зимняя деревенская церковь и снегири. С ней что-то странное происходит, потому что утром совершенно очевидно, что на картине восход, а вечером также очевидно, что закат.

И я не уверена, что это нужно как-то объяснять.

И еще — напоследок.

Экскурсию по Петровскому нам все же организовали. Любочка настояла. Вела ее жена Саши, сына Козьминых, который тоже всю жизнь провел в Пушкиногорье. А жена — нет. По-моему, Саша добыл ее в питерском университете, где когда-то учился, и родом она из Томска.

Она рдела, переживала и очень старалась, чтобы мы полюбили Петровское. Как она сама когда-то полюбила.

Знаете, сказала нам Сашина жена, там, в Томске, я никак не могла понять, что такое «чувство родины». Никакого такого чувства у меня не было и появилось, только когда Саша привез меня сюда, в Пушкиногорье. Вот здесь я понимаю, что вокруг — моя родина. Мне это особенно отчетливо видно на полотнах моего свекра, Бориса Козьмина.

Вы знаете, мне тоже.

ИМПЕРАТОР И ЮТА

А что, девчонки, сказала Марина Каменева, на Колыме-то мы никогда не были!.. Мы согласились, что не были. А не полететь ли нам в Магадан, спросила Марина. Мы немедленно выразили готовность лететь. А не проехать ли нам по Магаданской трассе, продолжала Марина, это всего тысяча триста километров. Желаете? Мы моментально страстно зажелали.

Перелет, Магадан, бухта Нагаева. Серое небо, дождь то и дело принимается. Памятник жертвам репрессий работы Эрнста Неизвестного — слабонервным лучше близко не подходить. А впереди у нас тысяча с лишним километров трассы. «Газель» бодро едет; ее бодро ведет Сережа. Ведет и рассказывает — вот здесь этап замерз, много тысяч душ вместе с конвоирами и собаками. Пришла пурга, откуда не ждали и когда не ждали, все замерзли. Вот здесь мост обвалился, как раз когда по нему заключенных гнали, видите, еще сваи торчат. А красивый был мост, пролеты хоть и деревянные, а как будто из чугуна лили, питерские зэки из инженеров-путейцев сооружали. А вот здесь, где Колыма поворачивает, года три назад вдруг стали тела всплывать, да много так, хорошо сохранившиеся, и почему-то исключительно женщин и младенцев. А потом оказалось, что река на той стороне берег подмыла, их из мерзлоты и стало на стремнину выносить. На той стороне как раз женский лагерь был.

А красота вокруг такая, дух захватывает. Конец августа, ни комаров, ни мошки, можно на взгорочке хоть полдня, хоть день просидеть и смотреть, смотреть. И думать, думать.

Под вечер Сережа со своей «Газелью» привез нас на прииск Дусканья — ночевать. На прииске ждали изо всех сил — гости в таких местах редкость, развлечение. Повар Тимофей и стряпухи Наташка с Надей наготовили всего, стол был как на картинках в русских сказках. Таким образом там, как правило, иллюстрируют свадьбу Царевны Лебеди с царевичем Елисеем.

На прииске жил пес. Пес абсолютно царских кровей — всерьез. Он и по виду, и по повадке абсолютный аристократ, Император. Я не вспомню сейчас, как называется порода — северная какая-то порода, северных собак не перепутаешь ни с какими другими. Плотная, как будто заутюженная от головы к хвосту шерсть, широкая медвежья морда, скругленные уши — острых не бывает у северных собак, чтобы кончики не отморозить, — мускулистые лапы и хвост поленом, способный сворачиваться в шикарный меховой бубель. Царская кровь проявлялась в осанке, посадке головы, молчаливости — за все время нашего гостевания на прииске пес не сказал, по-моему, ни слова. Его подарили Юре, хозяину прииска, какие-то заезжие американцы или японцы. Они приезжали перенимать у Юры опыт: огромные драги, содержащиеся в безупречном порядке, железная дисциплина, четкая и жесткая организация работ, чистота — как будто не прииск вовсе, а строительство королевского дворца в Нью-Гемпшире — и бережное, какое-то даже трепетное отношение к тайге, странное для старателей, которым, по идее, должно быть на все наплевать, кроме добычи «презренного металла» и получения денег за добытое.

Японцы или американцы и прислали Юре пса царских кровей. Вместе с подругой-принцессой, чтобы, во-первых, Император не скучал, а во-вторых, чтобы кровь оставалась настоящей, голубой, ни с какими другими собачьими кровями не перемешивалась.

И зажили они на Юрином прииске счастливо — Император и Принцесса. Старатели рассказывали — сама я этого не застала, — что поначалу у них была любовь, да еще какая!.. Вдвоем они бегали в тайгу и возвращались абсолютно счастливыми; плавали в ледяной Колыме, почти до самой стремнины, и он всегда плыл чуть позади, отслеживая подругу; по утрам он приносил к ее ногам задавленных мышей и евражек — ну, то есть кофе в постель подавал. Он каменел и леденел, когда Принцессу гладили и хвалили люди, — ревновал страшно, но держал себя в руках. А как же иначе, он Император и просто обязан держать себя в руках!..

Потом родились щенки, четыре то ли медвежонка, то ли поросенка, лобастенькие, тупоухие, желтопузые, со скрученными в крохотные бублики крохотными хвостами. Отец-Император был счастлив и горд. Он рассматривал своих детей с изумлением и радостью. Он просиживал рядом целыми днями. Он стал приносить любимой дохлых мышей и евражек не только по утрам, но и по вечерам. Он не подпускал к своим детям людей, хотя северные собаки *никогда* не нападают на людей. Они существуют для того, чтобы защищать и спасать людей — от зверя, от мороза, от пурги.

А Принцессе все это дело, в смысле семейной жизни, очень быстро надоело. Она перестала быть прежней красавицей, шерсть лезла клоками, и ее это раздражало, она все пыталась навести прежнюю красоту, а никак не получалось. Живот отвис, и четверо лобастеньких и желтопузых, похожих на отца, то и дело приставали к ней, требовали внимания, заботы, ласки и еды, а ей хотелось на волю. Ведь как хорошо все было еще совсем недавно, покуда не навалилась на ее шею вся эта семейная обуза — можно куда угодно бежать и все что угодно там делать! Можно за ближайшей сопкой унюхать тревожный и грозный медвежий запах и немного пойти по следу, просто так, чтобы знать, куда он ушел, этот зверь, и откуда может нагрянуть! Можно в кедрачах полаять на белку, взлетевшую на самую высокую ветку. Можно вырыть из-под мха сладкий корень и пожевать его — приятно, и вкус такой странный! Можно гонять в ручье форель, пугать куропаток, все что угодно можно!

И вдруг ничего нельзя. Сиди с бестолковыми и беспомощными детьми за забором прииска, под стеной лиственничного сарая, где нет ничего, кроме пыльной травы, миски с неинтересной едой, недоумевающего мужа и бесконечных забот!..

И в один прекрасный день Принцесса решила — хватит с нее. Пусть этот самый муж разбирается как знает, а ее жизнь еще не кончилась! Она еще молода и прекрасна! Ей хочется жить весело и интересно, как любой принцессе.

И она стала... уходить в тайгу. Поначалу одна, потом присмотрела себе компаньона из собак попроще, и закрутилось, и понеслось!.. Ее пытались привязывать, но привязывать северных собак — дело гиблое, они все равно уйдут, хоть на пудовую цепь посади. Ее пытались запирать, но она поднимала такой шум, что на прииске никто не мог спать. Она рычала на детей, швыряла их, раздражалась. Она и на Императора рычала — это он ведь во всем виноват! Он устроил ей такую каторгу вместо прежней прекрасной жизни!..

Император понимал только одно — детей нужно спасать, покуда супруга шарится по тайге! И он стал спасать детей. Сам, один, других собак он к своей семье не подпускал. Нет, молоком из младенческих бутылок их кормили, конечно, Наташка с Надей, за бутылками Юра ездил в Магадан, не слишком далеко, километров шестьсот по тракту. Император делал все остальное: укачивал, ухаживал, убирал, вылизывал, выкусывал, наподдавал по круглым поросячьим задницам, чтоб вели себя прилично. Повел на первую прогулку — дети дошли почти до бани на берегу, а самый храбрый и самый похожий на отца даже в камыши залез сдуру, отец кинулся и вытащил за шкирку.

Супруга прибегала поначалу раз в день, потом реже, презрительно оглядывала щенячью кутерьму и блаженно валилась отдыхать. Император сидел, выпрямив гордую спину, караулил ее сон. Когда она просыпалась, он пытался показывать детей — подросли, поумнели и уже не требуют бесконечных усилий, но ей было все равно. В конце концов она переселилась к другим собакам, где было весело, где радостно скакал ее беззаботный компаньон, и больше за загородку не приходила.

Император время от времени ходил смотреть на нее, все же он очень ее любил. Он слегка потрепал того, на которого его променяли. Просто потрепал, а мог загрызть, легко, он крупнее и сильнее всех остальных собак, но... смерть врага ничего бы не изменила, и Император это понимал.

Юра, хозяин прииска, замучился просто. Как помочь?.. Да и примет ли Император помощь?.. И все приисковые замучились тоже.

Тогда Юра сел в машину, поехал в Усть-Омчуг и привез оттуда Юту. Никаких не королевских кровей. Особенной красоты тоже никакой. Так, девочка и девочка.

Юта прибыла, осмотрелась, обежала территорию, в тайгу тоже сбегала, ненадолго. Потом зашла за загородку и обнаружила императорскую семью. Император как раз мыл детей после обеда. Прииск затаил дыхание. Выгонит или нет?.. Юта некоторое время наблюдала, потом решительно отстранила ошеломленного Императора от неподобающего занятия, перемыла детей, тому, самому резвому, наподдала по заднице, уложила всех спать, сама пристроилась рядом, но глаз не сомкнула. Через некоторое время разбудила, умыла, построила и повела к сопке, на разнотравье, витаминов поесть. Император следовал за ними издалека.

На прииске никто не работал, все ждали.

К вечеру Юта привела детей домой, воспоследовали процедуры укладывания и наподдавания по задницам, велела всем спать и сама улеглась.

Настороженный Император устроился в некотором отдалении.

Утром, ледяным, хрустальным августовским колымским утром Юты в загородке не оказалось. Все наблюдали, у всех в это время нашлись неотложные дела как раз рядышком. «Не везет мужику», — со вздохом заметил кто-то из старателей. И тут прибежала запыхавшаяся Юта. Она бегала в тайгу за угощением для Императора. И когда она положила перед ним дохлую мышь, по-моему, он заплакал, несмотря на то, что Император.

Императорские наследники тоже претендовали на мышь, но отец их разогнал. Подарок предназначался только ему.

ВСЕ МЫ
НЕМНОЖКО БУДДИСТЫ

Про буддизм я знаю очень немногое, стыдно признаться. Знаю, что принц Гаутама был прекрасный человек, а все буддисты живут сегодняшним днем, не думая ни про какое завтра, и без будущего живется им легко. И еще знаю, что БГ — Борис Борисович Гребенщиков — буддист.

Вот, пожалуй, и все.

Должно быть, так и есть, живется им легко, но мне-то все время живется трудно! Так трудно, что и передать нельзя.

Вот, возьмем, к примеру, работу. Работать нужно много и хорошо, а у меня все время получается мало и плохо. С рукописями я опаздываю и ссорюсь из-за этого с редактором и издателем. Сюжеты я придумываю идиотские и ссорюсь из-за этого сама с собой. Никогда не понимаю, много работать — это сколько? Насколько много я должна работать и какова должна быть норма выработки? А как быть со временем, которое я трачу на дорогу до работы? Про московские пробки и борьбу с ними в последнее, а также предпоследнее время не написал и не сказал только самый бестолковый, а я-то, будучи толковой, говорила и писала много раз! Так вот, куда следует отнести время, которое я варварски, иезуитски, гадко убиваю в пробках? Оно засчитывается как работа или следует считать его отдыхом?

Что будет с моей работой завтра, когда книги перестанут читать в принципе? Что будет со мной, если у меня никогда-никогда больше не получится написать ни слова?

Продолжаем разговор, как говорил Карлсон. Возьмем семью.

В семье тоже все время проблемы разного рода. Женя уехал в командировку, но позабыл паспорт, а без паспорта в командировку не пускают. Нужно найти паспорт и доставить в аэропорт. Ночь. Дождь. Борьба с пробками. Старший сын Мишка поехал, но опоздал. Женю в самолет пустили по служебному удостоверению, но Мишка вернулся домой только в три часа утра, а я все это время его ждала.

Я просто сидела и ждала его, умоляя неизвестно кого, чтобы ничего не случилось, и давая себе обещания — я никогда, никогда больше не буду отпускать его одного, а стану ездить с ним. Я всегда, всегда буду проверять мужнины карманы перед отлетом в командировку, выходом на работу, отъездом в булочную. Я больше не стану полагаться на него в этом вопросе, я ведь знаю, что полагаться нельзя!

Тимофей на физкультуре полез на канат и грохнулся с него, и теперь у него синяк на спине и осознание собственной ни на что негодности в душе — над ним же все смеялись, когда он упал!.. И с этим нужно что-то делать — и с канатом, и с чувством, и я не знаю, что именно. Завтра я обязательно пойду с ним в спортзал и научу его лазать на канат, хотя сама не умею. Послезавтра я обязательно объясню ему, что не всегда и не все получается в жизни одинаково хорошо, бывает, что и вовсе плохо получается, и не нужно тратить на переживания душевные силы, по крайней мере, так много!..

Завтра и послезавтра я никуда с ним не иду, и ничему его не учу, и ни от чего не спасаю, и это значит, что я плохая мать.

Ну ведь так и есть, да?

Еще я плохая дочь и плохая племянница. Редко звоню тете, и тем самым лишаю ее возможности осуществить воспитание меня же. У нее накопилось много всего, что она должна непременно довести до моего сведения, а я не звоню, и довести она не может. Доктор, которого я нашла для папы, по тетиному мнению, плох, ничего не понимает в медицине и в папе, и я должна немедленно найти какого-то другого доктора. Папа, в свою очередь, не хочет никакого другого, он и этого не хочет и ни за что к нему не пойдет.

Покойный Стив Джобс тоже отнимает у меня очень много сил. Он и с того света пытается подключить меня к «мировому разуму», а я не желаю подключаться! Все «девайсы», которые еще несколько лет назад назывались по старинке телефонами и существовали исключительно для того, чтобы звонить, ну иногда еще худо-бедно фотографировать, теперь совмещают в себе миллион функций. Так решил Стив, и я должна его слушаться. Стив велел мне выходить в Интернет из любой точки мира, включая мой собственный сортир, осуществлять «пакетную передачу данных», подключать три-джи, синхронизировать вай-фай с ай-тьюнзом, осуществлять универсальный доступ — куда?! куда?! — заниматься поиском спотлайта и визуализировать себя через фейстайм. Все это, уверяет меня Стив, очень удобно и, главное, просто. Скорее всего, так оно и есть, но мне ничего этого не нужно.

Спасибо, нет!

Мне нужно позвонить. Но как телефон «девайс» работает просто из рук вон плохо. В разгар беседы с сестрой он вдруг произносит металлическим голосом: «Говорите!», я уставляюсь на него в изумлении, я же вот ведь и говорю уже, но, оказывается, никакой сестры там давно нет, а есть сообщение о том, что «голосовая почта подключена». Дальше телефон командует мне: «Извлеките вызов!» Я извлекаю, а он не извлекается, и я чувствую себя идиоткой, безнадежно водя пальцем по засаленному экрану «девайса» совершенно без толку.

У меня бесконечные, ежедневные и ежечасные проблемы, и те, которые навалятся на меня в ближайшем будущем, гораздо страшнее тех, что приходится решать сейчас. Как пристроить к делу старшего сына? Нужно ли менять школу младшему? Как втолковать ему, что тетрадки и учебники нужно каждый день приносить домой, а не оставлять на парте? Куда поехать отдыхать? Где взять денег на машину для папы, на старой ездить просто опасно! Как стать хорошим писателем, которого бы все хвалили? Купить новые шторы или лучше подождать до следующего года?

В общем, жизнь была очень трудна.

И тут заболела мама. Всерьез, надолго и страшно. Четыре месяца в реанимации — кто знает, о чем речь, тот знает, у остальных все еще, к несчастью, впереди, и объяснять не имеет смысла.

Существование поделилось на «до» и «после». До звонка врача и после звонка врача. И в основу этого существования легла фраза: «Сегодня не хуже».

Если «сегодня не хуже», значит, живем, значит, боремся, стараемся, продолжаем.

Никакого «завтра» нет. На учебники по природоведению, шторы, «девайсы» и пробки наплевать.

Рисовать себе ужасные картинки запрещено, реальность вполне достаточно ужасна.

Строить планы на отпуск или на выходные запрещено. Они не сбудутся.

Нужно работать, но как, как?! Как это сделать, если все мысли только об одном — хуже сегодня или не хуже?..

Я поехала в деревню под Тверью, чтобы попытаться написать хоть что-то, не зная, на один день, на три или только до вечера — будущего нет.

Звонки. «До» — неизвестность и металлический привкус страха в сигаретах. «После» — вдох, выдох, «сегодня не хуже».

Рано темнеет, ветер, косматая туча цепляется за дальние березы, то ли дождь хлынет, то ли снег пойдет, непонятно. Я замучилась очень и в минуту слабости позвонила Женьке и сказала:

— Приезжай. А?..

— Ты что, — перепугался он. — Куда я поеду, у нас же дети! У Тимы физкультура, а форму он потерял, завтра нужно искать или покупать новую! И куда я собаку дену? И потом, на следующей неделе из Екатеринбурга прилетает дядька, специально ко мне, мне готовиться нужно, у нас семинар!

Я все поняла. Ничего не выйдет. Никакого «завтра» нет. Впрочем, большое счастье, что есть сегодня, этого достаточно.

Я работала целый день, забыла зажечь свет и долго не могла сообразить, что такое со мной, почему я букв на клавиатуре не различаю?.. Под вечер стало так холодно, что пришлось достать кацавейку из странного меха, которая в нашей семье именуется «Позорный волк».

Мы с «волком» вышли на крыльцо, постояли, согревая друг друга, и вдруг послышался шорох гравия, скрип тормозов, фары разрезали темноту, и перед нашим носом оказалась большая черная машина.

Приехал.

Наплевал на «завтра» и приехал. Буддист, должно быть.

Я еще постояла, а потом стала медленно спускаться по ступенькам террасы ему навстречу.

БОЕВОЙ РАСКРАС

Мы с Саней подруги.

Саня умна, иронична, начитанна, хорошо пишет что по-русски, что по-английски, носит очки, любит Вуди Аллена за фильм «Полночь в Париже» и нисколько этого не стесняется, хотя, как всем известно, Вуди Аллена положено любить не за это простое и легкое кино, а вовсе за умное и сложное. Еще она весело управляется на кухне, хотя, в общем, ленива, и таких песочных печений, как у нее, я больше нигде не едала.

В общем, с Саней дружить интересно.

Помнится, мы с ней сошлись на любви к Рэю Брэдбери и даже несколько дискутировали, фантаст он или все же не фантаст, и чувствовали себя интеллектуалками, «пробегаясь» по названиям и смакуя полюбившиеся эпизоды.

А еще мне страшно нравится, как она одевается, просто ужасно нравится! Мальчикам этого не понять, а девочки наверняка точно знают, о чем я говорю.

Мальчики — не важно, сколько им лет, двенадцать, двадцать, сорок пять или семьдесят два, — всегда видят картинку, так сказать, в целом. И она, картинка, им или нравится или не нравится. Рассматривать детали, смаковать их, прикидывать сочетания, вдумчиво обводить взором каждый отдельно взятый нюанс под силу только девочкам.

У Сани все получается очень ловко — и детали с нюансами, и картинка в целом складывается отменная. Саня идеально сочетает смокинг с клетчатой рубахой и безразмерными джинсами, черный рюкзак в мелкий цветочек, кеды и галстук, а сверху какой-нибудь дикий шарф, так отлично!..

У меня все гораздо сложнее.

Ставши взрослой тетенькой, я кое-как приспособилась к себе и своему внешнему виду, сорок первому размеру обуви и не-скажу-какому размеру бюста, который не лезет ни в одну дизайнерскую итальянскую блузочку, к близорукости и к тому, что без очков я моментально теряю направление движения и щурюсь, как крот, которого внезапно выволокли из-под земли на яркое солнце. И еще к ста восьмидесяти сантиметрам роста приспособилась я, и к тому, что юбку купить на все эти сантиметры в обычном магазине невозможно, и точка! Нету таких юбок. Не шьют их.

В детстве бабушка то и дело «расставляла» мне школьную форму и «отпускала» подол, опять же из-за бюста и роста, и не было ничего более унизительного, чем эта самая форма с клиньями другого цвета под мышками! А обувь!.. Этот чертов сорок первый размер и сейчас большая редкость, а тридцать лет назад его просто не существовало в природе, и я помню, как однажды приплюхала в школу в папиных сандалиях, а что было делать, если надеть нечего, в прямом смысле нечего, нечего вообще?! И помню, как веселились соученики, мой вид доставлял им искреннее, жизнерадостное первобытное удовольствие, а мне никакого. Одно сплошное горе и отчаяние.

Короче говоря, одеваться, чтобы было «красиво и модно», я так и не научилась. Говорят же, что этому искусству следует учиться с детства, а Саня, моя подруга, видимо, с ним родилась, что ли!..

И тут еще все на меня насели — и глянцевые журналы, и телевизионные деятели искусств «от моды», они на всех нас насели!.. По их мнению, выходит, что мы, девочки, должны одеваться как-то так, чтобы все время «соответствовать», чтоб каждую минуту «во всеоружии», как бы приготовляя себя каждый миг к тому, что из-за угла может выглянуть прекрасный принц, а мы уж готовы — «во всеоружии», стало быть, — немедленно соблазнить принца своим видом. Нужен он, не нужен, принц-то, это вопрос двадцатый!.. Главное, что мы готовы — в туфлях на шпильке, в платье шикарном, в прическе сложной и в раскрасе боевом!..

Мы с Саней даже как-то это обсудили.

Нет, а что происходит-то?.. С чего все вдруг взяли, что женщина должна выглядеть таким образом, как будто она сию минуту готова... отдаться, что ли?.. Нет, из журналов и телевизора это звучит как-то более поэтично, вроде «заворожить», «покорить», «одарить собой», но в сухом остатке что мы имеем?..

Имеем мы следующее.

Автобусная остановка, белый день, столица нашей Родины. Мы с Саней притормаживаем на светофоре, и у нас получается несколько минут, и мы с ней зеваем по сторонам, наблюдаем. На остановке толпятся барышни, то ли институтки, то ли проститутки, разобрать трудно, ей-богу, трудно! Одна в черных колготках, поверх которых надеты облегающие трусы, тоже черные и блестящие, а сверху розовая маечка, а снизу туфли на платформе. Мы с Саней вроде бы знаем, что «шорты — это тренд сезона», но смотреть на эту красоту невыносимо, стыдно. Вторая в кожаной юбочке а-ля «немецкое кино для взрослых» или «мужчине некогда» и меховой безрукавке, которая лишь слегка прикрывает декольте. Из декольте вывалилось содержимое практически на асфальт. Третья в юбке до полу — скромная, должно быть! — но зато в прозрачной. Под юбкой видны стринги и татуировка на попе. И попа, и татуировка очень далеки от совершенства, и странно ждать от них чего-нибудь другого, ибо девушка на московской автобусной остановке все же вряд ли голливудская звезда, для которой идеальные формы — основа жизни на земле и которая каждый день осуществляет под руководством специального тренера особый комплекс упражнений, а потом отправляется на массаж к специальному массажисту!..

Ну остальных описывать я не стану, все вариации на ту же тему — эх, дубинушка, ухнем, отдаться бы, да что-то не берет никто!..

Некоторое время мы рассматривали девушек, потом разом отвернулись, старательно стараясь не столкнуться взглядами.

— Слушай, а что такое происходит? — наконец спросила Саня и почесала нос. — Ни у кого вкуса, что ли, нет?

— Ну-у-у, — протянула я. — Вкуса нет! Как раз вкус есть, и он... такой.

— Нет, — решительно возразила мне поклонница Вуди Аллена, — никакой это не вкус. Это фигня какая-то!..

И тут я, как мальчик в сказке Андерсена, вдруг прозрела!.. Король-то голый, осознала я, голый во всех отношениях!..

Я не знаю, откуда она взялась, эта гремучая, адская смесь «глянцевых» стандартов и стереотипов учебника по домоводству семьдесят четвертого года издания, в которых учили, как правильно накручивать волосы на бигуди!.. Но она откуда-то взялась и, как кадавр из братьев Стругацких жрал селедочные головы, пожрала наше чувство собственного достоинства и умение жить в ладу с окружающим миром.

Ведь одежда с тех самых пор, как перестала быть функцией, то есть исключительно прикрывать наготу, превратилась в некое индивидуальное послание, адресованное всем вокруг. Суть этого послания свелась все к тому же: эх, дубинушка, ухнем, как бы отдаться, только не... (см. выше).

Это очень грустное послание, девочки мои.

Мы наряжаемся подобным образом, а потом недоумеваем, совершенно искренне, чего ж замуж-то никто не берет?! Мужчины перевелись, повторяем мы, как заклинание, какие-то слабые стали, трусливые, боятся. А как им не бояться, позвольте спросить?! То есть что должен делать мужчина, обнаружив в непосредственной близости от себя, например, на автобусной остановке, черные блестящие трусы, надетые поверх колготок?! А на лице накладные ресницы, а на голове приставные волосы, а на руках наклеенные ногти?! Пригласить такую красоту в ЗАГС, что ли?!

С моей точки зрения, он должен немедленно кинуться домой к маме, запереть замок и еще забаррикадировать дверь, чтобы красота, не дай бог, не ворвалась за ним следом. А то кто ее знает, красоту-то эту!..

Мы наряжаемся подобным образом, а потом с возмущением констатируем, что эти чертовы снобы-иностранцы всех русских женщин на всех курортах называют «Наташами», официанты подходят в последнюю очередь, а водители такси уезжают из-под носа, чтобы посадить бабусю-божьего-одуванчика с ее собачкой и фиолетовыми кудрями на той стороне улицы!

Мы ведь не можем им так с ходу объяснить, что это у нас вкус такой!.. Они-то думают, что мы на работе и еще просто не успели переодеться в гражданское платье!.. А род занятий, который подразумевает подобные наряды и раскрасы, все же обычно не вызывает уважения.

Почти ни у кого не вызывает.

В тот раз после автобусной остановки у нас с Саней как-то резко испортилось настроение, как-то неловко нам было, как будто это мы с ней нарядились в кожаные трусы, и решено было по поводу упаднических настроений пойти в кафе.

Саня вылезала из машины, щурилась на солнце, а я смотрела на нее — черные джинсы, черная футболка, серый жакетик с поднятым воротником. Сумка гигантских размеров болтается где-то в районе коленей. Пепельные волосы подстрижены коротко и странно.

Какой-то парень засмотрелся на нее так, что чуть не упал, и я вознегодовала, кинулась и уволокла ее в кафе.

Нечего на нее засматриваться!

Ей, в конце концов, всего пятнадцать лет, и она моя племянница.

ПАМЯТИ
ВЛАДИМИРА ЧЕРНОВА

———

...Все началось с того, что он на меня наехал, главный редактор. Я прислала очередную колонку, что-то там такое очень искрометно я сочинила — ну, мне так казалось. А он уперся, и все тут!.. Какое-то предложение в тексте показалось ему то ли неуместным, то ли дурно сформулированным. «Переделайте». — «Хорошо, ради бога, как переделать-то?» — Ну, просто напишите по-другому». — «Как именно?» — «Как хотите, но по-другому». — «Да я никак не хочу! Как хотела, так уже и написала, вы скажите толком, что именно поправлять». — «Ладно, хорошо, я сам поправлю».

И поправил — просто слова поменял местами, и мысль стала понятной, и фраза ясной, и смысл очевидным. Так править умеют только редакторы экстра-класса, суперпрофессионалы, это я знаю точно, я же давно работаю, и именно со словами!.. Довольно долго я дивилась тому, как он поправил. Открывала и перечитывала. Ну надо же. Нет, ну это даже интересно. Вот елки-палки. Я не умею так с ними обращаться, со словами-то.

Я никогда не задумывалась, сколько ему лет, тридцать пять или пятьдесят восемь, а может, восемьдесят шесть. Конечно, я все знаю: и про прозу семидесятых, и про джазовые концерты, и про «Комсомолку», и про «Огонек», и про ливень, поливавший баррикады возле Белого дома в 91-м, — это все он. Это все о нем. Но как-то отдельно от него.

Мой главный редактор, понятия не имею, сколько ему лет, тридцать пять или сорок три, — голос в трубке почти всегда веселый. Девочка, вы просто молодец!.. Я читал с таким удовольствием. Я знаю, как все это непросто, но у вас получается, девочка!..

Мой главный редактор — это воодушевление чрезвычайное, когда я попросила пристроить на работу Димана, друга старшего сына. Он фотографирует истово, с удовольствием, всех и всегда, и ему хочется научиться делать это профессионально. «Отдайте его в газету, Таня! Только в газету, и только на самую жуткую, гадкую, отвратительную текучку. Ничего лучше отвратительной газетной текучки быть не может, Таня! Только никаких поблажек, никаких родственных связей, матушка, вам понятно?! Чтоб он за материалом семь верст до небес добирался, чтобы нахлебался всего, вот тогда из него выйдет толк! Хотите, я позвоню в газету?»

Мой главный редактор — это смущение до слез. «Слушайте, я тут... о, Господи... книжку написал... вы не подумайте плохого, но написал, в общем! Ее что-то долго выпустить не могли, а теперь вот она выходит, и... неудобно мне... можно вас попросить написать отзыв, два предложения, а? Это ведь немного, а? Сможете, а?..» Я в ответ: «Как я могу?! Отзыв на ВАШУ книжку?! Я?!» Он: «Пожалуйста, а?..» В общем, как Чичиков с Маниловым, насилу договорились. Очень стеснялись величия друг друга. Дураки.

Мой главный редактор — это деревня под Тверью, одиночество, холод, мысли, невозможность додумать до конца, беспомощность сознания.

Звоню — поговорите со мной о Солженицыне, а?.. Время первый час ночи. Веселое удивление — сейчас?! Ради бога, я готов. Ох, как смешно разговаривать с моим главным редактором про Солженицына ночью из деревни под Тверью! Он рассказывает, я хохочу, хотя ничего такого развеселого он не говорит, да и обсуждаемый шутить не любил и другим не советовал, но все, что говорит мне мой главный редактор, так смешно и так все расставляет по своим местам! Потом он начинает на меня шикать, потом передает привет от жены, которая тоже хохочет, так мне кажется. Дальше уж никакого одиночества и беспомощности тоже никакой. Все наладилось.

Мой главный редактор — это лето, Питер, Петропавловская крепость, жара, ветер, ноющие дети, которые давно хотят есть, пить и посидеть, а приобщаться не хотят. Надоело им приобщаться. Телефон звонит, я делаю детям знаки, чтоб заткнулись, шутка ли, главный редактор на проводе!.. «Вот что, Таня, мы тут подумали и решили, что вашу колонку...» — «Что такое с моей колонкой?! А?! Я плохо написала?! Я перепишу, я все перепишу!» — «Подождите, что вы зачастили?.. Ничего с колонкой, просто мы подумали, что хорошо бы теперь разворот». У-у-уф. Дети, можете продолжать орать, ничего не случилось. Главный не собирается дать мне пинка под зад, он просто что-то в очередной раз придумал. Что-то такое... интересное, особенное. Нет, все-таки заткнитесь, дети, вы мне мешаете его слушать. «Так вот, Таня, это должен быть разворот про любовь». — «Про какую любовь, а?..» — «Про любую любовь. Ко всему. Ко всем. К жизни. К маме. К мужчине. К яблочным пирогам. Как хотите». — «Я попробую, но...» — «Ничего не «но». У вас получится, я же читаю вас регулярно и все про вас знаю!..»

Мой главный редактор знает про меня все. Он знает, что вот сейчас, сию минуту я пишу колонку про любовь, одну из главных в моей жизни.

Бывают любови разные — сиюминутные, восхитительные, тяжелые, странные, неудачные, вовсе никуда не годные. А бывают главные, их всего ничего. С такой любовью ничего нельзя сделать, она просто есть, и все.

Ее нельзя убить, она чертовски живуча. Ее нельзя изменить, она такая, какая есть. Ее нельзя предать, она не дастся — все потому, что главная. Главный редактор знает, что я пишу про любовь, но малодушничаю, прячусь от своего горя, и слезы капают на клавиатуру, и я все вытираю и вытираю их, и салфетки все промокли, а слезы никак не кончаются. Знает и не одобряет: «Таня, девочка, ну что такое?! Будет вам!..»

Мой главный редактор — смехота! — никогда не видел меня, а я его. Нет, я знаю, как он выглядит, а он, должно быть, знает, как выгляжу я, но встретиться нам все недосуг. Новый год был, и юбилей журнала, и праздник вот прям «вдоль по Питерской!» Долго созванивались, куда приглашения прислать, шушукались с другим, не главным редактором, что хорошо бы приехать, все ждут встречи, хоть посмотрим друг на друга, столько лет вместе! Потом позвонил главный. «Таня, ну что такое, а?.. Все говорят, вы опять не приедете!..» — «Нет, я постараюсь, но...» — «Ох, знаю я! Когда говорят «постараюсь», никто никогда не приезжает, и вы не приедете! Смотрите, поздно будет!» — «Да ладно, как это может быть поздно?! В этом году у меня никак не получается, вы же знаете, у меня мама болеет. Зато на следующий уж точно! Вот честное слово!»

Мой главный редактор всегда верит всем моим «честным словам» и точно знает, что на следующий год я непременно прибуду на праздник. Вот мы зажжем, а?! Всей редакцией! Мы будем выпивать, орать, перекрикивая музыку, чокаться, поправлять на голове дурацкие плюшевые рога и короны снегурочек. Возможно, мы даже опрокинем елочку с китайскими огоньками. Кто его знает, как пойдет! Жизнь, праздник, что может быть прекрасней?! Уж мы-то, пишущие, точно это знаем. Мы все, кого собрал главный, увидимся наконец-то, мы ведь так редко видимся или вообще никогда! И я стану кричать в ухо Захару Прилепину, как мне нравятся его метафоры, а Димке Быкову, что он гений, а Валерию Попову, что никто лучше не пишет про любовь, а Кате Марковой, как трогательны ее «дачные» и «детские» истории, а Макаревичу, что во всех его текстах слышна музыка.

Мой главный редактор знает какой-то секрет, как всех нас собрать, мы же такие разные, черт побери!.. И не просто собрать, а как-то так, чтобы мы сосуществовали месяцами, годами! Как устроить так, чтобы все, нами написанное, было похоже на общее дело, ведь уже давным-давно нет такого понятия, как «общее дело», а у него есть, у нашего главного, и, стало быть, есть у нас.

Мой главный редактор написал про Ростроповича: «Так он и останется в истории России человеком, который среди битв и разрушений, мучеников и мучителей, прорицателей и дебилов, правых и неправых делал свое божественное дело по соединению душ». Вот как он написал про Ростроповича.

Мой главный редактор — это еще колонка про дачную собаку, караулившую в овраге с мусором выброшенную игрушечную коляску. Все уехали, а собака осталась, и коляска осталась, и она караулила ее, потому что эта коляска была собакиной... точкой опоры. Никаких других не осталось, и нужно было охранять хоть эту, последнюю.

Мой главный редактор — моя точка опоры.

«Я стою в ожиданье, когда вы вернетесь домой, побродив по окрестным лесам. Очень долгим он кажется, ваш выходной, по земным моим быстрым часам!» Это Левитанский.

Выходной у него, у главного. Выходной. Поэтому мы и не можем дозвониться.

О КАРМАННЫХ СЛОНАХ

Каждое утро по моей спальне ходит слон. Он топает, сопит, все роняет, а я сплю, понимаете?!

Телефонный будильник — труля-ля, труля-ля! Дверь в ванную — ба-бах! Вешалки в гардеробе — ды-дынц!

Слон возится очень долго. Он бреется, бодро напевает, открывает воду, выпускает из рук душ, и шланг грохочет по краю ванны. А я сплю. Вернее, я пытаюсь, но не могу! Невозможно спать, когда в комнате слон.

Нет, а можно собираться и не греметь всем, что громыхает, и не ронять все, что падает, и не спотыкаться обо все, что попадается на пути? А можно как-то запомнить, что я тоже человек, и у меня фатальная, многолетняя, неизлечимая бессонница, я засыпаю под утро — всегда! — и для меня этот грохот через три часа мутного сна — мучение, пытка?.. Нет, а можно хоть раз в жизни собраться тихо и быстро, чтоб я не ныряла под одеяло, когда неожиданно вспыхивает свет и хлещет меня по глазам, чтоб не наваливала на голову подушки, пытаясь спастись от грохота?..

Нет, нельзя. Ничего этого нельзя, слоны тем и отличаются от людей, что никаких таких тонкостей не понимают и понимать не хотят. По утрам они бодры, деловиты, озабочены и радостно трубят, приветствуя восходящее солнце, даже если никакое солнце вовсе не восходит, а на улице непроглядная темень и дождь!.. И я раздражаюсь, раздражаюсь порой до слез, но это ничего не меняет. Слоны не понимают женских слез. Им все равно.

Мы созваниваемся иногда раз в день, а иногда пять — в зависимости от того, как именно сегодня пошла жизнь. Если сын Тимофей зевал по сторонам на английском или получил пару по самостоятельной, то миллион, и каждый раз мне влетает за то, что я плохая мать и не оправдала надежд. Мой вопрос: «Зачем ты тогда на мне женился?!» — остается без ответа, зато я должна немедленно ответить на его вопрос, как жить дальше в свете полученной двойки и имеет ли вообще смысл такая жизнь, раз уж двойка получена. Ну и так далее.

А тут я уехала в Питер, как будто по делам, хотя дел там было кот наплакал, почти не было там дел, но это такое счастье — взять и уехать в Питер, придумав дела!.. Там осень висит в воздухе мелкой дождевой пылью, и свинцовая невская вода за дальним мостом перетекает в воду, которой полны небеса, и не понять, где река, где небо, а где дома, серые и мокрые, как все остальное — в общем, красота!..

И там нет никакого слона!..

Я поздно встала, долго собиралась, никто в это время не трубил, что уезжает и чтоб я собиралась быстрее, сколько можно возиться! — потом еще кофе пила, и тоже очень долго. Я пила кофе и видела себя со стороны, такую прекрасную, свободную, но в то же время деловую, ловко отвязавшуюся от слона, который остался в Москве, и впереди у меня был целый день почти что на мое усмотрение — немного приятной работы, немного приятных разговоров, а потом все, что угодно!..

Официальный костюм — в саквояж. Туфли на шпильках туда же. Джинсы, кроссовки, мокрая куртка, капюшон, то ли утро, то ли вечер, пакет из книжного магазина — ах как я люблю питерские книжные магазины, и Дениса, директора самого большого из них, тоже люблю, и разговаривать с ним одна радость!..

Я долго разглядывала книжки, выбирала, смаковала, а потом еще таскалась по центру, забрела в какую-то картинную галерею, где было представлено современное искусство. С искусством ничего не вышло, ибо никто и никогда не убедит меня в том, что неровно нарисованные карандашом на белом листе бумаги параллельные линии на самом деле есть «Покровская церковь над рекой Чайкой в зимний вечер»!

Но даже это не испортило мне настроения!..

Тут вдруг выяснилось, что день давно перевалил за вторую половину, а мне никто не звонит. Никаких истерик по поводу того, что к завтрашнему дню необходимо собрать гербарий, а также указаний, чего именно хочется на ужин.

А ты вообще помнишь, что я в Питере?.. Черт, нет, забыл!..

Я остановилась посреди Невского проспекта, выудила телефон и нажала кнопку. Со всех сторон меня толкали, и дождь припустил, но я стояла.

«Аппарат абонента выключен или находится вне зоны...»

Я набрала еще раз и опять прослушала про аппарат.

Но так не бывает!.. Телефон у него включен всегда. У нас дети, родители, соседи — однажды мы забыли запереть дверь, собака вышла на площадку и улеглась караулить, и никто не мог войти, и мы мчались с дачи, чтоб забрать собаку, и всю дорогу выясняли, кто, черт побери, не запер эту проклятую дверь и кто, черт побери, не проверил, заперта она или нет... В общем, телефон он не выключает никогда!..

Я опять набрала, и опять никакого толку! И тогда я решила, что, должно быть, деньги кончились, а он, ежу ясно, про это позабыл, вот абонент и не отвечает! Нужно заплатить.

Железный ящик, принимающий деньги, оказался в ближайшем магазине, но в него уже пихал купюры какой-то дядька, и мне пришлось ждать. Автомат зудел, пищал, выплевывал бумажки, дядька подхватывал и пихал обратно. В общем, было ясно, что это надолго, и я отошла в угол, где тихо возилась какая-то барышня, торговавшая «цветочными композициями» и сувенирами.

Сердце у меня колотилось, и спине было мокро.

Дело в том, что когда-то, давным-давно, так уже было — я звонила, а он не отвечал. Я долго звонила, а он все не отвечал и не отвечал. Я рассматривала сувениры и неотвязно, тяжело думала, как все было тогда.

Мы ссорились ужасно, как не ссорились ни до, ни после. Мы на самом деле больше не хотели слышать и понимать друг друга, а это почти невозможно вынести, особенно когда уверен, что второй — всегда, по определению, от начала и до конца мира! — на твоей стороне. Мы перепутали все стороны, как в пургу, когда стоит на секунду закрыть глаза, и ты уже не знаешь, куда идти, и замерзаешь в двух шагах от собственного дома. Просто потому, что не знаешь, где именно дом!..

Мы ссорились, и я удалилась в пансионат, потому что не могла его видеть, и присутствия рядом выносить не могла, и разбираться ни в чем не могла, устала.

Оттуда я ему позвонила, и телефон у него не работал.

Не знаю, почему я тогда так перепугалась, до слез, до истерики. Должно быть, потому, что со всей силой своего недюжинного воображения представила, что теперь так будет всегда — я буду звонить, и его телефон будет «вне зоны», и я даже никогда не смогу сказать ему, какое он чудовище и как я его люблю!..

Должно быть, я набрала номер раз тридцать подряд, а он все не отвечал, и я поняла, что жизнь моя кончилась — здесь и сейчас, в этом чертовом пансионате, куда я удалилась, чтобы пострадать как следует, и наказать его, и...

И тут он перезвонил.

Я трогала сувениры в цветочной лавочке, посматривала на дядьку возле автомата, который все не уходил, и вспоминала.

Он тогда испуганным голосом спросил, что случилось. А я голосом трагическим спросила, почему у него выключен телефон.

Тогда он шумно, как слон, выдохнул, и объявил, что телефон не выключен, а просто он с тестем в подполе клал кирпичи. А телефон, стало быть, в подполе не принимает. Сигнал слаб.

На заднем плане тесть, то есть мой папа, голосом громовым отдавал какие-то указания. Он в драму всей нашей жизни посвящен не был и не желал посвящаться.

Как я потом неслась домой!.. Как пихала вещи в сумку, как ждала машину, которая должна была довезти меня «в город», как подгоняла водителя — быстрей, быстрей!..

И все обошлось.

«Слон карманный» прочитала я на этикетке и вдруг как будто проснулась. «Карманный слон» представлял собой игрушку с ладонь величиной.

Он был сшит из плюша, и у него были бусинки-глаза, смешной хобот, и голова болталась, как будто кивала.

Дядька ушел, я подскочила к автомату и стала бестолково пихать в него деньги, автомат зудел и плевался, но я все совала и совала, и в конце концов засунула довольно много, а потом еще выжидала время, когда «платеж пройдет», перебирая разнообразных слонов.

И вдруг он позвонил, очень недовольный.

— Зачем ты мне опять положила кучу денег?! Сто раз тебя просил — не клади, не клади! Я не люблю, когда у меня на телефоне...

— Он у тебя не работал! — пискнула я.

Я сообщила ему, что он бесчувственный и разговаривать с ним совершенно невозможно, а также, что я завтра приеду. Он сказал:

— Наконец-то!

— И давай в следующий раз поедем в Питер вместе.

Он ответил:

— Давай!

И я пошла и купила слона карманного.

Они добрые, сильные и выносливые, и очень страшные, если их разозлить как следует. Они топают, фыркают, все роняют, и тонкости им неведомы.

Но когда каждое утро по моей спальне ходит слон, я точно знаю — все хорошо.

СЕТЬ

...Да уж, этот самый Интернет занимает очень много места в нашей жизни, что и говорить!.. Еще он занимает очень много времени. Некогда работать, ведь нужно то и дело сообщать «абонентам» в социальных сетях, что работать решительно некогда, ну когда же работать, если нужно то и дело сообщать, а времени нет? Еще он развивает эмоциональную сферу и фантазию — ну где же, как не в нем, родимом, горевать, что любимый бросил, а манная каша пригорела, и где же врать, как не там?! Все равно никто никогда не узнает всей правды, то есть пригорела ли каша на самом деле; можно писать что угодно, и все сойдет, ведь остальные «абоненты» тоже врут, и понятно, что врут, и во вранье и есть самый цимес.

Огненная штука, одним словом.

Но и это еще не все. Интернет с некоторых, относительно недавних, пор еще и... как бы это выразиться... определяет судьбы. Я сейчас совершенно серьезно говорю. До вмешательства этой практически потусторонней силы была одна судьба, а впоследствии, после вмешательства, как после налета инопланетян, стала другая.

Вот вам пример.

Читаю статью в журнале. Статья про любовь, а я страсть как люблю читать про любовь! Правда, в начале повествования мне сообщается, что это даже не совсем статья, а исповедь, и тут я немного падаю духом и начинаю чувствовать себя отчасти батюшкой, который должен принять исповедь и отпустить грехи.

Опыта такого у меня нет, должная подготовка отсутствует, неловко мне, но куда деваться-то? Исповедь так исповедь, тут уж не до моих капризов.

История, прямо скажем, душераздирающая, и Интернет занимает в повествовании центральное место.

Молодая актриса прожила долгую, но трудную жизнь. Вначале ей пришлось родиться, потом ее определили в ясли, затем в детсад, следом в школу. Она много и упорно трудилась, не зная сна и отдыха.

В деревне у бабушки ела смородину. Летом ездила в спортлагерь. Зимой посещала занятия. Так, в трудничестве, проходило детство, а потом она обрела призвание. Пришлось много потрудиться, чтобы ее приняли в институт. В институте пришлось работать день и ночь, чтобы ее взяли в массовку. В массовке пришлось прикладывать массу усилий, которые не прошли даром. Где-то по дороге — от невыносимых трудностей — молодая актриса согласилась на фотосессию, предложенную каким-то подозрительным и недобросовестным фотографом. Фотографировалась она, ясное дело, в странных позах и голышом.

В исповеди это называется «обнаженной», что не меняет сути дела.

Ну снялась и снялась. Когда актриса была молода, так делали все, потому что было трудно. С тех пор прошло много лет, года три, наверное, и все изменилось. С одной стороны, стало легче, массовку сменили эпизоды. С другой — еще более трудно, потому что жить с таким грузом за плечами — массовкой, эпизодами и недобросовестным фотографом — невыносимо трудно. Зря она тогда согласилась сниматься. Она же православная! А настоящие православные женщины, по идее, не должны фотографироваться обнаженными, это как-то не до конца православно.

Молодая актриса, конечно, не сразу это осознала. Осознание пришло позже, но не одно. Они вдвоем пришли — осознание и настоящая, большая, не совсем первая и далеко не последняя любовь.

Любовь закончилась, разумеется, крахом. Не знаю ни одной истории такого рода, которая не закончилась бы крахом.

Все дело в том, что жить очень трудно, а с мужчиной еще труднее, чем без него. Он странен. Он не уделяет внимания. Он то и дело занят и все время невесть чем, то есть работой. Он ничего не понимает в творчестве, а эпизоды в сериалах между тем дело непростое — в творческом смысле. Он не готов ждать по ночам с тарелкой супа в одной руке, кастрюлей с котлетами в другой и букетиком пармских фиалок в зубах. По ночам он хочет спать, потому что по утрам ему нужно на работу. Это уж слишком, и тут происходит крах.

Вот так: кррр-ррах!.. Готово дело. Произошел.

После краха жить очень трудно, еще труднее, чем до него. Приходится как-то собираться с мыслями и вообще начинать все сначала.

Тут, как назло, случается следующая большая любовь, и вот эта уж точно-преточно настоящая-пренастоящая, самая-самая любовь-прелюбовь.

У него — ум, честь и совесть. У него — незыблемые представления о добре и зле.

У нее — эмоции и порыв. У нее — ощущение надежности и стены.

У них обоих — полное взаимопонимание и чувство, будто знакомы тысячу лет и понимают друг друга не то чтобы с полуслова, а с полумысли и полуулыбки.

И все бы хорошо, но тут в их счастливую жизнь вмешался противник, силы которого превосходят и любовь, и доверие, и великодушие, и понимание в совокупности раз в пятьсот. Страшный враг, уничтоживший надежду на счастье, светлое будущее и пармские фиалки.

Имя ему Интернет.

Он все разрушил. Произошел крах.

Вот так: крррах! И произошел.

Молодая актриса до сих пор не может прийти в себя, такой подлости от него, Интернета, она никак не ожидала.

Что же вышло?.. Некие злые люди, завистники и негодяи, которым не давала покоя слава актрисы и ее успехи на поприще эпизодов, выложили в Сеть те самые фотографии в обнаженном виде и причудливых позах.

Умный, великодушный, сильный, взрослый, добрый, надежный мужик увидел их, упал замертво и тут же разорвал с актрисой все отношения.

Вот так: хррррряк! И разорвал.

Перестал отвечать на звонки, игнорировал призывы, закрыл доступ к кредитной карточке, все свои костюмы из уютного гнездышка вывез.

То есть вы понимаете, как все случилось, да?..

Его кто-то навел на какие-то там фотки, он в них полез, обнаружил странным образом снятую возлюбленную и в тот же день из ее жизни испарился. Нужно добавить, что свадьба уже планировалась, обсуждался список гостей и заказывались билеты на острова.

Молодая актриса, прожившая долгую, но трудную жизнь, нынче совсем одна, молится Богу, чтобы тот устроил специальную катастрофу и навсегда уничтожил Интернет, о как!

Конец истории. Нет, конец исповеди.

...Дело не в том, что я не верю в этой самой «исповеди» ни одному слову. Пожалуй, верю. Дело не в том, что я не сочувствую глупышке — сочувствую, конечно.

Дело в том, что я точно знаю: на нашу жизнь, смерть, любовь или нелюбовь никак не могут и не должны влиять Интернет или, к примеру, стенгазета!

Они могут повлиять на настроение, испортить его или улучшить, сиюминутно, походя, закрыл и забыл!.. На жизнь — никогда. Или кто мы тогда на самом деле?

Кто этот человек, который ни о чем не спросил возлюбленную, просто исчез накануне свадьбы, обрадованный до смерти, что нашелся такой прекрасный предлог? Кто сама актриса, которая не нашла возможности ничего объяснить мужчине своей жизни и теперь горюет и обременяет Господа нелепыми и дурацкими просьбами?

Выходит, не мы пользуемся Интернетом, а он нами, что ли?! Он решает, с кем нам жить, как нам спать, фотографироваться или нет, а мы послушно выполняем команды?! Мы доверяем ему больше, чем любимому человеку, так получается?

Получается epic fail, как выражаются мои продвинутые дети. Не просто провал, а какой-то эпический провал!..

Вот что я думаю: нужно потихоньку-полегоньку возвращаться из Сети в жизнь, хотя это трудно и уж никак не удастся никому набрехать, что я восемнадцатилетняя лань и глаза у меня с поволокой, потому что здесь, в жизни, все видят, что я тетка сорока четырех лет, в очках. Нужно перестать истово трудиться на ниве донесения до человечества особенностей своих утренних переживаний, что трусы опять не постираны, и перекинуть усилия на что-нибудь более прозаическое, например, на работу или хозяйство, и постирать уже трусы!.. Нужно вооружиться пониманием, что это вы имеете Интернет в своем компьютере в числе массы других функций, а не он имеет вас там же, и действовать в соответствии с этим пониманием.

И про фотографии дурацкие все можно объяснить словами — в жизни, а не в Интернете! Ну да, денег не было, совсем не было, вообще не было, ну да, есть очень хотелось, как бездомной собаке, у которой подвело живот. И в метро без карточки не пускают, а ее нужно на что-то купить, просто чтобы доехать до того места, где, может, удастся хоть что-нибудь заработать. Ну да, сейчас смотреть на все это стыдно и неохота, но тогда выхода другого не было, понимаешь?.. Нужно было бороться за жизнь, спасаться, понимаешь?..

Если не понимает, значит, никакой он не добрый, не умный и не мужик, тут и без Интернета все ясно. Спасибо, до свидания. Это же очень просто!

Хотя я понимаю, что в нем, всесильном и могучем, гораздо зажигательней, чем снаружи, — все, что «понарошку», проще и безопасней настоящего.

И вот что еще меня огорчило. Зачем просить Бога навести порядок в Интернете?! Что такое этот самый Интернет, чтобы Господь ради него шевельнул и пальцем?!

НУ НАЧАЛОСЬ!..

Вот никогда в жизни ничего мы не знали про «молодое божоле» и про то, что это большой праздник там, где то самое вино производят, то есть во Франции!.. Собственно, никаким пристрастием к французскому вину мы в принципе не страдали, и словосочетание «третий четверг ноября» только в последнее время приобрело для нас, нормальных русских ребят, *особое* значение!

Третий четверг ноября, в этот день пробуют «молодое божоле», вы что, не знаете?!

Нет, уж теперь-то, конечно, знаем!.. Образовались. Оцивилизовались. Оевропеились — можно так сказать?..

Ноябрь давно позади, и, стало быть, «молодое божоле» продегустировано — кажется, в прошлом году было лучше (хуже), а по сравнению с самым удачным урожаем восемьдесят восьмого (две тысячи пятого) нынешнее вообще никуда не годится (превосходно)!..

Ноябрь давно позади, и я так и не научилась сколько-нибудь разбираться во французском вине, ни молодом, ни старом, но для меня этот самый третий четверг — начало праздников.

В это самое темное, самое глухое, самое... безнадежное время года, когда даже солнце появляется на небе редко и необязательно, просто для того, чтобы проверить, есть ли мы еще на планете, наши далекие предки придумали себе — и нам! — праздники!

Мы обзавелись электрической лампочкой Эдисона, паровой машиной Уатта, формулой Циолковского, двигателями внутреннего сгорания, елками из полиэтилена, пуховиками из синтетики, гирляндами из Китая, но праздники эти, самые затяжные в году, мы не только не сократили, но даже продлили!

Вот, к примеру, для нас они более или менее начинаются в третий четверг ноября, когда «пробуют молодое божоле», до которого нам нет никакого дела, и продолжаются до середины января, до «Старого Нового года», который теперь «на острие сатиры» у всех без исключения юмористов!..

В том смысле, что мы в отечестве нашем такие дураки, что даже новый год у нас старый!

Нет, не дураки мы.

Ну, потому что самое глухое, самое темное, самое холодное, самое безнадежное время в году!.. Ну, потому что ни Москва, ни Питер, ни Красноярск, ни Екатеринбург все еще по-прежнему и решительно никак не находятся на широте Лос-Анджелеса, что уж говорить про Майами! Ну, потому что солнца нет и не будет до февраля.

Ну, потому что нужно как-то утешать и развлекать себя — и своих детей, и своих собак! — и как-то дожидаться весны, и как-то скакать около елочки, и как-то кататься на саночках. И как-то пироги, что ли, печь, и как-то свечи, что ли, зажигать, отгоняя окружающий плотный холод и мрак.

Ей-богу, мне не жалко на эти праздники ухлопать месяц с лишним!

Ну, потому что — куда же его еще, этот месяц-то?! Ударно работать не получается, красиво прогуливаться тоже не выходит, отбыть в Куршевель никак невозможно, заняться самосовершенствованием нет сил.

Остается только... праздновать.

Изо всех сил. Во все лопатки. Заложив уши. Встопорщив хвосты!..

Мы встопорщиваем наши хвосты в несколько этапов.

Сначала мы наряжаем елочку около дома, и сам черт нам не брат, в том смысле, что хоть дождь с небес, хоть мороз тридцать градусов, мы все равно наряжаем и все равно счастливы!..

Потом мы достаем из гаража лыжи и... осматриваем их, как бы намереваясь немедленно двинуть «на лыжню». Двигаем редко, а вот осматриваем с удовольствием и радостью, как бы предвкушая «зимние забавы», которые эти самые лыжи и символизируют.

Потом мы с сестрицей покупаем свечи — несколько мешков — и расставляем их во всех углах наших квартир. Приходя друг к другу в гости — примерно по три раза на неделе, а как иначе, праздники же! — мы на них любуемся, на свечи-то. Красиво, ничего не скажешь!..

Потом мы притаскиваем елки в дом. У меня их, к примеру, три: одна в ванной, и всем очень там мешает, и стоят они до двадцать пятого января, то есть до Татьяниного дня. Надо заметить, что к этому самому дню выглядят они совсем неважно, но нас это нисколько не смущает.

Да, а еще рецепты!.. Декабрьско-январские рецепты дорогого стоят!.. Рождественская коврижка с изюмом и цукатами. Шоколадное печенье с ореховой крошкой. Салат оливье. Солянка мясная — ей, этой солянке, нужно отдать три часа, иначе ничего не выйдет!.. Гусь с яблоками. Гусь без яблок. Яблоки без гуся — красные, крепкие, зимние в огромной хрустальной вазе.

Созвоны с мамой, созвоны с сестрой. Что мы делаем в качестве «основного блюда»? Жарим индейку или запекаем буженину?.. Принципиальный вопрос!

Да, и «молодое божоле»!.. Куда же без него?!

Оно греется в кастрюльке, туда же добавляется корица, гвоздика, немного толченого коричневого сахара, дольки апельсина, кусочки яблока, и почему-то все это именуется «глинтвейн».

Оно отлично пьется все эти долгие-долгие, темные-темные, глухие-глухие дни, когда закат давно минул, а рассвета еще нужно дождаться.

Конец и начало мира.

Хорошо, что наши предки придумали нам праздники — да еще так много!..

Ничего, прорвемся.

С праздниками вас, ребята. Прошедшими, настоящими и будущими!

СИСТЕМНЫЙ
ПОДХОД

Моя подруга Бэлла Александровна — домашнее имя Белик — темпераментная грузинская красавица, все время о ком-нибудь переживает. Мираб, муж, над ней смеется, но она все равно переживает. Всерьез, от души, широко распахивая и без того огромные темные глазищи.

Вот, к примеру, несколько лет подряд переживала из-за нашего общего друга Димы.

Дима развелся с женой. К счастью, жена оказалась не «подлой и мерзкой», а вполне себе приличной женщиной. Диму отпустила на свободу легко, несмотря на то, что человек он небедный и успешный, и эксплуатировать его небедность и успешность можно было еще много лет. Но ей надоело его занудство — а он и правда занудный! К тому же домосед, и вообще некоторым образом «медведь, бурбон, монстр». Ему в воскресенье подавай с утра футбол, на обед гуся, а в баню веник и жбан пива! На тусовки не ходит, знаменитостей никого не знает, театральные премьеры не посещает.

Вот супруга, веселая и общительная, в конце концов от всего этого устала и отпустила Диму на свободу.

Дима на свободе очутился, с одной стороны, довольно рано — лет в сорок, а с другой стороны — уже поздно: все же за плечами остались пятнадцать лет брака, не слишком удачный сын в не слишком удачном переходном возрасте, а впереди уже вполне определенно маячил «кризис среднего возраста».

Дима, как истинный выпускник московского технического института, подумал-подумал и решил применить к своей новой жизни «системный подход». Не зря нас учили именно системному подходу!.. Дима решил, что начнет сначала, но не как большинство разведенных мужиков, которые начинают непременно с запоя, продолжающегося иногда годами, а заканчивают эту «новую» жизнь старой, то есть очухиваются, будучи мужем следующей жены и отцом следующего сына, который тоже обещает быть не очень удачным.

Врешь, не возьмешь, сказал себе Дима. У меня все будет по-другому.

Пить не стану. Убиваться не стану. Чувствовать себя лузером не хочу.

Во все тяжкие не кинусь, по рукам не пойду, загорелых силиконовых барышень оставлю загорелым метросексуальным юношам, сожрать себя вместе с бизнесом, счетом в банке и машинкой «Мерседес» не дам никому.

Буду осторожен, сдержан и наконец-то стану жить как хочу. Правда, до конца еще не понятно, как именно хочу...

— У тебя все будет как у всех, — сказала ему Катька, наша общая подруга, когда мы все уже изрядно подпили.

Время от времени мы устраиваемся именно таким образом — сдаем детей родителям, собаку отвозим на дачу, чтобы никто, боже сохрани, не стал свидетелем наших свинств, приглашаем «старых друзей», все еще довольно молодых, а дальше как пойдет. Иногда все вполне прекрасно уходят на своих ногах или уезжают на такси, но чаще остаются спать на диванах в причудливых позах.

У Катьки развод как раз вышел абсолютно неприличный, «бывший» забрал все, что смог, а чего не смог забрать, то перепортил — обои со стен ободрал, вырвал встроенный шкаф, а унитаз разбил. Я не шучу. Бывший Катькин муж, выезжая из их общей квартиры, разбил унитаз!..

Я очень четко представляю себе, как этот человек оглядывает свое жилье, в котором прожил много лет. Где ел, спал, занимался любовью. Болел, страдал. На похороны матери поехал именно отсюда. Орал «Давай, давай!» во время футбольных матчей. Пил кофе и водку. Галстук по утрам завязывал перед зеркалом.

И вот он оглядывает это свое жилье, которое только что разорил — зеркало и то вывез! — вытаскивает с антресолей молоток, видимо, как-то там завалявшийся, и начинает крушить унитаз. Да?..

На работе Катька все время плакала, в конце концов ее выгнали, и мой муж Женя долго пристраивал ее на другую работу. Пристроил. Там она тоже все время плакала, но мой муж контролировал ситуацию и уволить ее не дал. Еще она полюбила караоке — как-то ни с того ни с сего! — и справиться с ее трогательным пением нет никакой возможности. Микрофон отобрать нельзя, она не отдает, слушать невыносимо.

Диминому «системному подходу» Катька не поверила. И, как вскоре выяснилось, правильно сделала.

Дима начал с того, что отправился в Таиланд, чтоб «оторваться» немного и «сменить обстановку». «Отрывался» он довольно долго, дольше, чем предполагал, вернулся загорелый, очень метросексуальный и загадочный.

К нам ходить перестал.

— Тань, в субботу ну никак!.. У меня... в общем, у меня тут такое!..

— Ну какое, какое?..

Короткое молчание. Короткий смешок. Загадочный.

— Ты все равно не поймешь. Я и сам не понимал ничего до недавнего времени.

— А теперь, выходит, понял?..

Но задеть его у меня не получалось.

— Дурачок, — говорила Катька, с тоской поглядывая на наш телевизор, у которого есть функция караоке, но мы из принципиальных соображений ее не подключаем. — Он думал, что сейчас у него, такого единственного, все начнется сначала, а у него все началось, как у всех, с конца!..

Потом он нам представил своего фитнес-тренера. Фитнес-тренера звали Света, Дима звал ее «малыш».

Мы с Катькой немного приуныли: на фоне фитнес-тренера стало как-то особенно отчетливо видно, что мы с ней — старые клячи. Ни упругих энергичных грудей, ни персикового загара, ни смоляных волос, как из рекламы шампуня, ни совершенных бедер. Я даже подумывала поехать с Катькой в караоке и там попеть, но Женя подверг нас обструкции, а Бэлла Александровна — домашнее имя Белик — запретила, заявив с сильным грузинским акцентом, что мы сошли с ума окончательно, она все расскажет своей маме, и мама специально прилетит из Кутаиси, чтобы вправить нам мозги. Мы перепугались и петь не пошли.

Фитнес-тренер Света отравляла нам жизнь своим совершенством примерно с полгода, а потом на ее место заступила фотограф Оксана, и стало еще хуже.

Дима отрастил волосы, поменял консервативный черный «Мерседес» на стремительную, легкую, белую «БМВ», полюбил серфинг и стал носить бандану.

Катька съездила в отпуск в Турцию, всесоюзную кузницу, житницу и здравницу, и вернулась расстроенная. Белый льняной сарафан, едва прикрывающий попу, на который она очень рассчитывала, не помог. Никто не обращал на нее никакого внимания, и она целыми днями на пляже читала романы, а по вечерам пела в турецком караоке песни Стаса Михайлова.

Осень пришла и почти ушла, холодная, темная, по-московски безысходная, и вдруг однажды в субботу явился Дима — без фотографа, фитнес-тренера и банданы.

— Где-то я просчитался, — сообщил он нам вполне серьезно. — Ничего не получается.

— Чего у тебя не получается? — спросил Женя, тоже вполне серьезно.

Оказалось, что не получается... жизнь. Ни много ни мало. Получается как будто спорт — быстрее, выше, сильнее. Девушки все краше, машины все дороже, волосы все длиннее, загар все более мужественный.

А жизни никакой нету.

Мы все вместе погоревали, и тут Катьку отправили в командировку в Пензу и Дима поехал туда же!.. Губернатор Василий Кузьмич проводил там форум, экономический, туристический и культурный, как-то так. Катька представляла экономическую сферу, так сказать, изнутри, как аудитор, а Дима снаружи, как предприниматель.

В гостинице они встретились и так обрадовались друг другу, как будто он уходил на войну, а она годами его ждала и дождалась!..

Экономический форум в Пензе оказался самым интересным мероприятием за последние несколько лет, ресторан «Засека» самым вкусным местом на свете, а набережная реки Суры — самым романтическим.

Неожиданно оказалось также, что просто разговаривать, просто шататься по Пензе, просто смотреть на деревья и кособокие купеческие домики и есть счастье. Караоке, бандана и «кризис среднего возраста» неожиданно отправились к чертовой матери.

В антикварной лавке он купил ей стакан с подстаканником за девятьсот рублей. Она о таком мечтала с детства, с тех самых пор, как ездила с родителями на юг в поезде, пахнущем углем, солеными огурцами, жареной курицей и перезревшими грушами «дюшес».

В Москву он привез ее на стремительной белой «БМВ».

Бэлла Александровна — домашнее имя Белик — очень переживает и сердится. Катька к ней не идет, хотя давно пора бы: Катьке давно уже не тридцать восемь, а у нее уже пятый месяц... беременности. А наш Белик — врач-гинеколог.

Когда у меня спрашивают, где я беру сюжеты для своих романов, мне все время приходится врать, что придумываю. Потому что никто не поверит, что «так бывает».

Но мы с Димой и Катькой точно знаем, что только так и бывает.

Скоро свадьба, а в январе ждем прибавления. Придумываем, что подарить. Бэлла Александровна переживает и грозится вызвать из Кутаиси маму.

ЛЮБИТЬ ПО-РУССКИ

Мы очень скучно живем. Настолько скучно, что наш старший сын Мишка, потешаясь над нами, развил теорию о том, что мы гораздо старше, чем есть на самом деле.

«Ну никакие вам не сорок лет и даже не пятьдесят, — объявил двадцатилетний Мишка. — Вам каждому — миллион плюс ваши сорок и пятьдесят!.. Именно потому, что вам миллион лет, вас не волнует ничего из того, что, по идее, должно волновать!.. Ну вот, к примеру, кто и за что оштрафовал «команду Гугл» и что теперь этой самой «команде» делать — в Бразилии ее, того гляди, закроют! Ужас!.. Ни одного из вас, — разорялся Мишка, — не интересует, кто выиграл «процесс века» между «Самсунгом» и «Эпплом»!.. Сколько денег украл из бюджета футбольной команды такой-то и кого назначили тренером сякой-то. Избрали Сидора Семеновича председателем совета директоров организации «Нефть без границ» или же, напротив, уволили из банного треста за параллельный бизнес в сфере торговли оружием — это же обсуждали все средства массовой информации в течение недели!»

Нам все равно. Это правда. Мишка считает, это оттого, что мы слишком давно... здесь. Ну, миллион лет. За миллион лет чего только не увидишь и чему только не ужаснешься или обрадуешься, вот и вырабатывается привычка не обращать внимания на всякую ерунду, не имеющую никакого отношения к нам и к жизни вообще. Мишка считает, что остальным новоприбывшим это в новинку, вот они и переживают, а нам все давно известно, поэтому мы — ни с места.

Не знаю ничего про миллион лет, но живем мы действительно... скучновато, чего там говорить. Рассказать в программе «Любовь по-русски» или «Интриги, кошмары, преследования» решительно нечего.

«Любовь по-русски» длится уже двадцать пять лет и пребывает все в том же виде — когда папа улетает в командировку или отбывает со своим таким же скучным, занудным и очень умным братом в поход, жизнь наша делается пуста и бессмысленна. При этом решительно невозможно сказать про Женьку, что он зажигательный мужчина и взглядом умеет сотворить в небе радугу!.. Он вечно считает в уме, ничего не помнит, в десять вечера мучительно хочет спать и загорается, только когда нужно растолковать Тимофею, что такое натуральные числа. Вот оно, веселье!.. Папа объясняет так, как будто делает доклад перед Нобелевским комитетом, Тима ничего не понимает, Мишка пытается помочь, но тоже застревает, я то и дело спрашиваю громким раздраженным голосом — можно хоть что-нибудь нормально объяснить ребенку, без этих идиотских сложностей?! Папа голосом не менее раздраженным отвечает: он не виноват в том, что мы все такие тупые, и нужно же хоть что-то соображать!..

Ну да, однажды чуть не развелись, но потом передумали. Еще когда-то поругались на автобусной остановке так, что он уехал один, а я осталась, или наоборот, что ли!.. Для программы «Интриги, кошмары, преследования» все эти ужасы не годятся.

Мы никогда не воровали друг у друга детей, не судились с родственниками из-за наследства или жилплощади, не увлекались стриптизерами или стриптизерками, безумных поступков не совершали!..

Какая скукота.

Однажды кто-то из «психологических» журналистов спросил у меня, почему всех хороших девочек из «правильных» семей непременно тянет к хулиганам и безобразникам, и я, состроив умное лицо и закатывая глаза, как бы в раздумьях, долго блеяла что-то в том смысле, что, мол, так бывает, противоположности... того... притягиваются, хочется огня, жизни, искр из глаз, вот и получается... или не получается...

Ну не знаю я, честно!

Я знаю, что меня никогда не тянуло ни к хулиганам, ни к безобразникам. Прекрасно помню, с какой осторожной брезгливостью я обходила в институте некоего красавца, которого обнаружила однажды спящим под лестницей в общежитии в пьяном виде!.. Красавец, надо сказать, не обращал на меня никакого внимания, но и меня к нему не тянуло — нет, не тянуло!.. Почему-то мне всегда было понятно — вот он, этот миллион лет! — что из историй под названием «Барышня и хулиган» ничего путного не выйдет, а получатся только страдания, а я не хочу, зачем?! Еще прекрасно помню, как советовалась с дедом, выходить мне замуж или не выходить. Деду было семьдесят восемь, он блистал остроумием, знал о жизни все, но был так деликатен, что с советами никогда не лез и точку зрения свою на что бы то ни было никогда никому не навязывал.

Дед сказал, что выходить — человек отличный, умница!..

Да, то ли согласилась, то ли возразила я, но ведь скучен очень и мужской красоты никакой!..

Дед немного подумал. От мужской красоты как от аргумента он отмахнулся вовсе, а насчет скуки... «Ты не права, — сказал дед. — Конечно, тебе придется к нему приспособиться, он другой, но тебе будет с ним интересно. Он очень хорошо образован и парадоксально мыслит, а это так важно!..»

Дед оказался прав. Мыслит мой муж действительно парадоксально, недаром натуральные числа так и остались для Тимофея неразъясненными!..

Н-да.

Зато нас веселят какие-то штуки, настолько простые и незамысловатые, что и рассказывать-то про них скучно!.. Вот каждый год покупаем елку — событие, радость!.. Мы берем с собой бутерброды — ехать пятнадцать минут, — напяливаем шапки, закидываем в багажник брезент и едем! Елки продают на складе, в ангаре холодно, промозгло и навалены деревья, и от этих деревьев хорошо, по-зимнему пахнет. Ангар сторожит большая собака, она нас давно знает и благосклонно принимает недоеденные бутерброды, они и берутся отчасти из-за нее!.. Сторож тоже нас знает, поругивает за то, что мы балуем собаку, и бодро выписывает «квитанцию» на желтой бумаге. Вооружившись «квитанцией» и уплатив в кассу, мы все вместе идем в ангар к веселой тетке в телогрейке, и Женька со сторожем лезут на кучу елок и выдергивают несколько на выбор. Это не просто, все орут: «Давай, давай, заходи с той стороны! Тяни! Вон ту, вон ту, эта кособокая!» Потом мы долго возимся с сиденьями в машине, потому что елка никогда не помещается, собака лает, сторож руководит, тетка в телогрейке хохочет, и еще какие-то люди в красных куртках, приехавшие следом, помогают, растягивают брезент, спрашивают, почему багажник не поставили!..

Дома тоже очень весело — натоптано, с елки всегда натекает лужа талой воды, и она лежит на бочку посреди коридора, отходит от мороза и дороги. Потом Женька пилит ствол, чтобы срез был свежий, и елка лучше пила, потом мы долго не можем наладить подставку, и елка все время заваливается, угрожая накрыть Тимофея, который под нее лезет, и наша собственная собака в ужасе забивается под лестницу и никак ее оттуда не выманишь. Событие, счастье!..

В день прибытия елки ее никто не наряжает, она стоит, напружинив зеленые толстые лапы, с которых все еще капает вода, и мы время от времени подходим и трогаем лапы, здороваемся.

Когда приходит время «вечеринок» — какой же Новый год без этих самых «вечеринок»! — мы маемся. Нужно же ехать, да еще отдельно друг от друга — у каждого, включая Мишу и Тимофея, своя «вечеринка» — и там зажигать, а мы очень скучные люди! По-моему, один раз за всю жизнь Женька надрался и явился к очагу часа в три ночи, совершенно продрогший. Когда я спросила, не спал ли он в сугробе, муж мой абсолютно всерьез сказал, что довольно долго бегал в сквере — чтоб протрезветь. «Ну не мог же я, — сказал он, — прийти таким пьяным, я же понимаю, что пьяный!.. Дети увидят, стыдно».

С «вечеринок» мы бесконечно звоним друг другу с сообщением «сколько осталось». Вот разлили шампанское, еще пока нельзя уезжать. Ну насилу подали жульен, но все равно еще рано. А вот музыка заиграла, сейчас запоют под караоке и можно будет потихонечку смыться!..

Зато как весело на даче — каждый год одно и то же!.. Да ладно год, каждые выходные одно и то же, вот красота!..

Тридцать первого декабря мы запекаем свинину и гуся, дело до которого никогда не доходит. Однажды гуся забыли на лестничной площадке, прибыли второго домой, обнаружили нетронутого гуся, обрадовались до смерти, позвонили на дачу, сообщили родственникам, что немедленно выезжаем с гусем обратно — можно продолжать веселиться, вот же и гусь!.. Мы наряжаемся в самые прекрасные наряды — норвежские свитера, толстые носки, разношенные джинсы и меховые сапоги. Мы пересчитываем по десять раз купленные заранее плюшевые заячьи уши или оленьи рога, чтобы всем хватило. Бывают еще поролоновые приставные носы, но в них жарко. Подарки, кое-как завернутые в измятую бумагу со снеговиками и дедами-морозами, кучей лежат у двери, их приходится носить в машину в три захода — так много. Я прихожу в безумие — все свертки перепутались, и теперь не понять, кому что, а подписывать подарки хватает ума только моей сестре, а мне никогда!.. И вот наконец едем, и снег летит — или не летит, — и приемник поет новогодние песни, и мой муж игриво хватает меня за коленку, праздник впереди, и он в прекрасном настроении!..

Весь участок в огнях, красные шары качаются на ветках старой сирени, венки из омелы и остролиста пристроены на воротах, на гараже, на дверях — никому никогда не лень их вешать. В сугробе остывает шампанское, и на перила крыльца выставлены бокалы, ведь лучше всего наливать ледяное шампанское в ледяные бокалы!.. У собак счастливые морды и на ошейники повязаны сверкающие банты.

В доме упоительно тепло и так пахнет, что немедленно хочется всего и побольше, и всю ночь мы будем хохотать, вкусно есть, скакать, орать, плясать вокруг елки и старой сирени, разворачивать подарки.

Напяливать только что полученные варежки, шарфы, тапки и раскладывать железную дорогу, чтобы полюбоваться, как ездит паровозик!..

...За миллион лет чего только не увидишь!.. А вот паровозик так и не надоел.

СПАСТИ МИР

Верочка спасает мир. Как может, так и спасает.

Она журналист. Как принято говорить, неплохой. Почему-то «хороший» про журналиста говорят редко, почти никогда, как будто опасаются перехвалить, а осторожное «неплохой» оставляет некоторые шансы на то, что со временем этот самый журналист все же может ухудшиться.

Неплохой журналист Верочка пишет в основном о том, как все плохо.

Плохо все, везде и всегда.

В школах Единый государственный экзамен — очень плохо. До той самой роковой секунды, когда «единый» был введен, все граждане нашей страны были глубоко образованными людьми, вдумчиво читали, грамотно писали, декламировали Гомера, познавали самих себя и Ф. М. Достоевского, но как только ЕГЭ ввели, сразу же запили, закурили, побросали сборники вагантов, которые прежде всегда носили с собой на завод и в трамвайное депо — по месту работы, чтоб приобщиться в обеденный перерыв, похватали банки с пивом, моментально морально разложились и вернулись в первобытное состояние.

На дорогах пробки — совсем худо. Раньше, когда машины продавали по себестоимости передовикам производства и втридорога директору овощебазы, пробок никаких не было, а сейчас стали кому ни попадя продавать, и вон что вышло!..

Кругом хамство, бездуховность и стяжательство — доколе?! По телевизору показывают грудастых девиц, которые пошлыми голосами поют пошлые песни, и анорексичных юношей, которые девичьими голосами поют вообще невесть что — доколе?! Книги пишут плохие и тоже все кому не лень, лучше б не писали, а работали на производстве, впрочем, производства никакого нет — доколе?! Равнодушие чиновников и участковых врачей, одним словом.

Верочка не может оставаться равнодушной, она такой человек. Она утверждает, что «гиперчувствительна к чужой боли».

А я, бесчувственная, считаю, что она просто... как бы это выразиться необидно... очень скучно живет.

Надо сказать, живет Верочка действительно скучно. Ее мама, человек суровый, правильный и «старой закалки», особенно разгуляться дочери никогда не позволяла. У них в семье это называется — до сих пор! — «распуститься».

Вера, ты совсем распустилась!..

Это если Верочка является из своей редакции, хватив кофе с коньячишкой на юбилее Бориса Петровича из отдела кадров. Коньячишко старательно зажевывается какой-нибудь «ледяной свежестью», всю дорогу зажевывается, от самого центра и до самого Южного Бутова, но мама все равно унюхивает.

Если Верочка отбывает на выходные к подружке в Звенигород, мама всегда контролирует ее сумку. Зачем тебе это платье? Кого ты собираешься там соблазнять?! Ты что, не помнишь, как двадцать лет назад с тобой обошелся тот самый негодяй, как, дай бог памяти, его звали?! Вера, после смерти отца ты окончательно распустилась!..

У них с мамой крошечная квартирка и пара пыльных кошек, разумеется, кастрировано-стерилизованных, которым тоже живется очень скучно — они давным-давно не помнят, который из них мальчик, а которая девочка, демонстрировать друг другу стать и удаль не имеет никакого смысла, только есть и спать, а что еще делать?..

Все прошло мимо, от всего уберегли — и от студенческих пьянок, и от чужих постелей, и от неподходящих подруг, и от подозрительных женихов, и от нежелательных командировок, поэтому и карьера никакая не сделалась — главный редактор понятия не имеет, кто такая Верочка, хотя она работает у него уж лет семь. Он смутно помнит, что она «неплохой» журналист и вроде «освещает социалку».

Из всего этого получилась «гиперчувствительность к чужой боли» и непримиримая борьба с домоуправлением за чистоту в подъезде. Домоуправление подъезд моет редко, неохотно и кое-как, а Верочка пишет жалобы в мэрию и префектуру. Оттуда ей отвечают, что подъезд вскоре помоют, но еще ни один сотрудник мэрии, префектуры или даже налоговой службы не явился мыть Верочкин подъезд. Доколе?!

Вот у вас на площадке, с грустью говорит мне Верочка, всегда чисто, а у нас все время грязь, а меры никакие не принимаются. Я несколько раз пыталась осторожненько объяснить Верочке, что на нашей площадке меры принимаются исключительно мной и помощницей Ритусей, и меры эти очень простые — мы с Ритусей вооружаемся ведром и шваброй и моем площадку. Ни мэра, ни префекта, ни даже, представьте себе, руководителя налоговой службы!

Но Верочке это не подходит.

Ну, правда, скучно мыть пол. Скучно и неинтересно. Сражаться за справедливость, пусть и без толку, куда веселее!..

И вдруг главный редактор услал Верочку в командировку в Питер — небывалый случай!.. Она шла по коридору, несла из буфета две булочки, стыдливо завернутые в салфеточку, чтобы скушать на свободе, возле своего компьютерчика, в «Одноклассниках», а не в общепите, а тут — бац, главный! Не съездить ли вам, дорогая, в Питер, там очень интересное мероприятие, научно-практическая конференция по вопросам ЖКХ. Как вас зовут, я то и дело позабываю?..

И поехала Верочка в Питер.

Мама укладку чемодана, разумеется, контролировала, ни одно неподходящее платье в багаж допущено не было.

Верочка очень волновалась, почти до слез. Во-первых, два дня без мамы и пыльных кошек, во-вторых, такое ответственное задание, в-третьих, невиданные перспективы в смысле будущей борьбы за справедливость.

На эту самую научно-практическую конференцию неожиданно занесло большого чиновника, на самом деле, неизвестно каким именно ветром, он и к ЖКХ-то никакого отношения не имеет!.. Но занесло. Может, начальство приказало, может, сам решил послушать, что говорят «в народе». Я не стану называть его по имени, ладно?.. Его все знают, вдруг кто догадается, а история такая... довольно приватная. Я буду называть его БЧ, Большой Чиновник, тем более в этом поименовании оба слова — чистая и неприкрытая правда.

Чиновник Верочкой и ее журналистским окружением был раз и навсегда классифицирован как душитель, взяточник и казнокрад, и она его бурно, но заочно ненавидела.

Когда дошло дело до вопросов, задала «острый», не про ЖКХ, а, ясное дело, про Болотную площадь — доколе и всякое такое. БЧ блеснул на нее очками, пожал пиджачными плечами, на вопрос как мог, так и ответил — Верочка все записала.

На этом приключение закончилось. Пора домой, в Москву. Мама там скучает. Да и с кошками ей одной трудно.

На Московском петербургском вокзале никогда ничего не разобрать. Толчея, давка, объявления во всех динамиках «Нумерация вагонов идет со стороны Москвы» — позвольте, с какой такой стороны Москвы, если тут кругом Питер?!

Непривычная Верочка пробиралась сквозь толпу, волокла чемодан, проконтролированный мамой, нервничала изо всех сил, боялась опоздать. Что тогда делать-то?! Питер — это ведь край земли русской, не выберешься, поезда уходят всего раз в час!..

Совершенно выбившись из сил, Верочка приостановилась, чтобы перевести дыхание, и очень неудачно — прямо у ее ног на заплеванном асфальте лежал человек, то ли пьяный, то ли в коме, то ли вовсе мертвый.

В Питере на вокзале всегда и обязательно валяется человек, это еще со времен Достоевского так положено. Еще рядом непременно должна валяться издыхающая лошадь, которую гнусный ямщик бьет кнутом изо всех сил, а в некотором отдалении фланировать проститутка, невинная и чистая душа, спасающая своего папеньку или непутевого братца, а фамилия умирающего должна быть Раскольников. Звать Родион. И никак иначе.

И всех нужно спасти, это Верочка знала совершенно точно.

Она бросила чемодан, присела на корточки и с некоторой дрожью потрогала лежащего. Тот не пошевелился. Мимо шли равнодушные ноги, катились равнодушные чемоданы, равнодушный голос читал объявления. Хорошо хоть издыхающей лошади не наблюдалось!..

Верочка уже плакала, лежащий не подавал никаких признаков жизни, равнодушие окружающего мира и невозможность ничего изменить ледяным панцирем сковали гиперчувствительную Верочкину душу, и поезд, поезд вот-вот уйдет!..

— Вам помочь?..

БЧ — душитель и казнокрад — отстранил Верочку от бездыханного тела, его сопровождающие засуетились, а тело, приведенное в сидячее положение, вдруг подало признаки жизни, разлепило мутные глаза и бессвязно выматерилось.

— Пойдемте, — предложил Верочке душитель. — Тут без нас разберутся.

Верочкин чемодан как-то сам по себе подхватился и поехал, а Верочка как-то сама собой оказалась в поезде, причем вовсе не на своем месте, а по соседству с БЧ, то есть на месте, которое ей не предназначалось.

— Спасаете мир? — поинтересовался душитель, когда поезд тронулся, а Верочка перестала всхлипывать и покосилась на него.

К Москве, от которой велась нумерация вагонов, оказалось, что он не такой уж душитель и чувство юмора у него есть. Он посоветовал Верочке не слишком усердствовать на пути спасения и посмотреть кинокартину Ларса фон Триера «Догвилль», многое разъясняющую именно в этом вопросе.

Кинокартину обещал прислать и обманул — ничего не прислал. Привез диск сам, чем вверг главного в изумление, а коллектив и самое Верочку в многодневный ступор.

Встречались они недолго. Всего несколько раз. После чего она переехала к нему на Кутузовский, где он одиночествовал после смерти супруги? А через некоторое время Верочка перевелась в отдел культуры — освещать театральные постановки и музыкальные премьеры гораздо приятней, кроме того, на пользу будущему малышу.

Возмущает ее нынче только одно — ее муж, Большой Чиновник, допоздна пропадает на работе. Спасает мир, елки-палки.

КРИЗИС
СРЕДНЕГО ВОЗРАСТА

У нас есть приятель Леша, и сейчас он разводится с молодой женой. До «молодой» Леша был женат на «старой», примерно с рождения, то есть много лет, то есть столько же, сколько и большинство из нас. Барышни разного толка окружали Лешу всегда и следовали за ним «шумною толпою», благо есть унаследованная от дедушки дача, где Леша уединяется, когда этого требует его глубоко творческая работа, и принимать там барышень вдали от городского шума, супруги и вообще всяческой ненужной суеты сам Бог велел. Никто из нас толком не понимает сути Лешиной работы — он то ли что-то пишет, то ли переводит, то ли ставит в театре, то ли участвует в кинематографе, то ли что-то ведет на радио. Лешины занятия ничему не мешают и не способствуют. Лешины дедушка и папа при советской власти были людьми не то чтоб не бедными, а исключительно состоятельными. Состояние и связи во время всевозможных перестроек они как раз не профукали, а приумножили и бережно передали наследнику. Наследник хорошо кормлен, везде принят, большинство сильных мира сего «знали его еще в рубашечке», как писал граф Л. Н. Толстой, так что все очень удобно и, главное, для Леши не обременительно.

Женись хоть каждый день!..

Леша, когда осознал это, немедленно бросил старую жену, которая почитала его гением, ухаживала, подавала, убирала, в нужных местах закатывала глаза в восторге от написанного Лешей или поставленного в театре, на барышень «шумною толпою» не обращала внимания, ибо была «мудрой».

Именно так почему-то называют женщин, которые не бьются в истерике от мужниных свинств, а принимают их как должное — мол, свинья и есть свинья!..

Никакая «мудрость» не помогла. Леша жену бросил.

И обрел «молодую».

«Молодая» тогда была совсем молода — лет восемнадцать, наверное. Она знала о жизни все-превсе, Лешу любила очень-преочень, нас, старых недоумков, воспитывала строго-престрого, презирала буржуазные ценности, мещанство, быт и почему-то считала себя художником.

Должно быть, потому, что на нескольких холстах намалевала разными красками нечто. Лешу холсты приводили в экстаз.

Ну, мы долго не знали, как принимать их у себя: с Лешей все более или менее ясно, а ее-то куда?.. Посадить с нами за стол — ей скучно, она ничего не понимает, зевает по сторонам, потом отчаивается и начинает дерзить, как любой плохо воспитанный подросток, а хозяйке потом разбирайся со «взрослыми», которым это не нравится!.. Отвести в детскую и оставить — она обижается, выходит оттуда без позволения, сопит, опять не то!..

Потом, ребята, начались вертеровские страсти!.. Сорокапятилетний Леша всюду подозревал измены, ревновал к фонарным столбам и водителям «Газели», если она ехала на маршрутке, и водопроводчику, если прорывало трубу. Она изо всех сил его воспитывала, но не преуспела — трудно воспитывать дядьку, который старше не просто на два с лишним десятка лет, но еще и на несколько жизней. Он старше на своих детей, на жену, на революцию 91-го года, на дефолты, смерти близких и так далее.

Потом дитя родилось, и Леша от радостей отцовства стал все чаще наведываться на дедушкину дачу, чтоб «поработать в тишине», за ним «шумною толпою» последовали барышни. Молодая жена оказалась «заперта в четырех стенах» — они все оказываются запертыми и именно в четырех стенах, ибо никто из них заранее не может предположить, конечно, что младенец — это не только умилительные фотографии, но и, черт побери, ответственность, от которой уже не избавиться никогда, пеленки-баночки-бессонницы-врачихи-диатезы-поносы-прогулки-одеялки-коляски-няньки и — далее везде!.. Леше-то это ничего не ведомо, предыдущие дети благополучно выращены старой женой, «мудрой женщиной».

Потом, ребята, выяснилось, что Леше вот-вот полтинник, и уже пора разводиться, а чего еще делать-то?.. Все дела поделаны! На его глубоко творческую работу ей наплевать. Перевоспитать так, чтоб он полюбил дискотеки, ночные клубы и Виктора Пелевина — не вышло. Приспособить к домашнему хозяйству Лешу нельзя решительно — он всю жизнь прожил с прислугой. У него скверный характер. «Молодой» с ним сложно и скучно, кроме того, не являясь «мудрой женщиной», она не хочет терпеть его измен, и я ее понимаю.

Разводятся. Делят дедушкину дачу и многочисленные папины квартиры. Дитя в свои четыре года превратилось в совершенного неврастеника — а как же иначе?..

«Молодая» родом с Украины, и Лешины материальные блага она рвет когтями и зубами — а куда ей деваться-то? Обратно в Кривой Рог, что ли?..

Во всей этой истории мне больше всего жаль давно покойного Лешиного дедушку.

Ради чего человек старался, трудился, наживал, сберегал?.. Ради кого?..

О ФУТБОЛЕ, МАМОНТАХ И ВЕЛИКОЙ ФРАНЦУЗСКОЙ РЕВОЛЮЦИИ

Сын Тимофей рыдал, когда Испания на чемпионате мира по футболу проиграла какому-то обобщенному Уругваю. Главное, ничто не предвещало трагедии всей жизни! Нельзя сказать, что он рьяный болельщик, ну посматривает, конечно, но не так, чтоб каждый день, и нельзя сказать, чтоб в этом заключался смысл его жизни.

Испания играла, Тимофей сидел на спинке дивана, качался туда-сюда, дрыгал ногами, махал руками, вскрикивал, когда комментатор страшным голосом завывал: «Опасный момент, ох, опасный!» Спиной вперед, чтобы ни на секунду не отрываться от телевизора, Тимофей дошел до чайника и набулькал себе чаю, и все было ничего, а потом Испания начала проигрывать. Тимофей стал красный как рак, кружка упала со спинки дивана, покатилась, но не разбилась, и он не стал ее поднимать. Потом он засопел, заглушая комментаторов, потом закрылся от телевизора рукой, как будто там показывали ужасы, а потом подозрительно быстро ушел в ванную и канул.

Его не было долго. Испания проигрывала уже всерьез.

Тимофей явился, и стало ясно, что в ванной он рыдал: щеки покраснели еще больше нездоровой тяжелой краснотой, нос распух и скособочился, глаза воспаленные. Он явился и объявил, что идет спать.

Я ничего не поняла. Испания все еще играла и все еще проигрывала всерьез, матч продолжался, как же спать? Ты же хотел смотреть! Мы и сидим-то, собственно, из-за тебя. Нет, нет, пора спать. И тяжелая горячая слезища капнула мне на руку, а потом на салфетку, а потом на коленку. Тимофей всхлипнул и опять ринулся в ванную.

Я его перехватила и не пустила, хотя он вырывался, пихался и стремился прочь. Я ведь не поняла, что случилось, из-за чего такая трагедия, как же я могу отпустить!..

— Испания проигрывает, — проикал Тимофей, отворачиваясь от меня. Он пихался, вырывался и был весь огненный, как при температуре.

— Да и шут с ней, — с великим изумлением сказала я. — Ты что, сыночек?! Это же просто игра, и ты не бог весть какой болельщик!..

— Ты не понимаешь, не понимаешь!.. Отпусти меня, я иду спать!

Тут образовался довольно сложный момент, как в игре испанцев с обобщенными уругвайцами, и мне нужно было принять решение. Отпустить — значит оставить его справляться со страданиями — непонятными, загадочными и чрезмерными! — в одиночку, и мы так ничего и не поймем, из-за чего сыр-бор. Продолжать пытать — значит усугублять страдания: заставлять объяснять словами, раскладывать по полочкам собственное состояние, а там кто его знает, может, мы смеяться станем!.. Да и стыдно ему было, и видно, что стыдно, скрывать свои чувства он еще пока не научился, куда там, двенадцать лет!..

Я приняла решение: пытать. Ну чтобы понять, в чем дело.

Некоторое время мы просто препирались:

— Иди умойся, и я налью тебе чаю.

— Не надо мне чаю, и я уже умывался!

Это было необходимо, чтобы съехать из «высокой трагедии» в «бытовуху», в понятные вопросы и ответы и естественное сопротивление. Я победила, чай был налит, физиономия еще один раз, совершенно ненужный, умыта. Тимофей уселся за стол, ссутулил плечи, сложил ладони, уставился в чашку и засопел.

Я произнесла довольно длинную речь.

Суть ее сводилась к тому, что, воля твоя, а это странно. Что это ты так вдруг принялся убиваться?! Бывают, конечно, болельщики, для которых проигрыш или выигрыш любимой команды — вопрос, может, и не жизни и смерти, но уж точно хорошего настроения и осознания себя. Загадочным образом такие болельщики, по всей видимости, идентифицируют себя и свою жизнь с игрой в футбол. Им не хватает эмоций в обычной жизни — катастрофически, фатально! Эмоций не хватает, а откуда их взять, непонятно. Футбол — источник не самый плохой и довольно безобидный, ну, если после матча не происходит драк, погромов и Великой французской революции. Разумеется, лучше и полезнее для души и тела вопить на стадионе или перед телевизором: «Давай! Давай! Левый фланг свободен!» — чем побивать от скуки собственную супругу и малюток. Разумеется, рабочий день лучше и полезнее посвятить обсуждению с коллегами вчерашнего проигрыша любимой команды, чем сидению в Интернете и разглядыванию в «Инстаграме» фотографий с третьей Володькиной свадьбы, а также повальной рассылки абонентам из адресной книги сообщений, состоящей из буквосочетания «Yo», модная фишка!.. Истый болельщик — существо взвинченное, азартное, с фанатизмом во взоре, готовое к страшным испытаниям, на манер протопопа Аввакума. Но ты-то тут при чем, сыночек?! Ну играют люди в футбол. Ну когда они хорошо играют, ты смотришь, и мы тоже смотрим, если есть драматургия, интрига, напор! А дальше-то что? Горе у нас почему случилось?..

Тимофей во время моей речи все пытался вклиниться и возразить, я притормаживала, но из его возражений ничего не получалось, он повторял одно и то же: «Ты не понимаешь, не понимаешь!» — и дальше дело не двигалось.

Чего такого я не понимаю? Что именно я упустила?

Женя нам помог. На протяжении всего первого акта он помалкивал, не вмешивался, посматривал на меня и на Тимофея странно и выпил весь чай, приготовленный в качестве предлога, чтобы задержать Тимофея и не пустить в одиночное плавание по морю страданий.

— Что-то тут другое, — сказал муж негромко, — дело не в футболе и не в Испании, ты не видишь?..

Теперь мы пристали уже оба, и постепенно открылось следующее.

Испания в футболе — это... ну, как мамонт в Древнем мире!.. Ну, как мамонт! Он огромный, сильный, он царь и бог, с ним никто не может справиться, и поэтому никто к нему и не пристает, и ему ничего не угрожает. И это хорошо. Хорошо, что не угрожает! Ему безопасно и надежно. Мамонт пасется в древнем лесу. Когда вдруг кто-то по незнанию или недомыслию пристает к мамонту, он легко отбивает атаки, сам при этом не страдает и продолжает пастись в древнем лесу. А тут на мамонта налетели первобытные люди с копьями и палками. Он отбивался, конечно, но довольно вяло, он же привык, что самый сильный в древнем лесу и ему ничто не угрожает! Он даже толком и не понял, что... все всерьез! Что первобытные люди поставили себе целью его... забороть. Он был уверен, что это просто очередная глупая шутка и ненужные приставания! А они его... забороли.

И что теперь будет?.. И как теперь жить?

Вот как жить, когда мамонт лежит на первобытной траве в древнем лесу, истекает кровью и вот-вот помрет, а только что, еще час, два, три назад он был самым сильным? Весь мир разрушился, все связи порвались, вся система координат рухнула!

Как же вы не понимаете, это так просто! Ведь теперь, после проигрыша Испании, даже непонятно, за кого болеть в этом футболе! Раньше все было понятно: болели за своих и за Испанию, и именно Испания никогда не подводила! Тимофей за нее болел, и она выигрывала. Он дальше болел, и она дальше выигрывала! И сейчас что делать?! Она проиграла, проиграла! На остальных нет никакой надежды, они то и дело подводят, а нужно, чтоб было на кого надеяться, не просто так, а с уверенностью, что надежды не напрасны, что они оправдаются!..

Мы слушали, стараясь не переглядываться и не комментировать. Мы даже вопросов не задавали. Мы просто сидели и слушали. Чай, заваренный в третий раз, совсем остыл.

— Я книжки из списка на лето по литературе читать не стану, — продолжал Тимофей рассказывать нам о футболе. — Я сразу говорю!.. Я лучше буду про Ганнибала читать! Там же по-честному! Там написано про его подвиги и битвы. Он потом погиб, конечно, это я знаю, ну и что?.. Я же это заранее знаю! Ну, что он погиб! А в этих книжках заранее ничего не понятно! Папа сказал, что про Кусаку хорошая книжка, и я поверил! И прочитал! Зачем я ее прочитал?! Лучше бы футбол смотрел!..

Тут он осекся и махнул рукой горестно: футбол тоже его подвел. Испания подвела. Мамонт погиб...

...В теории я все знаю. Матчасть сдавала. В теории душа должна закаляться страданиями и испытаниями, взрослеть, делаться более мужественной, то есть бесчувственной? Или какой именно? Разумеется, мне никогда не приходило в голову смотреть футбол и думать о мамонте, и бояться за него, того, который в древнем лесу, но, надо признаться, детскую классическую литературу я тоже никогда не могла выносить и, ставши взрослой, даже целую теорию развернула о том, что писатели писали всех этих «Кусак» и «Гуттаперчевых мальчиков» исключительно от собственного благополучия и сытости, а не от ранимости и умения сочувствовать. Я никогда не могла оценить, насколько серьезные раны нужно наносить детской душе, чтобы она закалилась, а не погибла? Какую дозу яда нужно ввести, чтобы получилась прививка, а не смертельное отравление? Что именно вызовет светлую грусть, а что заставит ожесточиться навсегда? Я не буду смотреть, я не стану слушать, я не хочу читать — никогда?!

...Мы не стали говорить Тимофею, что команда Испании соберется с силами и выиграет следующий чемпионат или что именно она там должна выиграть... Он нам все равно не поверил бы, да и дело не в этом. Мы не стали говорить, что так устроена жизнь, сыночек, сегодня кто-то выигрывает, завтра он же проигрывает, и так без конца! Мы не стали говорить, что вкус победы познается только после нескольких проигрышей. Зачем? Наш сын не дурачок и без нас все это прекрасно понимает.

Мы без него много не понимали, но сейчас постепенно учимся. Мы же взрослые, наши души уже давно и намертво «закалились».

ГРЕЗЫ
И РОЗОВЫЕ ПАНТАЛОНЫ

...Она очень хороша собой и очень уверена в себе. Разумеется, зарабатывает «прилично» и гордится собой вполне заслуженно. Мало зарабатывать неприлично, а у нее все прилично, она молодец. Недавно выгнала мужа и этим тоже немного гордится и осторожно радуется: так неожиданно получилось, что у нее все впереди в ее «сильно за тридцать»! Новая жизнь, новая любовь. Пока этого ничего нет, но — перспективы. В той, следующей жизни, которая должна вот-вот грянуть, у нее все будет по-другому: прекрасно, удивительно, ново, свежо. Будущий муж будет «настоящий мужчина», а не тряпка и тюфяк, как тот, что был изгнан из жизни ее самой и их общих с тюфяком детей. Новый будет волевым, сильным, умным; твердым во всех местах, где мужчине предписывается быть твердым, и мягким там, где ей захочется. Он будет делить с ней горести жизни и радоваться радостям. Он станет хорошим отцом детям тюфяка и вырастит из них настоящих мужчин — таких, каковым будет сам. Разумеется, он будет зарабатывать, и не просто «прилично», а если повезет, то и неприлично много!.. Он окружит ее заботой. Он избавит ее от необходимости принимать самой все решения. Он даст ей возможность наконец-то почувствовать себя женщиной, потому что все годы с тюфяком она чувствовала себя... «мужиком в юбке». Юбок она, правда, не носит, по крайней мере, я ее в юбке никогда не видела, но какая разница!.. Хорошо, что разрыв произошел именно сейчас, когда она уже точно знает, что ей нужно, какой именно мужчина ее устроит, потому что много лет назад, когда она выходила замуж, никакого понятия о том, что именно она ценит в мужчинах, у нее не было, а теперь есть. Она знает, что искать.

Ее прекрасные глаза делаются мечтательными, как будто подергиваются предрассветной дымкой, она смотрит мимо меня, улыбаясь таинственной и очень женской улыбкой.

Я невольно оглядываюсь в угол, куда она смотрит, — вдруг там притаился этот самый мифический мужчина, которого она только что описывала. В углу никого нет, конечно, только торчат из напольной вазы пыльные искусственные цветы.

...Я не знаю, что ей сказать. Мне так ее жалко, что я почти плачу и собираюсь отпроситься в туалет, чтоб там, на свободе, немного поиронизировать над собой и над причудами судьбы-злодейки.

Дело в том, что я прекрасно знаю ее старого мужа, и он замечательный мужик. Нет, он, конечно, немного тюфяк, тут она совершенно права, и зарабатывает не так «прилично», как она, но на этом все его недостатки, пожалуй, и заканчиваются. Он порядочный, добрый, умный, насмешливый. Он любит ее гораздо больше, чем себя: в первую очередь всегда покупались вещички, безделушки, путевки на море, а уж потом как-нибудь с его случайной премии зимняя резина, дрель и культиватор для его мамаши. В отпуск всегда уезжали в такое место, где она могла с удовольствием показать свои локоны, ножки, пляжные сарафаны и золотые босоножки, а вовсе не к мамаше в Тамбов, где у той дом, хозяйство, моторная лодка и все, что он любит с детства. Он всю жизнь служит ей и интересам семьи — привозит-отвозит, ходит на собрания в школу, ибо жена все время на службе, лихо стряпает ужин и проверяет уроки, ибо жена все время на службе, с удовольствием принимает у себя в доме ее подруг, приучил пацанов гладить рубашки и джинсы — мама не может за нами ухаживать, нас вон сколько, а она одна и все время на службе!.. Его парни, когда он приезжает с работы, вопят на всю квартиру: «Папа приехал!» — и бегут встречать, хотя уже великовозрастные оболтусы в трудном подростковом возрасте. Она на моих глазах его не встречала ни разу: устает сильно, все время на службе, черт побери!..

Вот этот самый муж надоел, оказался «ненастоящим мужчиной», и она его выгнала. Теперь ожидает прибытия «настоящего» — что ты будешь делать! — улыбается таинственной улыбкой. Рассуждает о том, что мир изменился, жизнь изменилась, женщина наконец-то окончательно стала независимой и самостоятельной, обрела себя на службе, мужчина же, напротив, сделался слабым и никчемным, и зачем он такой нужен?.. Нет, такой не нужен — ни ей, ни детям — только лишняя обуза.

Все пропало.

Я очень не люблю рассуждений на тему «мир изменился, жизнь изменилась, люди стали другими». Терпеть не могу, ей-богу! Как правило, эти изменения сводятся к тому, что появились компьютеры, а лошадиная тяга исчезла. Это без сомнения, об этом дискутировать глупо, но является ли это свидетельством изменения жизни как таковой? По-моему, нет, не является. Особенно смешны и наивны, как розовые дамские панталоны, рассуждения о коренных изменениях в отношении вечной проблемы «мужчины и женщины». В чем же суть изменений?.. Суть в том, что:

...в наше время женщины стали более самостоятельны. По сравнению с какими временами? С эпохой Возрождения? С эллинами? Моя бабушка, к примеру, была человеком исключительно самостоятельным и, покуда дед в эвакуации вкалывал на авиационном заводе, ездила в военных эшелонах в еще более далекий тыл, чтобы обменять пальто на крупу и сахар и не дать семье умереть от истощения. Это идет в зачет самостоятельности? Сомневаюсь, что смогла бы в настоящее время проделать нечто подобное, хотя я тоже самостоятельная.

...в наше время мужчины стали зависимыми и слабыми. Уверяю вас, всегда были слабые мужчины и независимые женщины!.. «Сядешь в угол, молчишь: «Зачем сидишь, как чурбан, без дела?» Возьмешь дело в руки: «Не трогай, не суйся, где не спрашивают!» Ляжешь: «Что все валяешься?» Возьмешь кусок в рот: «Только жрешь!» Заговоришь: «Молчи лучше!» Книжку возьмешь: вырвут из рук да швырнут на пол! Вот мое житье — как перед Господом Богом!» Эта схема супружества была описана великим русским писателем Гончаровым сто сорок пять лет назад. Мне кажется, по этой схеме живут и нынче, и имя живущим по ней — тьма.

...в наше время женщине для того, чтобы выжить, не нужен мужчина. Все верно, он нужен для того, чтобы жить, а не для того, чтобы выжить, но жить-то очень хочется, пока живется. И хочется, чтобы это была полноценная, полновесная, «нормальная» жизнь!.. Пусть в меня трижды плюнут все очень-очень самостоятельные дамы, но я одна не справляюсь. Я не справляюсь с жизнью, и точка. При этом я абсолютно самостоятельный человек в материальном плане! Хотя две зарплаты на четверых все же гораздо лучше и спокойнее, чем одна зарплата на троих, хоть вы меня стреляйте.

Мой собственный муж торчит в командировке уже почти месяц, и наша жизнь совершенно разладилась. Старший ребенок изнемог над дипломом: нужно делать расчеты и графики, он сбивается, нервничает, орет, а подсказать некому, я в этом ничего не смыслю, смыслит папа, а его нет. Младший ребенок категорически отказывается делать уроки, заставить его может только папа, а его нет. Я заставить не могу: мне не хватает авторитета и времени, я же самостоятельная женщина на службе! Мне нужно подать обед, убрать обед, приготовить ужин, убрать ужин, затолкать белье в машину, развесить белье из машины, организовать отвоз-привоз на теннис — это далеко, пешком не дойдешь, приходится подключать дедушку. Мне нужно понять, почему в кухне не сливается вода, подпереть карниз, чтоб окончательно не упал до его возвращения, сообразить, где он берет собачьи витамины, ибо собака захирела, притащить в один заход пять или восемь пакетов с едой, есть-то всем охота, несмотря на то что папа в командировке, наточить ножи, прислонить картину так, чтоб не разбилось стекло, а повесить ее некому, заплатить за квартиру, заплатить за теннис, заплатить за техосмотр (это все разные точки в пространстве), проконтролировать, чтоб никто из детей не запер дверь на нижний замок, потом не откроем (он заедает), объяснить подруге Ленке, почему нас не будет в выходные: уроки будем учить за неделю, ну то есть непрерывно скандалить, и вообще нас некому везти, потому что папа наш в командировке, а у старшего сына свидание.

Почему-то все это остается за границей игривых, как розовые дамские панталоны, рассуждений о том, что женщина может все, ибо мир изменился и мужчина перестал в нем играть ту роль, которую играл когда-то!..

Как же он перестал?! Ничего он не перестал.

И «приличная» зарплата, которую нам платят, ничего не решает.

Ведь «приличная» зарплата потому и является приличной, что получает ее вовсе не прелестная женщина, а специалист, суть «мужик в юбке»! Если больше нет сил оставаться «мужиком в юбке», добро пожаловать в «прелестные женщины», а это разные биологические виды!.. Если невозможно дальше самой принимать решения, милости просим в жизнь, где все будут решать за вас: где учиться, когда жениться, во сколько ложиться, во что одеваться, чем питаться и куда кидаться. Совместить полную свободу, «приличную» зарплату, посиделки в офисе до десяти вечера, работу по выходным, курсы китайского языка, занятия йогой или «хорсингом» и роль слабой и нежной прелестницы, облаченной в розовые панталоны, жены несгибаемого, волевого, железного мужчины невозможно, это разные системы координат. Он не позволит нам ничего этого проделывать, он лучше нас знает, что нам нужно, он же железный и несгибаемый, а вовсе не тот тюфяк, готовый на все, в том числе посидеть с детьми, покуда мы в салоне накручиваем локоны и маникюрим ногти или отжигаем с коллегами на вечеринке!..

...А мы? Мы на что готовы ради них?.. О чем мы грезим, глядя в угол, где из пыльной напольной вазы торчат искусственные цветы? О ком?..

УЖ ЗАМУЖ
НЕВТЕРПЕЖ

Вечером, уже почти ночью, раздался звонок. Вроде уже все со всеми поговорили — мы разговариваем по кругу, сначала мама с сестрой, потом я с мамой, потом сестра со мной, — и ничто не предвещало!.. Но оказалось, что это как раз Инка, сестра.

— Слушай, — заговорила она быстрым, расстроенным, непохожим на ее обычный голосом, — к нам на участок забежал белый щенок. Уже темно, ничего не видно, но он точно где-то здесь болтается. Я не могу его найти!.. Все соседские собаки с ума сошли — так брешут, на заборы бросаются, они же его слышат! Все бы ничего, но он маленький, а ты знаешь... наших. Они его ни за что не пустят, прогонят!

«Наших» — это значит ее собственных собак. Их две — мастиф и акита, инь и ян, черная и белая, и они такие... серьезные ребята на серьезной службе. Они посторонних не то чтобы не любят, но... так себе, не очень. Не очень они по отношению к любым посторонним на участке — и к людям, и к щенкам.

— Что делать? — продолжала Инка очень быстро. — Макс на конференцию улетел, он бы придумал! А я одна. И даже поймать его не могу, он где-то в кустах засел. Боится, наверное, бедолага.

Макс, стало быть, Инкин муж, а улетел он, стало быть, на научную конференцию за далекую границу, и вызвать его оттуда, чтобы искать по кустам щенка, нет никакой возможности.

...Что делать?! Ночь, вот-вот дождь пойдет, соседские собаки брешут и сотрясают заборы, собственные собаки выжидают, но так нельзя оставить, они же не вечно будут выжидать, они вскоре пойдут пришельца... гнать. И вот что делать?!

— Так, подожди, не рыдай, — сказала я голосом очень деловым, — сейчас я разбужу Женю, и они с Мишкой к тебе приедут, найдут щенка и заберут к нам.

Женя, стало быть, мой муж, а Мишка — наш старший сын.

— Куда они его заберут? — уже по-настоящему заплакала сестра. — В твою квартиру?! Что вы с ним делать будете?..

— Там посмотрим, — сказала я, — а сейчас пока они поедут, найдут и заберут. Хотя бы светопреставление с воем и лаем соседских собак прекратится!

Я растолкала Женю, который со сна таращил глаза и спрашивал, что случилось, но быстро сообразил и стал одеваться, за шиворот вытащила Мишку из любовной переписки в планшете, и они уехали.

Вскоре вернулись.

С ними прибыл белый, грязный, длиннолапый, черноносый, очень веселый, четырех-примерно-месячный пес. Мы посмотрели на него и решили, что фамилия его будет Новосельцев, раз уж он приехал на поселение, — звать его будут Анатолием Ефремовичем.

И начались суровые будни. У нас есть наша собственная собака, довольно престарелая тетя, и явление Новосельцева нисколько ее не вдохновило. Мы выводили их по очереди — Новосельцева примерно раза четыре на день. Для того чтоб его вывести, по очереди среди дня приезжали с работы — то Мишка, то Женя, а Тимофей, младший сын, бросил тренировки. Какие тренировки, когда посторонний щенок прибыл и за ним нужно смотреть!

Видимо, его обижали или, может, запирали, потому что он не отходил от нас ни на шаг и требовал постоянного внимания. Он заглядывал нам в глаза, скулил, он выбрал в хозяева Тимофея и выл всякий раз, когда Тимофей пытался пойти принять душ.

Все это время мои мужики искали ему новых хозяев и дом — таких, чтоб навсегда. И нашли, представляете? Дедушка нашел, мой папа. Пока искали, чуть с ума все не сошли.

...Так вот, это история вовсе не про собак и не про подонков, которые их вышвыривают на улицу.

Эта история про то, зачем нужно выходить замуж, и еще немного про то, за кого следует выходить замуж!..

По крайней мере, именно так я назидательно излагала Мишкиной подруге Марине. Мы с сестрой ничего бы не смогли — одни, сами, без папы, Жени, Мишки и Тимофея!.. Без мужчин, понимаете? И пропал бы Новосельцев Анатолий Ефремович. Скажете, невелика потеря? Велика! Жизнь бы пропала, целая жизнь. А это очень много.

Но они — спасли. Они всегда нас спасают.

РОМАНТИКА
ДАЛЬНИХ СТРАНСТВИЙ

———

Съемка была назначена на вторник, а понедельник, как известно, день тяжелый. По понедельникам у меня всегда настроение хуже некуда. Опять все сначала, да?..

Вот все это:

...Сколько сегодня уроков? Ты что, забыл?! Зачем ты запихал в портфель физкультурную форму? Ах, ты ее просто не выложил с пятницы? Выложи немедленно! Почему ты в этих джинсах? Сними сейчас же, они грязные и с дыркой. Слава богу, еще не ввели обязательную школьную форму, вот бы мы с ней погорели! Нам бы пришлось тогда покупать по паре штапельных штанов в неделю, ибо даже джинсы, изготовленные из смеси каучука и «чертовой кожи», наш сын умудряется порвать в два приема! Танька, где пиджак, в котором я хожу на работу? Он в химчистке. В нем на работу уже нельзя, можно только в огород. Что ты говоришь, там в нагрудном кармане были очень ценные визитные карточки! Ценные карточки на комоде, посмотри. Где?! Я ничего не вижу! Они мне нужны именно сейчас! А не вижу, потому что — где мои очки?! Танька, где мои очки?!

И это же только начало! Понедельник — это расписание на неделю: куда я должна ехать и что там, куда приеду, делать. Когда я дохожу до пятницы, уже отчетливо понимаю, что на этой неделе мне точно не выжить, можно и не пытаться. Лучше сразу уйти в монастырь на Белом море и оттуда взирать на мирскую суету со снисходительной мудрой улыбкой человека, которому нет ни до чего дела.

...Как вы думаете, меня примут в монастырь?

...Мама, дай мне денег на экскурсию в Грановитую палату! Я должен был сдать еще в четверг, но забыл! Таня, я улетаю в командировку в Бухару, я должен был тебе сказать еще в пятницу, но забыл. Собери мои вещи, самолет вечером.

Нет, нет, в монастырь, в монастырь!..

Так получилось, что тему программы, на которую должна была прибыть во вторник, за всеми этими понедельничными радостями я профукала. То есть мне звонил редактор и говорил, потом звонил помощник редактора и говорил, потом снова звонил редактор, я слушала, кивала и записывала, а потом оказалось, что записала: «1) деньги на палату; 2) чемодан в Бухару; 3) пиджак из химчистки». Это все не то и отношения к теме съемки не имеет.

— Мы будем говорить про любовь, — объявила ведущая, и я немного струхнула. Мне трудно говорить про любовь в таком... «телевизионном» смысле этого слова. В «телевизионном» смысле я ничего о ней не знаю, даже не знаю, как она выглядит. Нет, нет, как раз знаю, но со стороны, как зритель.

«Телевизионная» любовь выглядит примерно так. Он — футболист (артист, фигурист, журналист). Она — пастушка. Она адски хороша собой. Он чертовски много зарабатывает. Вместе они — пара месяца, года, недели, нынешнего уик-энда. Вот их домик в Лондоне — показывают домик в Лондоне. Вот их квартира в Майами — показывают квартиру. Вот его лимузин с именем собственным вместо номера. Вот ее татуировка с именем любимого и сердечком или целующимися ангелками. Вот его бывшая жена — показывают бывшую жену, она мрачна. Вот ее бывший бойфренд — его тоже показывают, он циничен. Вот это чучело леопарда он подарил мне на юбилей, как раз исполнялось двадцать пять часов с тех пор, как мы познакомились и двадцать четыре часа с тех пор, как я осталась у него ночевать. Вот эту бейсболку, декорированную изумрудами и рубинами, она вручила мне, когда я отправлялся в Рио-де-Жанейро, там играл мой любимый футбольный клуб, и все ребята собрались поехать. Бейсболка с изумрудами и рубинами необходима, чтоб не напекло. Из любой точки земного шара в любое время суток он звонит мне, чтобы узнать, как я поспала и скушала ли утром кашу из пророщенных злаков. Он знает, что по утрам я кушаю кашу. А сам он кушает мясо, и мы вообще любим хорошо покушать, хотя я, разумеется, все время на диете, но иногда позволяю себе «отрываться». Показывают рестораны, где они кушают.

...Моя бабушка, между прочим, утверждала, что приличней сказать слово «жопа», чем слово «кушать». Я раньше не понимала почему, а теперь понимаю, честно!..

Так вот, про такую любовь — а это был рассказ про любовь, кто не понял, — я знаю только понаслышке, как все, из телевизора. И когда мне предстоит про нее рассказывать оттуда же, я теряюсь. Я понятия не имею, что же мне-то придумать?.. Ничего такого не придумывается. Чучела аллигатора нету. Ушанки с алмазами нету. Лимузина нету!.. Злаки мы тоже не кушаем.

Я бубню что-то малопригодное для жизни, например, что он очень интересный мужик, сам по себе интересный, я его знаю тридцать лет, а мне до сих пор интересно просто разговаривать, хотя и злит он меня своими догмами невозможно! Или что он надежен, как африканский слон: будет бежать и тащить воз столько, сколько нужно. Или что с ним весело на велосипеде кататься: он успевает крутить педали и еще что-нибудь мне рассказывать смешное.

Но это все не то. Это безумно скучно и воспринимается так, как будто я совсем отсталая и старая старуха. У меня какая-то старая и скучная жизнь и старая, скучная любовь.

Нет, я бы подготовилась и сочинила что-нибудь, но съемка была во вторник, а понедельник — день уж больно тяжелый.

Ведущая со мной совсем изнемогла. Она приставала и так и эдак, намекала на бриллианты и Майами, на романтику и «Мерседес».

— А в отпуск? — спросила она с тоской, когда стало ясно, что дело ни с места и интервью горит синим пламенем. — Куда он в последний раз тебя пригласил? В какую интересную и чудесную поездку? Может быть, вы летали на острова с белым океаническим песком? Или в колониальную роскошь Индии?.. Это же так романтично!..

...Ну а куда ей деваться-то? Ей нужно про колониальную роскошь и романтику, а тут я!..

Как на грех, ответ на вопрос, куда мы летали в последний раз, у меня был! Ура! Я проваливаюсь, конечно, проваливаюсь по всем статьям, но вот последний вопрос в билете случайно знаю!

И я бухнула:

— В последний раз вместе мы летали в Югорск! Это Северный Урал, прекрасное место.

Я еще только договаривала, а уже видела, как вытянулось у ведущей лицо. Нет, нет, незачет! Какой Урал? Какой Югорск?!

И я заторопилась:

— Он полетел в командировку на неделю, и так получилось, что у меня были два дня свободные. И мы договорились, что я туда к нему прилечу и мы два дня будем там жить в гостинице.

— И что? — уныло спросила ведущая. — Как там, в гостинице Югорска?..

Ах, как там было прекрасно, в этой самой гостинице! Там была еще зима, самая настоящая, и снег от крыльца дворник сметал в высоченные сугробы. У него была огромная метла и треух заячьего меха, а сам он был веселый, ему нравилось мести снег метлой. Елки и лиственницы на фоне синего ледяного неба казались нарисованными тушью. Я сходила в тамошний краеведческий музей, покуда муж мой был на работе. Он же полетел работу работать, а я просто так болталась. В музее было страшно интересно: он «интерактивный», нажимаешь кнопку — и крохотный тракторишка поехал, потащил вязанку дров, а в палатке зажегся огонек и запиликала рация. Композиция повествовала об освоении этих трудных северных земель. Музейные тетеньки меня узнали, притащили книжки на подпись, я подписала, и меня отвели в местную столовую, где нам с тетками было вкусно и весело.

Вечером мой муж приехал с газовой станции, где он собирал свои установки, и принес мне гостинец — два больших красных помидора. Оказывается, на таких станциях всегда много лишнего тепла, и предприимчивые начальники не обогревают этим теплом земную атмосферу, способствуя таянию полярных шапок, а оборудуют теплицы. В Югорске, в двух шагах от полярного круга, таким образом, круглый год есть в наличии свежие овощи и фрукты.

Мы взяли помидоры с собой в ресторан, нам из них сделали салат и подали в миске с синим цветком на дне.

И романтика на этом не кончилась!.. У нас был впереди целый вечер! Мы гуляли по крохотному городку, глядели на искусно вырезанные ледяные скульптуры, удивлялись тому, что у них здесь зима в разгаре, смотрели, как тренируются биатлонисты на освещенной трассе, оказывается, весь город Югорск повально увлекается биатлоном!..

А потом вернулись в гостиницу, где было тепло, чисто и сколько угодно горячей воды, и сидели в просторной ванне, и еще валялись, шептались, целовались, и утром нам так не хотелось улетать!

Нам хотелось еще немного побыть в Югорске, где все так прекрасно и романтично.

— Ну, спасибо большое, это было очень интересно, — сказала ведущая с некоторым легким презрением, и я поняла, что вряд ли меня еще раз пригласят в эту программу. Скорее всего, нет, не пригласят.

Вернувшись домой, к списку дел и оставленному утреннему разгрому, я посмотрела в словаре определение слова «романтика».

«Романтика — то, что содержит идею и чувства, эмоционально возвышающие человека. Условия жизни, обстановка, содействующие эмоционально-возвышенному мироощущению. Примеры: романтика творческих исканий; романтика трудных путей».

ПУСТЫЕ ХЛОПОТЫ

— Наши мужики, — говорит моя приятельница, прихлебывая капучино, — совершенные козлы!.. И чем дальше, тем хуже!.. Они даже комплименты говорить не умеют! И главное, не дают себе труда!.. Вот я только что из Италии, вот там — да! Там каждая женщина чувствует себя жен-щи-ной! Да ты же знаешь моего итальянца.

Я знаю ее итальянца, это точно. Он высок, строен, улыбчив, смуглокож, белозуб, набриолинен. От него в разные стороны как будто исходит сияние такой мощности, что отчетливо видны проскальзывающие в этом сиянии ярко-голубые искры.

— Он же все время, все время говорит комплименты! Не ленится и не стесняется. Да ты же знаешь!

Я знаю, как он говорит, он и мне сто раз говорил.

«Какие прелестные ноги. Не нужно прятать за очки такие выразительные глаза. Как тебе идет этот цвет» — это в мою сторону.

«Какая точеная фигурка. Не нужно носить такую большую сумку, ты ведь легка, как перышко. Как тебе идет этот фасон» — это в сторону приятельницы.

Я никогда не знаю, как реагировать на подобные комплименты, начинаю улыбаться в ответ идиотской улыбкой, оглядываться по сторонам в поисках путей к отступлению, подвиливать хвостом в надежде, что отвяжется.

Нет, просто я все знаю про свои прелестные ноги и невыразимые глаза! Может, там, в Италии, где так нравится моей приятельнице, ни одна женщина — жен-щи-на! — ничего про свои ноги и глаза не знает, а я-то знаю!.. Ноги у меня как ноги, сказать так себе — ничего не сказать. От сидячей работы отекают немного, по весне отдают в зеленый цвет. Глаза тоже... Не надо было вчера на ночь трескать соленые огурцы, не было бы отеков, сидеть за полночь с уроками Тимофея тоже не стоило, не было бы черноты под ними. А так, что говорить, красиво, конечно!.. Ему, этому набриолиненному мастеру комплиментов, видней.

Впрочем, должно быть, я просто закомплексованная дура. Не умею принимать от мужчины восхищение. Надо, надо учиться, а то скоро на пенсию, а я все еще не научилась!..

Да что комплименты! Ухаживания тоже не умею принимать! То есть делать так, как нам, женщинам — жен-щи-нам! — предписывают глянцевые журналы, этот незыблемый свод правил, эта конституция, эта Библия любой современной особы!

С ухаживаниями по правилам, надо сказать, дело вообще не задалось.

...Программа была посвящена каким-то весенним праздникам, в общем, что-то легкое и приятное, и эфир утренний, и канал федеральный, вроде окончательных глупостей показывать не должен.

Я должна была поздравить всех с праздником, а ведущие должны были поздравить меня. Как выяснилось уже непосредственно на съемке, меня — и всех женщин страны! — еще должен был поздравлять... стриптизер.

Сейчас я не шучу, прошу отнестись серьезно.

Только я разместилась на диванчике, напротив ведущих, только красиво разложила вокруг юбочку, чтобы в камере смотрелось изящно, только пристроила на свое невыразимое лицо улыбку, как из-за операторов в студию вошел атлет. Тоже некоторым образом невыразимый.

Он был по пояс голый и в гаремных шароварах. По выпуклым татуированным плечам струились завитые локоны. Бицепсы и трицепсы в некоторых местах перехвачены черными кожаными лентами. Атлет мрачно посмотрел по сторонам, уселся рядом со мной на диванчик, примяв трепетные складки юбочки, и хищно заулыбался в камеру.

— Вот и Александр! — возликовали ведущие. — Татьяна, Александр — знаменитый стриптизер, и в нашей утренней праздничной программе он будет рассказывать и показывать (если вы не возражаете, конечно), как нужно ухаживать за женщиной по правилам!..

Он знает все об искусстве соблазнения! Он научит всех мужчин по ту сторону телевизионного экрана, как доставить женщине маленькое праздничное удовольствие.

...Нет, я не возражаю, конечно, но вы меня тоже поймите! Что значит «показывать»?! Пусть он что угодно показывает, но я обязательно должна смотреть, как он станет учить мужчин по ту сторону экрана? Мало того смотреть — еще и участвовать!.. И юбочка меня беспокоила очень. Она была надета в первый раз, прелестная юбочка, а тут на нее сели! Как бы вытащить незаметно?..

Мотор, камеры идут, начали!..

— Александр, вот вы стриптизер, так сказать, профессиональный соблазнитель, — жизнерадостно начал ведущий. — Вы знаете об этом все. Что нужно делать, чтобы женщина почувствовала себя самой красивой, привлекательной, желанной?..

— Нужно... это... нужно... в общем, это непросто. А, вот! Это искусство, в общем.

Ведущий, несколько споткнувшийся об ораторское искусство стриптизера, немного увял и попросил его прямо сейчас продемонстрировать искусство соблазнения и то, как следует поухаживать за гостьей, то есть за мной. Я в этот момент тащила из-под него юбочку, бросила, сделала сладкое лицо и стала дожидаться ухаживаний.

В тесной студии, утыканной камерами, грянула жаркая аргентинская музыка. Мы встали с диванчика, стриптизер Александр осклабился, то есть заулыбался очаровательной улыбкой и стал давать мастер-класс.

— Нужно смотреть женщине в глаза, — объявил он и уставился мне в очки. Очень близко. Я подалась немного назад, потому что он сопел мне в физиономию и пахло от него... не очень.

— Нужно крепко держать ее руку. — Тут он как следует притиснул меня к своему торсу, не отводя взора. Оказавшись в такой непосредственной близости, я обнаружила, что некоторые его татуировки еще свежи, кожа не поджила, кое-где покрыта синей засохшей коростой. Я дрогнула и отвела глаза.

— Нужно говорить ей комплименты! — торжествуя победу, объявил стриптизер и сказал мне в ухо: «Как вы прекрасны. Какие у вас выразительные глаза».

Под знойную музыку он стал ворочать меня туда-сюда, что было непросто: мои метр восемьдесят роста ворочать в принципе довольно сложно, а еще я была озабочена юбочкой. Я боялась, что соблазнитель на нее наступит, и тогда в роли стриптизера окажусь я, а мне не хочется. Еще я была озабочена операторами: как бы в порыве мы с кавалером не свалили кого-нибудь из них с их многотысячедолларовыми камерами!..

— Вы прекрасно танцуете, — зудел мастер соблазнения мне на ухо. — Вы божественно и легко двигаетесь. Вы первая женщина, с которой мне так приятно танцевать!

Если бы это продолжалось еще какое-то время, мы бы точно свалили оператора и нанесли федеральной телерадиокомпании гигантский ущерб, но тут музыка смолкла, и мы вернулись на диванчик. Я плюхнулась кое-как, и шут с ней, с юбочкой, а стриптизер Александр раскинулся рядом со мной с грацией молодого тигра. Время от времени он вопросительно поглядывал на меня: довольна ли я произведенным эффектом.

...Еще бы! Я была вне себя. От экстаза, разумеется.

— Зачем вы стриптизера на эфир приперли?! — после съемки спрашивала я в буфете режиссера программы.

— Да мы думали, это смешно будет, — отвечал режиссер. — Тебе кофе с сахаром, да?.. И два пирога с мясом! Ты же будешь, да?.. Кто ж знал, что он такой... тупой?

— Нет, все стриптизеры просто в силу профессии должны быть ума палата! Это ясно ежу.

— Ладно, проехали. Я на монтаже склею как-нибудь, посмешнее. Видео подложу, где

Остап Бендер с мадам Грицацуевой танцует, помнишь, из фильма?..

Мы быстрыми глотками пили кофе, жевали пироги, торопились, и, как всегда, некогда было поговорить.

— Слушай, — сказал он, убегая. — Ты сегодня выспалась, что ли? Выглядишь хорошо!

Хотела я ему сказать, что про это и нужно было в эфире рассказывать, но не успела, он умчался: у него следующая съемка, а потом монтаж!

Вот про то, что сказать можно и нужно: да, я выспалась, да, я сегодня свежа, а вчера была не свежа, и какой буду завтра, еще неизвестно! А еще у меня юбочка новая, а я в ней стройная, правда? И вообще на дворе весна, лучшее время в жизни, потому что впереди главное — лето!.. Сейчас во время долгих праздников мы, чаровницы, еще малость подзагорим на своих участках или просто гуляя по парку, и вообще будет глаз не оторвать!

Ну да же? Да, да!..

А стриптизер ничегошеньки не понимает в соблазнении, как и тот итальянский мужчина. Они следуют неким правилам, давно и плохо придуманным, да и следуют не особенно зажигательно, так, для проформы. Женщина любит комплименты — вот тебе комплимент. Женщина любит, когда ей смотрят в глаза, — ну, я смотрю.

Мне кажется, он толком и не знает, зачем во время стриптиза извивается и стягивает с себя трусы. Нет, понятно зачем, но... *зачем*?!

ПРО УРОДОВ
И ЛЮДЕЙ

Нет, меня это всегда удивляет до глубины души, честное слово!.. Вот всякие такие высказывания про зрителей, слушателей и читателей: «Почему наш зритель так любит кровь на экране? Почему наш слушатель так любит гнусную попсу, а читатель в таком восторге от подростковой порнушки?!» Самое главное: вот этот пресловутый «наш зритель (слушатель, читатель)» — это кто?! То есть есть некие «мы» — умные, ироничные, интеллектуальные особи, ничего такого, конечно, не смотрящие, не слушающие, не читающие, но всю эту ересь производящие, и есть некие «они» — разумеется, туповатые, кондовые, посконные и домотканые, их большинство, которые как раз смотрят, слушают и читают, то есть потребляют, и никак нам общего языка не найти, так получается?..

Я расскажу вам, как получается.

«Средний» зритель, слушатель и читатель — это я. Я люблю ходить в кино. В машине я всегда слушаю музыку. Я читаю много разных книг.

Если фильм мне не нравится, я ухожу из кинотеатра в середине сеанса, тяжко вздыхая, — денег жалко и времени. Если музыка гнусная, переключаю приемник на другую частоту. Если книжка написана хреново, я ее не покупаю — определить это очень просто: нужно прямо в магазине прочитать по полстраницы в начале, потом в середине, потом в конце. Меня невозможно заставить полюбить «кровь на экране» — я не стану смотреть, ибо у меня есть выбор, каналов-то миллион. Заставить меня слушать песню «Ах, какой мужчина-а-а, сделай мне скорей сына-а-а, люблю тебя оче-е-ень, так что можно и доче-е-ерь!» тоже затруднительно, и по той же причине я не слушаю, и все тут. Ну и книг идиотских не покупаю, и еще ни разу такого не было, чтобы автор идиотской книги, ворвавшись, к примеру, ко мне в дом, привязал меня к стулу и принудил читать его произведение при нем, чтоб я не могла от него отвязаться.

Вот про то, что «зритель (слушатель, читатель) любит», — не нужно, а?.. Потому что зритель — это я, и точно знаю, что люблю, а чего не люблю.

Если фильм мне интересен и, допустим, про войну, «кровь на экране» — часть событий, от нее никуда не денешься, бескровных войн не бывает. Абадонна, как известно, «на редкость беспристрастен и равно сочувствует обеим сражающимся сторонам» — всегда. Иными словами, там, где война, всегда льется кровь. Отдельно от фильма «кровь на экране» я не люблю, боже избави!.. Помните анекдот про человека, которого спрашивали, любит ли он помидоры, и человек отвечал: «Кушать — да, а так — нет!» Вот и я тоже! И, уверяю вас, все остальные посконные, кондовые и домотканые особи точно так же. Если песня зажигательная, музыка и текст имеют смысл, мне наплевать, что автор рифмует отглагольные окончания или с терциями что-то не то. П. И. Чайковский написал бы получше. Вполне возможно, так оно и есть, но я все равно слушаю. Если книжка хороша и умна, я осилю и корявую эротическую сцену. Мало ли, ну не получилась сцена, и шут с ней, зато все остальное хорошо! Общеизвестно, что у настоящих, хороших писателей в текстах очень мало «красивостей», и книги они затевают решительно не красоты ради, и пишут подчас не слишком гладко, а иногда и вовсе неудобочитаемо, ну и что?!

Но это только в том случае, если написанное, сыгранное, спетое, снятое *имеет смысл*. Если не имеет — пиши пропало.

Я включаю телевизор, а там внутри молодой мужчина, заросший по уши корсарской щетиной, в распахнутой на груди рубахе и расстегнутых брюках, лапает прекрасную красавицу в крохотном костюмчике медсестры, купленном явно в магазине «нескромной одежды», — есть такие магазины, я читала. Красавица взвизгивает, льнет, ластится, крохотный костюмчик вот-вот лопнет на самых красивых местах. Корсар рычит и наседает. Со стола — дело происходит на столе — разлетаются бумаги и мобильные аппараты. Вот-вот мы, посконные и домотканые, станем свидетелями... Но чу!.. В дело вмешивается как раз мобильный аппарат. Он звонит в самый решительный момент. Корсар спрыгивает с красавицы — она обиженно надувает губки и некоторое время продолжает шарить у него в брюках — и отвечает на звонок. Ребята, дальше происходит нечто, поражающее мое зрительское воображение и приводящее меня в состояние козы, которая пялится в афишу, то есть в экран! Что же выясняется? Выясняется, что полуголый корсар суть доктор-врач-профессор-хирург и его срочно вызывают в операционную, где он должен спасти жизнь золотоволосому мальчугану, по недосмотру угодившему под трамвай. Красавица, прибарахлившаяся в магазине «нескромной одежды», вовсе не играет в ролевые игры, а носит форму потому, что она — сестра милосердия. На ходу застегивая брюки, корсар мчится по вызову, следом поспешает красавица, запихивая рвущийся наружу темперамент в вырез форменной кофточки.

Они — эти двое — жертвы долга. Они спасают людей. Они профессионалы. Каково?!

...Дело даже не в Станиславском и пресловутом «не верю». Дело в том, что я, зритель, чувствую себя... странно. Я точно знаю, что так не бывает и не может быть никогда, что это глупое, унылое, тяжеловесное вранье и пошлость, но ведь почему-то мне это показывают! За кого меня, зрителя, принимают создатели кинокартины?.. Или они меня ни за кого не принимают, и вообще обо мне не думают, и все это снято просто для того, чтобы «освоить бюджет»? Нет, ради бога, я не возражаю, осваивайте сколько хотите, только зрителей в это дело не вмешивайте, зачем они нужны-то? «Украл, выпил — в тюрьму! Украл, выпил — в тюрьму!» Сняли, выбросили в помойку, опять сняли, опять выбросили, но показывать?! А потом вопрошать, почему же мы так любим «кровь, насилие, чернуху и порнуху»?!

Мы не любим — вот в чем дело.

Мы, как и все люди на свете, любим другое, человеческое, грустное, смешное, может, и не умное, но осмысленное.

Помните княгиню Мягкую у Толстого? Она была популярна в высшем свете и слыла умной и интересной женщиной, а все потому, что говорила «хотя и не совсем кстати, но простые вещи, имеющие смысл. В обществе, где она жила, такие слова производили действие самой остроумной шутки».

Хорошо бы снимать и показывать нечто, имеющее смысл, вот в чем штука! Только не подумайте, что я сейчас заведу речь о падении нравов, о молодом поколении, которое «не оправдало», о детях, приросших к планшетам, и о пользе чтения как такового. Конечно, хотелось бы, чтобы люди читали книги, ибо если у человека нет привычки к чтению — это трагедия, и точка. Вот именно так — трагедия. У человечества один источник сведений о жизни, Вселенной и вообще — это книги. Если человек по какой-то причине не научен из этого источника питаться, он погиб. Есть очень опасные младенческие болезни — когда ребенок рождается и все вроде бы ничего, а потом болезнь начинает прогрессировать, и, если ее не лечить, человек умрет, и очень скоро. Точно так же и с душой. Если ее ничем не питать, то есть книгами, больше ей нечем питаться, собственными эмоциями и собственными ничтожными знаниями, а у одного человека, будь он даже семи пядей во лбу, знания всегда ничтожны, не прокормишься — душа погибает. Останется тело, которое ест, пьет, спит, отправляет естественные надобности, воспроизводит себе подобных, но... не живет. Это совершенно другая тема, и она настолько огромна, что рассуждать здесь о ней как-то глупо. И я вовсе не призываю, чтобы во всех фильмах, сериалах,

шутейных программах и кулинарных шоу ведущие и участники непременно «давали сурьез»!
Тем более в последнее время этот «сурьез» нас
так пугает, что мы моментально затуманиваем-
ся, как только видим на экране титр «Баллада
о мечтателе. Несколько дней из жизни К. Э. Циолковского». Мы заранее пугаемся, что Кон-
стантин Эдуардович не сможет нас как следует
развлечь, ничего смешного не покажут, тест на
отцовство проводить не будут...

Как только продюсеры (режиссеры, сценаристы, поэты, писатели, музыканты) догадаются
почитать Льва Николаевича (Бориса Леонидо-
вича, Михаила Афанасьевича), нам, зрителям,
полегчает, я думаю. Нам перестанут показывать
культуристов, выдавая их за врачей или инже-
неров, и топ-моделей, выдавая их за бухгалтерш
и крестьянок. Драки будут демонстрировать
только в том случае, если это необходимо для сюжета, а в остальное время — вишневый сад. Или
яблоневый, на худой конец.

И — самое главное! — нас, зрителей, перестанут убеждать в том, что это *наш выбор* и какие-то мифические рейтинги это подтверждают!
Врут рейтинги. Возможно, есть некая инер-
ция — человек включает телевизор на опре-
деленной кнопке в определенное время и занимается своими делами, не глядя на корсара
и «маху обнаженную», а рейтинг думает, что
«зрителю нравится». Возможно, телевизор показывает две программы, полным-полно городов
в России, где так оно и есть, а рейтинг считает,
что «зритель осуществил осознанный выбор».
Ничего он не осуществил. И выбора никакого нет.

Я — как зритель (слушатель, читатель) — хочу хорошего кино, неглупых песен, интересных книг. Ибо недополучение вышеперечисленного ведет к полному и беспросветному одичанию. А одичать мне бы не хотелось.

СЧАСТЛИВЫЙ ДЕНЬ

Разговор об этой самой экскурсии зашел первого января, ну вы понимаете!.. Первое января — самое время планировать экскурсии, поездки, пикники, летний отдых, зимние забавы и всякое такое, ибо шампанского в холодильнике еще много, на работу пока не надо, завтрак самое раннее в три часа дня, в телевизоре комедия или песнопения, на елке огоньки, никто не ссорится, все довольны, и подарки еще не потеряли новизну и привлекательность.

Сразу хочется чего-то... эдакого. Небывалого. Несбыточного. Невозможного. Наример, пятого января. Вот на экскурсию поехать.

Каждый год первого января к пяти часам мы отправляемся в гости к друзьям и там веселимся от души. Шампанского во всех холодильниках очень много. Люди все родные. Елка упирается в потолок. Дедушка Мороз — правда! — водит хоровод и поет, а мы подпеваем и приплясываем. И строим всякие планы. В этом году мы твердо-претвердо решили ехать на экскурсию. Сейчас еще шампанского и уже можно ехать!.. Когда мы в последний раз были на экскурсии? Вот то-то же, никто не может вспомнить, а, между прочим, жизнь проходит мимо — в этом смысле.

Потом, ясное дело, наступило третье января, потом пятое, потом нужно на работу, начало года, командировки, срочные дела, причем в каком-то необыкновенном количестве, кажется, в прошлом году все же было как-то не так, как-то полегче было, ты не помнишь? А что мы делали в прошлом году в это время?..

Ленка прислала угрожающую записку — терпеть я не могу слова эсэмэска! В том смысле, что экскурсия уже через неделю, а мы ни с места. Билетов нет, программы нет, и вообще как будто не едем!

Я помчалась и купила три билета — нас как раз трое, три грации, Лена, Арина и я. Потом оказалось, что Ленка тоже купила билеты, и нужно кого-то брать с собой, чтобы «места не пропадали». Хорошо, возьмем детей. Им-то уж точно нужно просвещаться, мы же едем просвещаться!.. Понятное дело, из «веселых девчонок» и «граций» мы моментально превращаемся в «женщин-матерей», а это уже немного не то, что планировалось первого января, ну и ладно! Мы всегда на посту! Мы всегда готовы действовать в интересах семьи и детей! Мы всегда...

Тут позвонила экскурсовод Татьяна Алексеевна в некоторой панике. Это совсем не детская экскурсия, сказала Татьяна Алексеевна робко, опасаясь, что мы будем настаивать на просвещении детей. Лучше взять их с собой в другой раз, сказала Татьяна Алексеевна, когда программа будет более подходящей. Пришлось приглашать с собой мужей, и они почему-то согласились.

Чем ближе к воскресенью, то есть к экскурсии, тем отчетливей мы понимали, что ехать нам совершенно расхотелось. Мало ли что было первого января, когда в холодильнике полно шампанского, а до работы еще целая вечность!..

Сейчас, сегодня все не так.

Во-первых, воскресенье — единственный день, когда можно выспаться, а получается, что нельзя, ибо автобус уходит с Садовой-Кудринской в 8.45 утра. Боже, помоги нам!.. Во-вторых, воскресенье — единственный день, когда можно осязать детей, а получается, что нельзя, ибо мы уезжаем в 8.45 утра, а они остаются, и как пить дать не будет никаких уроков и полезной трудовой деятельности, а будет друг Диман, партия в настольный «Вархаммер» и заказ пиццы по телефону. В-третьих, воскресенье — единственный день, когда можно соорудить «задел» до будущего воскресенья, постирать, погладить, сварить бульон, чтобы заказ пиццы по телефону не перешел в привычку.

И еще непонятно, что надевать? Вот что надевать?.. По плану мы возвращаемся на Садовую-Кудринскую часов в десять вечера, целый день в пути, нужно одеться «тепло и удобно», это что значит?.. Лакированные ботинки, столь милые сердцу на работе, и короткая шубейка дивного невесомого меха — моя бабушка утверждала, что такая шубейка называется почему-то «полперденчик», — не годятся решительно, это никак не тепло и уж точно совсем не удобно! Тогда что? Спортивный костюм, шапку и пуховик? Валенки, шубу и «оренбургский пуховый платок»? Где мой «оренбургский пуховый платок»?

Слушай, я, наверное, не поеду. Нет, ну мы же собирались! Ну раз в жизни-то — вот в этой, взрослой, — можно поехать! А голос в трубке нерадостный, и чувствуется, что тоже неохота, совсем неохота, но ведь ввязались, надо ехать!..

В ночь с субботы на воскресенье еще похолодало, высыпали звезды, как в Диканьке, и до рассвета было еще очень далеко, когда мы двинули на экскурсию. В автобусе было пятьдесят экскурсантов, все сонные и вялые. Никаких детей, программа «взрослая».

Я, ежу понятно, опаздывала, и подруги «заняли мне место» — я знаю, так полагается еще с тех времен, когда на экскурсии нас с сестрой возила мама. Пробравшись ко мне по узкому, как в самолете, проходу, насмешливая Арина сказала в ухо:

— Вот и мы теперь пенсионеры! Едем в воскресенье на автобусную экскурсию!

Автобус неторопливо поплыл прочь из Москвы по абсолютно пустым улицам, залитым электрическим светом, я приготовилась спать, но почему-то расхотелось. Так странно было ехать и знать, что автобус увозит меня на целый день, и сейчас я окажусь в незнакомом месте, которое любил человек гениальный и странный, совершенно для меня непонятный, написавший когда-то, «что радость будет, что в тихой гавани все корабли, что на чужбине усталые люди светлую жизнь себе обрели».

Очень скоро мы приехали в рассвет — мелькавшая за зимними деревьями глубокая чернота стала снизу наливаться розовым и оранжевым, и там, где розовое и оранжевое касалось черного, все становилось почему-то синим, и оказалось, что уже нет никакой темноты, а есть голубое утреннее ледяное небо. И еще целый день впереди!.. И вообще все еще впереди.

На заправке, где предполагалась «минутка отдыха», мы с Ариной страшно захотели есть и нацелились на шоколадки и орехи в пакетиках, но бдительная Лена нам не разрешила — как мож-

но?! Вы что, не завтракали?! Мы с Ариной про-
блеяли, что не завтракали. Нужно было дома позавтракать овсянкой и сыром, а не пихать в рот на
заправке всякую ерунду! Мы послушно отошли от
шоколадок и стали совещаться, как бы нам усыпить Ленкину бдительность. День еще почти не
начался, а уже страшно хочется есть! Усыпить
не удалось. Лена ведет по телевизору программу
«Здоровье» и точно знает, что нам полезно, а что
нет, и мы ее слушаемся, так уж повелось.

В наш теплый корабль-автобус мы тем не менее вернулись в прекрасном настроении — мы
едем на экскурсию, и у нас еще весь день впереди! Вскоре с восемнадцати- или сорокаполосной
дороги мы свернули на узкую деревенскую, где
на обочинах высились наваленные снегоочисти-
телем сугробы, на заборах сидели недовольные
утренние коты, и бодрые дядьки в ушанках и те-
логрейках орудовали лопатами, отбрасывали снег
от невысоких крылечек. По деревенской дороге мы ехали долго и интересно, а потом автобус
остановился — дальше расчищена только узкая
дорожка, не проехать, к дому на горушке нужно
подниматься пешком.

Какие-то ребята катались с длинной ледяной
горки — у-ух!.. — уезжали далеко-далеко, голоса
отчетливо звучали в морозном и чистом воздухе,
мелькали разноцветные помпоны и комбинезо-
ны. Снеговая пыль, похожая на бриллиантовую,
переливалась между ветками берез, и мы остановились и долго смотрели, как она перелива-
ется. Синие плотные тени лежали на сугробах,
и приходилось зажмуриваться, переходя из тени
в свет, на ослепительное и яростное солнце. Ка-
литка проскрипела, пуская нас, и с верхней пе-
рекладины бесшумно обрушился пласт легкого
и чистого снега.

Мы провели в небольшом сером доме несколько часов. Мы слушали экскурсовода, не смея пошевелиться. Мы смотрели по сторонам и в окна, где был сад, спускавшийся с холма к зимнему лесу. Потом мы мчались по узкой расчищенной дорожке к автобусу, а нас все ждали, а мы опоздали, потому что никак не могли уйти из заснеженного сада, от кустов старой сирени, от террасы с широкими и пологими ступенями, все нас тянуло побыть еще немножко!

Наш теплый корабль поплыл по снеговым волнам и вскоре приплыл к железным воротцам пансионата «Орбита», где нам был обещан обед. Тут мы вспомнили, что нам невыносимо хотелось есть еще на заправке, и мы помчались на обед большими прыжками, и занимали друг другу место — так положено на экскурсии!..

На обед были борщ с пампушками, «битки паровые», огромный чайник огненного чаю, а к нему плюшки, щедро посыпанные сахарной пудрой, все очень вкусное и какое-то... настоящее. Плюшки мы тоже съели, и Ленка не возражала нисколько. Стены столовой, где наша экскурсия обедала за сдвинутыми столами, были почему-то расписаны сценами из жизни Древнего Рима — люди в тогах и сандалиях, колонны, портики и дымящиеся вулканы, — и мы с удовольствием рассматривали сцены.

Когда мы вывалились к автобусу, большая худая собака подошла поздороваться, и мы несколько раз сбегали в столовую за угощением. Собака угощение приняла, а повариха сказала, что собака болела долго, а сейчас только поправляется, оттого и худая.

И день продолжался!.. Мы бродили возле храма, где венчался когда-то тот самый гениальный человек, что написал про девушку, которая «пела в церковном хоре», смотрели с обрыва на замерзшую речку, и зуб не попадал у нас на зуб от восторга и холода.

Мы возвращались в Москву ночью, притихшие и уставшие от радостных сегодняшних переживаний, когда вдруг один из наших мужей, попросив у экскурсовода микрофон, сказал на весь автобус:

— Сегодня был один из самых лучших дней в нашей жизни. Не знаю, как это так получилось. Но зато я точно знаю, что мы будем вспоминать его всю жизнь. Он заканчивается, конечно, но все-таки он у нас был!

И все зааплодировали.

На Садовой-Кудринской, запруженной машинами и людьми, мы сговорились, что через две недели опять поедем на экскурсию. Только детей с собой возьмем. Чтобы им тоже потом было что вспомнить.

НЕЧАЯННАЯ
РАДОСТЬ

В декабре у Инки, сестры, день рождения. Где-то за неделю до «даты» мы двинули за подарком — Мишка, старший сын, за рулем, мы с мамой пассажирками. Сделав дело, мы бродили по огромному, почти пустому магазину «при заводе». На заводе делают ювелирные украшения, а в магазине их продают. Мы не собирались ничего покупать, подарок-то мы уже купили, и просто рассматривали витрины. Продавщицы были с нами терпеливы, но нам все равно было неловко, и тут их внимание отвлек мужик, самый обыкновенный мужик в распахнутой синей куртке и невзрачном кепарике на круглой бритой голове.

— Девушки, — громогласно обратился мужик к стайке приветливых продавщиц, — мне надо подарочек супруге на Новый год выбрать!..

Я его узнала, только когда он обратился — по громогласности и чудовищному слову «супруга». До этого не узнавала, а когда он так сказал — узнала.

...Ариадну я знаю давно, еще с телевизионных времен. Когда мы все начинали, она была уже опытным редактором и учила нас, желторотых недоумков, правильно писать тексты. Правильно — это значит в соответствии с материалом.

Нам, корреспондентам, по тогдашней дикости и неподготовленности и в голову не приходило, что текст официального репортажа из Государственной думы должен отличаться от комментария к выставке орхидей из Ботанического сада, как текст «Илиады» от изречений Козьмы Пруткова. Мы все одинаково шпарили! «На сегодняшнем заседании Государственной думы был рассмотрен вопрос об учреждении специальной комиссии, которая возьмет на себя подготовку законопроекта о возможности содержания в малогабаритных квартирах крупного рогатого скота». «На сегодняшнем открытии выставки орхидей в Ботаническом саду был поставлен вопрос о возможности выращивания теплолюбивых растений в климатических условиях средней полосы». Ариадна наши материалы браковала, нещадно правила, заставляла переписывать по сто раз, за что мы ее ненавидели, конечно. Нервные быстро поувольнялись, стойкие научились и благодарны ей по сей день.

Еще у нее был роман — на работе всем известно обо всех романах, а у нашей Ариадны был не просто какой-нибудь роман, а роман с артистом!

Артист был сказочно хорош собой. Вот просто как будто его писал художник Иванов — одухотворенное лицо, скорбный взгляд, интересная бледность, кудри до плеч. От него невозможно было оторвать взгляд, даже когда он просто стоял, опустив глаза, и дожидался лифта. Он стоял, опустив глаза, а все вокруг на него смотрели, ничего не могли с собой поделать. И у него был роман с нашей редакторшей Ариадной!..

Какое-то время спустя выяснилось, что Ариадна почти наша соседка — мы живем в Кратове, а она в Малаховке. Все это старые дачные места. Когда-то в Летнем театре здесь пел Шаляпин, Фаина Раневская именно здесь, посмотрев спектакль, поняла, что родилась для того, чтобы стать артисткой, Вертинский жил рядом. Чего только не происходило на этих станциях железной дороги — Малаховка, Ильинская, Отдых, Кратово!..

И мы стали время от времени наезжать к Ариадне в гости.

Это были такие специфические гости, куда никогда нельзя было приехать с детьми — Ариадна их терпеть не могла. В старом доме висели старинные портреты и стояла почерневшая от времени мебель. Особенно меня поражали цветные витражи на летней застекленной веранде! От них на траве получались как будто акварельные брызги!.. Ее родители, по-моему, умерли, когда она была совсем юной, а тогда она казалась совсем старой — лет тридцать, наверное. Ее артист тоже иногда бывал с нами. Как она за ним ухаживала!.. Как красиво и с каким достоинством!.. Тогда я в первый раз в жизни — и, пожалуй, в последний — своими глазами увидела, что означает выражение «не могу на тебя надышаться», как именно это выглядит! Ариадна не могла надышаться на артиста. Она внимала каждому его слову, она только взглядывала на него, и у нее светлело лицо, она улыбалась, и было понятно, что улыбается она только ему одному, остальные ни при чем, их нет!..

Иногда захаживал сосед Георгий Александрович, бывший летчик-испытатель, громогласный, лысый мужик, который отчего-то артиста терпеть не мог и все время над ним подшучивал. Ариадна соседа старалась выпроводить как можно быстрее и выпроваживала деликатно, но твердо.

...А потом артист ее бросил, конечно. Ему предложили работу то ли в Германии, то ли во Франции, то ли он наврал, что предложили. Он сказал Ариадне, что все кончено, он больше не любит и вообще его таланту нужен простор, а где тут у нас простор?.. Нету никакого простору!..

Мы всерьез опасались, что она теперь умрет. От нее ничего не осталось. Написала бы, что «она превратилась в тень» или «она очень страдала», но это все неправда. Ариадны не стало. Появилась какая-то незнакомая, старая, неряшливая женщина, которая все забывает и за которой надо хорошенько смотреть, чтобы она не подожгла дом, например.

Так продолжалось несколько лет — довольно много лет. Мы редко виделись, с ней невозможно было ни разговаривать, ни просто находиться рядом. Потом сосед Георгий Александрович вдруг сделал ей предложение — с ума совсем мужик сошел! Он много лет вдовел, у него окончательно и бесповоротно выросли дети, и он... сделал предложение Ариадне.

Она сказала ему, что скоро умрет и даже не понимает, почему до сих пор не умерла, давно пора бы, но, пожалуй, выйдет за него, чтобы дом не пропал. У нее никого нет. Она умрет, и дом пропадет, а так останется Георгию Александровичу.

...Сейчас я думаю: как же он решился, что он мог знать о будущем? Сейчас я думаю: как же она согласилась, разве что в многолетнем помрачении и угаре?

С тех пор прошло пятнадцать лет, и он приехал в ювелирный магазин покупать «подарок супруге».

Продавщицы хлопотали вокруг него, а я старалась не обнаружить себя. Серьги были выбраны и упакованы в коробочку с бантами, но ему, видно, очень хотелось поделиться предстоящей радостью!

— У нас дома железная дорога есть, — рассказывал Георгий Александрович продавщицам, — мы ее вокруг елки пускаем, внуки очень любят! А там такой паровозик, из окошка дед-мороз торчит! Так я ему в мешок сережки подложу, а паровозик супруге привезет!..

Продавщицы напутствовали его, чтоб он коробочку припрятал хорошенько. Он обещал припрятать, повернулся и увидел меня.

— Тата! — радостно сказал он. — Вот дела! Сто лет не видались! Чего вы не приезжаете-то?!

Я что-то промямлила.

— Давайте к нам на праздники, давайте! У нас весело будет, дети съедутся, внуков привезут! На лыжах пойдем на озеро! Алька очень любит на озеро на лыжах! Она твои книжки читает, вспоминает тебя, а ты не едешь!

Алька — надо понимать, бывшая Ариадна.

— Вот в сентябре ей пятьдесят лет было, телефон твой искали, не нашли, хотели в гости позвать!

Я записала телефон для Альки и спросила, кем она сейчас работает.

— Так сценарии пишет, — объявил ее супруг с гордостью, — по телевизору то и дело показывают! Ты вечером посмотри второй канал! Так про любовь закручивает, даже меня слеза прошибает!.. Ну, ждем, ждем на праздники!

...А я представляю себе, как под елкой поедет паровоз с дедом-морозом, а в мешке у него будут серьги, и как она их найдет и вденет в уши, и станет бегать к зеркалу и целовать своего любимого мужа, а на сугробах будут лежать акварельные пятна от разноцветных витражей.

ЧТО ДЕЛАТЬ?..

«Я научилась просто, мудро жить, смотреть на небо и молиться Богу» — вот бы научиться!..

Я все учусь-учусь, но пока ни с места. То есть иногда получается так пожить, но уж очень недолго. Часа два, не больше. Эти два часа — да!.. Я живу «просто и мудро» — не скорблю о прошлом, не боюсь будущего. Радуюсь воробышку, которого принесло на наш подоконник, и звукам песни «То березка, то рябина», которую уж седьмой год не может разучить девочка соседей сверху. Я не думаю о том, что будет, когда строительная компания и горсовет воткнут нам под окна еще несколько многоэтажек. Я не прикидываю, где взять денег на отпуск, — если не найдем, опять в этом году без отпуска, ну и ладно, значит, ничего не поделаешь. Я просто живу — варю кофе, пью кофе. Придумываю поворот сюжета в новом романе, глядя в окно, за которым пока еще видно небо, и это прекрасно. О том, что я опаздываю и мне по первое число всыплет издатель, я в этот момент не забочусь. Переживем, и не такое переживали!..

Потом наваливаются дела, и «простота и мудрость» медленно и печально растворяются в воздухе, как кентервильское привидение. Я провожаю их глазами. Я знаю, что дальше.

Дальше я с высунутым языком, как собака на жаре, стану метаться, прикидывая, за что приняться в первую очередь. Роман не дописан — осталось немного, но ведь и это самое «немного» надо дописать, допридумать, доосознать. Если я не успею до такого-то, мне влетит от издателя, а это очень противно, обидно, унизительно! Каждый раз — как будто в первый. Нет, я переживу, конечно. И не такое переживала, но — не хочу. Нужно организовать Тимофею некое подобие летнего отдыха — в отпуск-то мы опять не едем! — и некое подобие занятий, чтобы он за лето окончательно не разложился и не обленился, это он может. Папа затеялся что-то такое возводить на огороде, то ли будку для садового инвентаря, то ли летнюю резиденцию, отговорить его от возведения нет никакой возможности, следовательно, нужно помогать и контролировать процесс, а то он там так уработается, что потом костей не соберем. Старший сын защитил диплом и теперь «ищет работу», то есть сидит за компьютером и изучает спрос и предложения. Я точно знаю, что так работу не ищут, хоть вы мне до завтра рассказывайте про компьютерные технологии, удаленный доступ и молодое поколение!.. Нужно осознать — исключительно головой и никаким другим местом! — какую именно ты хочешь работу, сыночек, и начинать приставать к знакомым, у которых, ясное дело, никакой работы для тебя нету, но зато есть свои знакомые, у которых, может быть, есть еще какие-то знакомые, и после двух-трех десятков собеседований ты получишь работу, вовсе не ту, на которую надеялся, вовсе не за те деньги, на которые рассчитывал, но — с перспективой! Скорее туманной, нежели ясной, но стоит попробовать, стоит.

«Простота и мудрость» жизни в это время никакого значения не имеют, справиться бы хоть как-нибудь.

— Как вы все здесь живете? — спрашивает меня приятельница Валя, и вид у нее при этом заинтересованно-брезгливый, как у начинающего энтомолога, который столкнулся с редкой колонией тараканов и никак не может разобраться в их тараканьем царстве. Приятельница Валя последние лет двадцать пять, чтоб не соврать, живет в Австралии.

Просто и мудро живет там приятельница Валя.

Они оба — Валя и ее муж Васька — родом из города Привзвозного, и Привзвозный в девяностые совершенно пропадал, и жители его пропадали тоже, как же иначе!.. Васька «вырвался» — поступил в физтех, упорно учился, не жалея сил — трудился, очень старался. Голодал в общаге, мерз на картошке, по ночам в пекарне грузил хлеб. У них с моим мужем Женей о пекарне сохранились самые светлые воспоминания — после погрузки всем разрешалось взять свежий батон совершенно бесплатно и съесть его. Целый батон теплого белого хлеба!.. От наступавшей сытости они иногда засыпали на лавочке возле пекарни и опаздывали на первую пару, а первой была военная подготовка, опаздывать никак нельзя, под страхом исключения!

Васька окончил аспирантуру, уехал на стажировку, кажется, в Мюнхен или во Франкфурт, а оттуда до Австралии рукой подать. Валя, самая красивая девушка Привзвозного, работала, по-моему, в парикмахерской или в столовой — в общем, на каком-то хлебном месте, и уезжать в Австралию не хотела решительно. Васька ее долго уговаривал и уговорил, как до этого уговорил выйти за него — она тоже долго не соглашалась. Все же она самая красивая девушка в городе, да еще при хорошей работе, у нее всегда были колготки в сеточку, перламутровые тени, фиолетовая помада, острые лакированные каблучки и начес, а Васька что?! Васька ботаник и заморыш, худой, нескладный, в очках и кримпленовых коричневых брюках! Но — уговорил.

В Австралии, как все хорошо образованные и не ленивые русские, он очень быстро стал «номером один» в той области науки, которой занимался. Появились просторный и прохладный дом над океаном, пара машинок — одна для семьи, другая для удовольствия, — бассейн с голубой водой, лужайка с грилем, банковский счет с кругленькой суммой. Появились дети. Появились друзья — не только русские из диаспоры, но и австралийцы, что, как я понимаю, особенно важно для эмигрантов — когда «своими» признают не только свои по крови, но и свои по месту жительства.

Валя раза три наезжала в Москву, а один раз даже и в Привзвозный, и, как истинная австралийка, все недоумевала, как же мы здесь живем?! Мы мечемся как угорелые, все чего-то опасаемся, остерегаемся, куда-то мчимся. То радуемся, как безумные, то негодуем, как придурки; зарабатываем деньги в поте лица, тратим их не задумываясь за пять минут; выстаиваем в пробках по три часа, ездим на дачу за сто километров, чтобы утром опять вернуться в город; учим детей китайскому языку и кататься на горных лыжах, но не можем сдать ЕГЭ по русскому! Тут никакой австралиец не выдержит, спятит!

Васька там у себя в Австралии много работал — видимо, на общем фоне слишком много, неоправданно много! — и Валю это с годами стало раздражать. Все есть (см. абзац про материальные блага), чтобы «просто и мудро» жить, а он все несется на эту свою работу и там торчит! От дома над океаном до научного института, где Васька начальник, ехать аж двадцать пять минут, туда-обратно выходит пятьдесят, и это выброшенные из жизни сладостные минуты! Минуты, которые можно посвятить тому, чтобы жить эту жизнь, жить «просто и мудро», а он посвящает их езде на машине!.. Это ужасно, и с этим нужно покончить. Счет в банке таков, что хватит на всех до глубокой старости, включая старость детей. Кроме того, эта самая работа служит Ваське как бы прикрытием от жизни. Он — раз и смылся от нее, такой прекрасной, на работу и чем-то там занимается.

— Он и детей-то, по-моему, из бутылочки кормил всего раза три за все время, — жаловалась Валя, сердито недоумевая. Мой муж, по азиатской дикости своей, пытался сказать, что по большому счету дети все накормлены-одеты-обуты-гуляют-над-океаном исключительно благодаря Васькиным усилиям, но она не слушала, конечно.

Видимо, она «не слушала» очень активно — она в привзвозные времена была девушкой напористой, — и лет в сорок пять Васька с работы ушел.

— А что же он будет делать?! — ужаснулся Женька, узнав о таком повороте.

— Как что? Как будто делать нечего! Он будет просто жить. — «Мудро» она не добавила, ибо вряд ли знает эту цитату. — Он будет... Ну, вот кататься в волнах прибоя на доске.

Это раз. Плавать в бассейне с голубой водой — это два. Пойдет на теннисный матч в школу к младшему сыну — это три. Еще они слетают в Малибу, и там он тоже сможет покататься на доске в волнах прибоя. И на Бали слетают. Там он сможет немного покататься на доске в волнах. Та-ак. Еще в ресторан французской кухни съездят, это на побережье, оттуда потрясающий вид на океан и на катающихся на досках.

Васька изнемог очень быстро — за год, что ли. Он покатался на доске, сходил на матч, свозил супругу во все окрестные и дальние рестораны. Поплавал в бассейне с голубой водой. Все до единого соседи по пять раз посетили лужайку и отведали сосисок-гриль.

После чего Васька отпросился в Москву, навестить маму. В Москве он моментально нашел себе работу в научном институте, за какие-то жалкие копейки, гроши, хорошо хоть не за батон, который можно взять в конце рабочего дня. На работу он добирается иногда два часа, иногда три — мама как жила в Химках, так и живет, а Ленинградку как не могли отремонтировать, так по сию пору и не могут. Упиваясь сознанием собственной значимости, Васька принял приглашение на научную конференцию в Новосибирске и выступил там с докладом, а потом трое суток морочил нам голову подробными рассказами.

С Валей он развелся. Там, в Новосибе, встретилась ему какая-то такая же чокнутая. Они теперь вместе летают на конференции и добираются на работу по три часа — живут у Васькиной мамы.

Валя впала в тягостное, длинное, нескончаемое недоумение. Все же ведь было так прекрасно!

Ничего, ничего не нужно было делать — просто жить! Коммунизм в рамках отдельно взятого дома с лужайкой над океаном был построен, рай готов, принимает желающих!..

...Почему он не пожелал? Почему не научился жить просто и мудро?

ЛУЧШЕ НЕ БЫВАЕТ

В отпуске мы не были много лет, все не получалось у нас никак, ибо времени не было, денег не было... И в этом году тоже казалось, что, скорее всего, ничего не получится — в отделе кадров говорили, что не отпустят, ибо заявление надо заранее писать, а муж мой и по совместительству отец моих детей все сроки профукал, разумеется.

Не будет отпуска, не поедем в отпуск!.. Ну и ладно, ну и наплевать, мы уж привыкли без этого отпуска, подумаешь!.. Дети, перестаньте сопеть и отводить глаза, взбодритесь и немедленно подтвердите, что вам тоже наплевать, поедем или не поедем, что вы взрослые и умные, все понимаете!.. Да-а-а, тянули дети на разные голоса, сопя и отводя глаза, не поедем, ну и ладно. Младший, кажется, собирался зарыдать, а старший, напротив, усмехался горькой байроновской усмешкой.

...Сейчас кажется, что все это было не с нами.

И вдруг решилось — едем в Саратов!.. Там свадьба у детей друзей наших друзей. Наши друзья едут на свадьбу и приглашают нас с собой, и мы едем с ними!.. Ура, мы едем в Саратов! Кажется, дней на пять, а то и на все шесть — вечность! Дети немедленно стали прилежными мальчиками и надеждой и опорой семьи. Они немедленно помчались в магазин, приволокли по жаре ящик нарзана и распихали бутылки по полкам в холодильнике. После чего вытащили рюкзаки, осмотрели их со всех сторон — рюкзаки как рюкзаки, но осматривать их перед отпуском обязательно, это необходимо, — и заныли, что им нужны новые плавательные трусы, плавательные очки и плавательное еще что-то. Там, в Саратове, Волга-река, и они будут в ней плавать даже и во время свадьбы детей друзей наших друзей. На свадьбу им наплевать, а на Волгу нет!..

«Мам, а вторые джинсы брать, как ты думаешь?.. Мам, а полотенца повезем или нам там дадут?.. Мам, а что лучше — кеды или сандалии?..»

И жара, жара, и солнце вовсю, и жалюзи на окнах спущены, и свет от них полосатый, летний, горячий, и паркет там, где лежит полоска солнца, тоже горячий!..

«Мам, а ты корзину для пикника собирать будешь?..» Ну, чтоб жареная курица, картошка в мундире, яйца вкрутую, огурцы, помидоры и свежий черный хлеб. Выражается немедленная готовность бежать по жаре в магазин за хлебом и курицей — чтобы это уже все было как гарантия того, что мы едем. Выражается готовность доставать из кладовой корзину. Выражается готовность делать все, что угодно, лишь бы ничего не сорвалось и не отменилось.

И, конечно, все сорвалось и отменилось.

В самый последний-распоследний момент.

Я не смогла — важная встреча, не перенести, не подвинуть. Даже Женька кое-как договорился со всемогущим отделом кадров, и отпуск ему подписали, несмотря на то что все сроки он профукал! А я... всех подвела.

Нет, они понимают, что встреча важная. Нет, они знают, что такие встречи назначаются редко и мне она гораздо нужнее, чем человеку, который ее назначил. Нет, они стараются не огорчаться, но, черт побери, опять?! Тим, убери с лестницы свой рюкзак, чтобы он тут никому не мозолил глаза, и новые плавательные трусы убери тоже, кому они теперь нужны?!

День, когда друзья уехали без нас в Саратов, — окончательно и бесповоротно уехали они! — прошел плохо. Совсем плохо он прошел.

И тогда моя сестра Инка все придумала заново.

У меня уже не было ни сил, ни фантазии, ни веры. Я сдалась.

— Значит, так, — сказала Инка. — Полетим в Калининград, бывший Кенигсберг, на море.

В этом самом Кенигсберге прошла наша с Инкой «далекая юность», кажется, именно так принято говорить о юности, хотя мне и по сию пору кажется, что ничего она не далекая, а, напротив, близкая!.. В первый раз мы поехали туда в свадебное путешествие — молодожены, то есть мы тогда еще с молодым, а нынче уже старым мужем, Инка с подругой Надеждой, брат молодого (нынче старого), а там нас поджидали свекровь, еще какие-то родственники, соседи! Для молодых, то есть для нас, были куплены путевки в пансионат, откуда мы очень быстро смылись к свекрови: в пансионате нечего было есть и очень строго следили за нашей с молодым нравственностью. На ночь мы сдвигали две узенькие студенческие кроватки, чтобы было удобней не то чтоб резвиться, резвиться на них все равно было нельзя, но хотя бы как-то осязать друг друга, а утром являлась администраторша с проверкой, ругала нас на чем свет стоит и заставляла кроватки раздвигать. Мы пораздвигали дня три, а потом смылись. С тех пор дважды в год мы перлись в Калининград, и все время разными компаниями, а когда родился Мишка, то и с Мишкой, и с нашими родителями, и свекровь всех принимала, размещала и устраивала, варила картошку, жарила мясо, пекла клубничный рулет — я так и не научилась печь клубничный рулет, а свекровь умерла, и спросить теперь не у кого.

Полетим по очереди, распорядилась Инка. Сначала мы, а вы сидите с нашими собаками, а потом вы, а мы возвращаемся к собакам. И там у нас будет один общий день — когда вы прилетите, а мы еще не улетим, собаки как-нибудь денек перебьются. По срокам все получается, если тут, в Москве, что-нибудь случится, всегда можно быстро вернуться, лететь всего ничего.

Я объявила детям, что мы вроде бы летим в Калининград. Там прекрасно, там море, там дуют прохладные и плотные ветры, там белый песок и зеленые волны до горизонта. А вдоль горизонта идет сторожевой корабль!..

Дети не поверили ни единому слову. На море, да еще всей компанией?!

Дети сказали, что это просто смешно, море какое-то!.. Муж сказал, что второго такого удара отдел кадров не переживет — один раз еще туда-сюда, но переносить?! Я сказала, что это наш последний шанс.

...Никто не верил. Мы вяло делали вид, что на самом деле летим в отпуск, и даже вяло обсужда-

ТАТЬЯНА УСТИНОВА

290

ли, куда именно там пойдем и что именно станем там делать. Купленные билеты никого ни в чем не убеждали. Мало ли что — билеты! Их сейчас так же просто сдать, как и купить.

Жара разгоралась. Сосны на участке наливались прозрачным янтарным светом, пахло смолой и цветами — сестра поручила мне не только собак, но и цветы, я честно их поливала. Когда же мы будем собираться, недоумевала я. Да чего там собирать, отвечали дети и муж, они не верили, что придется собираться. Они точно знали, что все опять сорвется и отменится!..

Сейчас кажется, что это было не с нами.

Утром в день отъезда мы с Женькой нервничали, как институтки перед попечителем, — оба. Чемодан с откинутой крышкой стоял на кровати, в нем одиноко белели чьи-то одинокие трусы, а больше ничего там не было. Дети слонялись туда-сюда. Они вытаскивали рюкзаки, осматривали их и пихали обратно в кладовую. Сынок, собери вещи!.. Я еще успею, мам, отстань.

Мы старались не смотреть друг на друга, нам было отчего-то страшно, вот до чего мы дошли. И в этот момент... Нет, ничего такого ужасного не случилось. В этот момент принесли счета за квартиру и электричество. Мы как будто только этого и ждали — оба. Мы вцепились в счета и стали всласть, от души, во все горло ругаться. Мы так не ругались тыщу лет или никогда не ругались. Мы поносили правительство, инфляцию, курс доллара и японской иены — и друг друга. Ты что, хочешь прямо сейчас мчаться в кассу и платить?! Нам через два часа выезжать, денег у нас в обрез, может, потом заплатим?! Это ты со своей вечной безалаберностью, а я так не привык! Нужно сейчас, и немедленно! Да, но деньги!.. Что деньги?! Ты хочешь, чтоб нас выселили или свет отключили?! Мы уедем, да еще так надолго, на целую неделю, не заплатив?! Ты уже вообще ничего не соображаешь, витаешь в своих писательских облаках, живешь придуманной жизнью, а здесь все гораздо проще и прозаичней, дорогая!.. Да, но деньги!.. Что деньги?!

Пришли дети и уставились на нас в каком-то недоверчивом изумлении. Мы ругались. Дети переглянулись и очень быстро, как белки, помчались, вытащили рюкзаки, сложили вещи и вынесли их к порогу. Папа, хлопнув дверью и на ходу пересчитывая купюры, ушел в сберкассу. Я добавила к трусам в чемодане еще купальник и свитер.

Женька явился через двадцать минут и хмуро сказал, что дело сделано, нас не выселят и свет не отключат. И добавил в чемодан бритвенный прибор и джинсы.

Позвонила сестра и спросила, достаточно ли мы веселимся и ликуем по поводу предстоящего отпуска. О да. Веселится и ликует весь народ.

Так мы и не верили ни во что, пока не увидели море — огромное, зеленое, холодное море до горизонта. Вдоль горизонта шел сторожевик.

— Неужели мы в отпуске? — спросил мой муж.

Дети, закатав штаны, полезли в буруны и скакали там по-павианьи.

И тут мы тоже стали скакать и обниматься. Мы обнимались и скакали, не обращая внимания на людей, которые смотрели на нас странно.

Мы были на море и точно знали, что все это происходит с нами, сейчас, сию минуту! Мы скакали, хохотали и вывалялись в холодном песке.

Мы решили, что в ноябре опять поедем на море. Какая разница когда — летом или осенью, лишь бы поехать и лишь бы всем вместе.

СВЯТОЧНЫЙ РАССКАЗ

Наташка всегда была особенно несчастна. Всем как-то счастья недоставало, но ей — совсем. Родители развелись, когда ей было лет двенадцать, наверное. Папаша, человек на людях тихий и интеллигентный, приходил с работы домой, немедленно напивался и превращался в скота и садиста, но тихого такого садиста, чтоб не узнали соседи. Наташку и ее сестру он мучил и тиранил, оскорблял и унижал, и маму мучил и унижал. Они — все трое — никогда никому и ни в чем не признавались, берегли честь семьи и папаши. Нет, мы видели, что девочки все время чем-то удручены, как задавлены гирей, тихие какие-то, не смеются, не визжат, не шушукаются, а только молчат и читают. Какие-то странности мы тоже замечали — вроде ожогов или оторванных манжет, затем наспех пришитых, — но, разумеется, не придавали этому значения. Мало ли что! Девочки из хороших семей и должны постоянно читать и ходить на музыку, а не глупо хихикать во дворе с подружками или, еще хуже, с кавалерами!.. А манжеты, может, сами оторвались.

Мама Наташки преподавала в университете русскую историю, и, видимо, из истории и литературы ей было известно, что «долюшка русская, долюшка женская, вряд ли труднее сыскать», и терпела долго. Но все же развелась.

Развод получился аховый — съезжать папаше было некуда и незачем, и он остался в квартире. Отныне одна комната в хрущевке принадлежала маме и девочкам, а другая — папаше. Кухня, стало быть, общая, коридор и «санузел совмещенный» тоже в коммунальном пользовании. Тихий садист папаша по поводу развода не слишком переживал. Он ходил на работу, приходил, напивался, и все продолжалось точно так же, как было. Потом он стал приводить на свою законную жилплощадь малознакомых друзей и подруг, подобранных по дороге с работы, и жизнь девчонок окончательно превратилась в долгую дорогу в ад.

Наташка неистово училась. Она понимала, что если кому и удастся спасти сестру и маму, то только ей. Мама к тому времени совсем расклеилась, стала подолгу болеть, пропускать работу. Болела она в сквере на лавочке, потому что дома веселились бывший супруг-садист и его малознакомые друзья. У нее не осталось сил бороться, у мамы. Не осталось сил ни на что. У нее и желаний никаких не осталось! Единственное, чего ей до сих пор хотелось, — иногда и даже довольно часто она рассказывала об этом Наташке и ее сестре, — это большой белый зонт.

Большой белый зонт — очень глупая и ненужная вещь. Куда его денешь, куда с ним пойдешь, если с небес льется вовсе не хрустальная дождевая вода, а грязь и копоть! Как можно купить себе белый зонт — на один дождь, на один раз?

Да и в транспорте его сломают моментально! Наташка, ее сестра и мама живут так, что в метро нужно садиться на конечной станции. Кто не садился в утреннее московское метро на конечной станции, тот никогда не поймет, а кто садился, тот знает, о чем идет речь и без моих объяснений. И куда тут белый зонт?..

Наташка неистово училась в институте востоковедения. Поступить туда невозможно, учиться тоже невозможно, но она поступила и училась — изо всех сил! В таких институтах существует жесткая схема распределения языков и вообще дисциплин. Абитуриент поступает просто в институт, а там уже профессорско-преподавательский состав распределяет, кто какой язык будет учить. Кому-то достаются вожделенные японский и китайский — на специалистов с этими языками, по слухам, всегда есть спрос, кому-то — фарси, маратхи, идиш или фула. Наташке достался азербайджанский.

Мама очень переживала. Пять лет в институте учить язык, чтобы потом делать... Что?.. Переводить в Федеральной миграционной службе заявления? Преподавать в школе для иностранных рабочих? Работать в пресс-службе выхинского рынка?

Мама очень переживала, болела на лавочке. Наташка неистово училась.

Институт она окончила с отличием и тут же получила предложение от какого-то крупного международного банка. Филиал в Баку, работать, соответственно, тоже нужно в Баку.

Вариантов не было никаких — оставаться в Москве никак нельзя, папаша почти допился до белой горячки, но все еще не окончательно. Неотложка увозила его, но лишь на время, и это время было самым лучшим в семье. Все отдыхали и блаженствовали на собственной пятиметровой кухне, а не на лавочке в сквере.

Наташку провожали, как когда-то в эмиграцию, — понимая, что вряд ли придется увидеться снова. То есть надежда есть, но она так призрачна, что на нее нечего рассчитывать. Ей дали с собой кипятильник, кастрюльку, небьющийся стакан, теплые носки, заварку, кофе, сушки, сухую колбасу, зимнее белье, термос и газовый баллончик для самообороны.

Был бы пистолет или автомат — тоже положили бы!

Так что в Баку она прибыла во всеоружии.

Просторный и прекрасный белый город, полный солнца и прозрачного света, стекающего с гор, поверг ее в шок и оцепенение. В аэропорт за ней пришла машина с флагом РФ — из посольства.

— Ай, что такая грустная? — сказал ей пожилой шофер-азербайджанец. — Ты же в Баку, лучшем городе на земле! Возвеселись!

Наташка не то что «возвеселиться» — выйти из комы никак не могла! Из высоких окон ее апартаментов были видны узорчатый шпиль минарета, гранатовые деревья в саду и желтая стена Старого города. Работала она в стеклянном небоскребе, обращенном к морю. По морю ходили большие важные корабли.

Здесь все было как-то по-другому, не так, как виделось из Москвы, здесь было просторно, чисто и по-южному беззаботно. Восточные мужчины оказались сдержанными и деликатными, женщины — приветливыми и заботливыми.

Но это было только начало.

Примерно через год за ней стал ухаживать местный бизнесмен средней руки. Он как-то зашел к приятелю, Наташкиному начальнику, увидел Наташку и пригласил ее на концерт в филармонию. Она отказалась, конечно. Он зашел через неделю с сестрой Лейлой, веселой, лукавой и очень хорошенькой, и они вдвоем пригласили Наташку на праздник журнала «Баку». Наташка согласилась и пошла. Праздник проходил в Старом городе, в саду, где журчал арык и росли старые карагачи, и официант Ганифа угощал Наташку чаем с чабрецом, который собственноручно собирает в горах его бабушка, и вареньем из белой черешни.

После праздника кавалер и его сестра проводили Наташку до ее апартаментов, и всем троим было очень весело, и брат с сестрой рассказывали про свою бабушку, которая страсть как любит играть в карты и приучила детей, и до сих пор бабушка с внуками играют по секрету от родителей, университетских преподавателей, которые такого глупого развлечения не одобряют.

Примерно на третьем свидании Наташка поняла, что все пропало. Она влюбится в этого парня — или уже влюбилась! — и никакие ее прежние мучения с папашей-садистом, с вечно болеющей мамой, с пропадающей младшей сестрой не сравнятся с этими будущими, предстоящими мучениями! Он никогда на ней не женится — это очевидно. Они из разных культур, разных миров. Они разной веры, в конце концов! Она никогда не переедет в Баку навсегда, потому что не бросит маму в малогабаритной квартире общего пользования на окраине Москвы. Она и поехала только для того, чтобы заработать денег и наконец-то всех спасти!

И тогда она решила бежать. Она поняла, что это будет единственно правильное решение. Приятель-начальник ни о чем не знал, она подписала увольнение у высшего руководства, собралась за полдня и улетела.

...В Москву! В Москву!

Она прилетела в ноябрь, снег, дождь, слякоть и маету. Она прилетела на конечную станцию метро, где никак нельзя сесть в поезд. Гранатовые сады, хрустальные окна на море и белые корабли, веселый парень, его сестра и университетские родители остались за семью горами — навсегда. Она немедленно угодила в институт нервных болезней и выписалась из него только под Новый год, без всяких, даже призрачных надежд.

На Новый год он приехал за ней из Баку. Позвонили в дверь, Наташка пошла открывать, уверенная, что за дверью папашины знакомые друзья, а оказалось — он. С корзиной гранатов и букетом бакинских роз.

Он долго искал ее адрес и нашел, только догадавшись обратиться в посольство. У подъезда стояла машина с флагом Азербайджана.

К этим праздникам Наташка прислала нам фотографию, где они все хохочут под раскидистым карагачем, вся безбрежная азербайджанская семья — бабушка на первом плане. В руках у Наташкиной мамы огромный белый зонт, совершенно неуместный на южном солнце.

БОЛЬШОЙ ПРАЗДНИК
12 АПРЕЛЯ

Каждый год наша семья отмечает 12 апреля. Это день моей мамы, которая всю жизнь проработала «на космос». Нет, она не занимала пост генерального конструктора и не была знаменитым двигателистом. Она работала инженером, самым обыкновенным инженером, но — «на космос»!

Каждый год 12 апреля они с папой вспоминают, как он провожал ее «на полигон», так тогда называли космодром Байконур,

а борт военный, сплошь люди в погонах, «представители заказчика», как тогда называли сотрудников Министерства обороны, а на дворе ночь, а двигатели воют, а сидеть в «транспортнике» — транспортном самолете — нужно на длинных деревянных лавках, недолго, часа четыре с половиной, может, и неизвестно еще, будет «болтанка» или нет, а из всех «удобств» — одно ведро в закутке рядом с пилотами.

И год 1965-й, и маме моей 26 лет, и она такая хорошенькая, кудрявая, застенчивая, что за ней с места в карьер начинают ухаживать все «представители заказчика», а тут папа, он же ее провожает! И все знают, что планируется «старт», но делают вид, что не знают!.. Гриф «два Семена», «сс» — «совершенно секретно».

Почему-то особое отношение к этому дню и к маминому участию в освоении космоса у Женьки, моего мужа. Зять поздравляет тещу изо всех сил, по-моему, несколько раз букеты даже из командировок присылал, не знаю, как ему это удавалось. Мне, к примеру, никогда не присылал!

...Тем солнечным и прекрасным апрельским утром я проснулась очень озабоченная. Что-то с вечера я планировала, придумывала, и очень важно все это было осуществить! Деловая до невозможности, да еще в дурном настроении, я вышла из спальни и обнаружила, что муж мой куда-то собирается, уже одетый стоит.

Позвольте, что такое?! Мы же с вечера решили, что нам нужно... Мы же всю неделю планировали, что заедем... Мы же вчера договорились, что сразу, как встанем...

Тут выяснилось самое страшное — кофе он уже выпил, и я теперь должна пить этот самый кофе одна!.. Да ну тебя к шутам! И зачем ты нацепил этот ботинок — муж мыкался в прихожей в одном ботинке. Ты вчера гулял с собакой, на ботинках теперь по пуду грязи, посмотри, что на полу! Мне опять все это мыть?! Я устала за всеми вами бесконечно все мыть, мойте сами! Снимай эти башмаки и надевай другие!

Он снял эти и надел другие. Ни слова не говоря.

По сценарию, он уже не должен никуда ехать, мы же ссоримся, он теперь должен сначала меня утешить, а уж потом ехать, но он уехал.

Так и не сказав куда.

Злая, как мегера, я послонялась по дому. Никого нет. Дети кто в школе, кто по своим делам.

Кофе со мной пить некому. Плитка под дверью напоминает вход в коровник, и стоит одинокий ботинок с пудом засохшей глины по периметру.

Я притащила ведро и стала мыть ботинок. Один.

Тут позвонила мне мама. Я держала телефон плечом, руки у меня были мокрые и в глине.

— Танюш, — весело сказала в телефоне мама, — ну какой у меня праздник! Вот тебе спасибо!

Я мрачно осведомилась, за что мне спасибо.

— Как?! За поздравления! Приехал Женя, привез мне такой роскошный букет тюльпанов и передал от тебя поздравления!

Я уронила ботинок в ведро.

— Спасибо вам обоим! — продолжала ликовать мама. — Как я люблю День космонавтики.

Ну конечно! Сегодня же 12 апреля! Как это я забыла, дура?..

КАМУШКИ
НА ВОДЕ

— Вас никогда не обижали мужчины, — сказали мне две дамы на пляже. — Вот поэтому вы и пишете про них всякие благоглупости! Благородные они у вас все, замечательные. Просто у вас опыта никакого нет!

Надо сказать, что муж мой в некотором отдалении делал стойку на руках — чтобы поразить мое воображение, — и дамы немного мешали мне поражаться и считать вслух, сколько еще простоит.

Заранее было уговорено, что стоять он будет на время, и я утверждала, что больше пяти секунд — ни за что, а он возражал, что даже десять для него — раз плюнуть.

Дамы некоторое время совещались, и я видела, что они совещаются, подойти или не подходить, а когда он встал на голову, все же решились.

В связи с дамами стойка на руках утратила всякий смысл, и муж плюхнулся задницей на песок, отряхнул ладони и стал кидать камушки в лохматую воду, от которой тянуло ледяным балтийским ветром.

— Вы просто не знаете мужчин, — продолжали дамы с надеждой. Им хотелось, чтобы я их разубедила. — А они все... подлецы и негодяи.

— Садитесь, — предложила я им и подвинулась. У нас был с собой туристский коврик.

В Прибалтике в мае месяце на песке не посидишь, холодно.

Дамы потоптались, потом чинно уселись, и мы стали смотреть в море.

Разговаривать о том, что все мужики — сволочи, мне не хотелось. Мне хотелось смотреть в море, а еще лучше — кидать камушки.

...Не знаю. Не знаю.

Конечно, меня обижали мужчины, а как же иначе!..

Папа обижал часто, не понимая, что обижает. В детстве наказывал не по делу, в отрочестве подозревал в разных грехах, которых я отродясь не совершала. Кавалеры обижали. На каких-то танцах, помнится, кавалер бегал от меня. Я вознамерилась пригласить его на «белый танец». Он в ужасе убежал, а я побежала за ним, представляете?

Другой кавалер, в которого я была сильно влюблена, так обидел, что я моментально вышла замуж за Женьку — назло кавалеру.

Обижали начальники, особенно один старался. Он сказал мне, когда увольнял: «Вы меня раздражаете!» И я очень страдала, ужасно просто.

Очевидно, дамы имели в виду совсем не это или не совсем это.

Очевидно, дамы имели в виду такие страдания, от которых жить невозможно и хочется перестать жить. Не перестать страдать, а перестать жить.

Жить мне хотелось всегда, это правда.

Мой дед Михаил Иосифович однажды дал мне бесценный совет, которому я, как это ни странно, всю жизнь следую. Совет настолько прост и действенен, что и следовать ему просто, и действует он безотказно.

Для общения и для жизни, сказал как-то дед, следует выбирать порядочных людей. Не стоит тратить время на непорядочных.

Со мной рядом нет никаких сволочей, они где-то за границей круга. А тут, поблизости, исключительно порядочные.

Не только муж-то!.. Еще начальник в издательстве, и начальник на радио, и коллеги по телевизионной программе, и друзья-врачи, и приятели-чиновники. Они порядочные мужики. Бывает, что и они меня обижают, и я обижаюсь, но это не смертельно — нет, не смертельно.

— Опыт у меня есть, — сказала я дамам наконец. — Подлецов возле себя не держу, ну их на фиг.

Дамы посмотрели на меня.

А я пошла к Женьке кидать камушки. Нужно так кинуть камушек, чтоб он блинчиком проскакал по воде как можно больше раз.

Он утверждал, что у него получится восемь «блинчиков», а я возражала, что не больше четырех.

МЫ ОЧЕНЬ СТАРАЕМСЯ — КАЖДЫЙ НА СВОЕМ МЕСТЕ

Я стараюсь хорошо писать — умно, зажигательно! Стараюсь делать это вовремя. Стараюсь никого не подводить, везде успевать, сценарии телевизионной программы, которую веду, выучиваю почти наизусть, вызывая веселый, задорный смех редакторов. Они не очень понимают, зачем я это делаю, но я делаю! Я стараюсь быть хорошей женой, умной матерью, внимательным собеседником.

Муж мой старается на своей работе — домой приезжает поздно, взять отгул не может никогда. Если у него конференция или нужно статью сдавать, мы все охвачены серьезностью момента. Стараемся не приставать, не мешать ему думать. Он старается за выходные переделать все, что не получается переделать за неделю, — приладить отвалившийся плинтус, поменять прокладки в кране, съездить к родителям на участок, слазить в колодец и наладить насос.

Мишка, наш старший сын, «молодой специалист», тоже старается! Он пока еще не очень хорошо умеет работать, но старается не подводить начальство, не лениться, не опаздывать, не задавать идиотских вопросов. Например, какого лешего нужно такое количество согласований и подписей для самого простого дела? Это бюрократическая система, сыночек, привыкай. Он старается привыкать.

Тимофей ничего не старается.

Если бы мы не лезли к нему ежеминутно, не расталкивали по утрам, не зудели, как прилипчивые оводы, что нужно сделать уроки, он бы не делал *ничего*. Он бы смотрел на спортивном канале футбол или волейбол — ему совершенно не важно, лишь бы зрелище его не беспокоило, — и читал бы книжки.

Сейчас в связи с тем, что мы к нему лезем с уроками и прочими обязанностями, он читает их в ванной. Тимофей идет в ванную, запирает за собой дверь — а как же, ванная же очень интимное место, — ложится непосредственно в сосуд и читает. Да, воду он не наливает! Он лежит в джинсах и футболке в пустой ванне за запертой дверью и читает. Может так час лежать, два. До вечера может. Но до вечера не получается, мы начинаем ломиться, кричать, и ему приходится наскоро мочить волосы под краном, делать вид, что мылся, и вылезать на свет божий.

Ничего не помогает. Ни-че-го.

Бабушка в твоем возрасте пасла козу. Дедушка в это время уже кормил всю семью — рыбачил и подрабатывал на железнодорожной станции. Папа в твоем возрасте выиграл две всесоюзные олимпиады — по математике и по физике. Мама в твоем возрасте... Миша тоже...

Он слушает без всякого выражения на лице, или же лицо его выражает страдание — не от сознания собственного несовершенства, а от того, что мы отнимаем у него время. Он мог бы, вместо того чтобы слушать наши глупости, лежать в пустой ванне и читать. Или смотреть в окно и думать. Сынок, о чем ты думаешь?.. Сынок! Сыноо-ок!..

Тимофей всегда на посту только в тех случаях, когда нужна его *настоящая* помощь. Не выдуманное нами в воспитательных целях занятие, а когда на самом деле без него, без Тимофея, не обойтись.

Он ведет на улицу собак, каждый день, без всяких дополнительных напоминаний. Он знает, что собаки без него не обойдутся, сами не выйдут. Он бежит в бакалейную лавку, если утром выясняется, что кофе есть, а сливки все вышли. Он едет со мной на работу, если я прибаливаю, и у меня нет сил, и мне нужно, чтобы кто-нибудь со мной поехал и по дороге вслух читал мне сценарии. Он едет и читает, от нашего загорода до самой улицы «Правды», не замолкая ни на минуту. Потом он ждет меня, бывает, часов по десять, съемки — история долгая. Он сидит в тесной гримерке и ждет, терпеливый, как слон.

Он всегда рядом и готов действовать, но только если в действиях есть понятный и ясный смысл.

...Вот я и думаю: может, ничего?.. Может, дело не в том, что он патологически ленив — хотя он ленив патологически! — а в том, что он тоже старается, но как-то не так, как мы?.. Может, дело в том, что он хороший человек, а с учебой мы как-нибудь да разберемся и катастрофы нет?..

В общем, пойду гнать его из ванной, вот что. Интересно, что он там сейчас читает?..

СЛОНОВИЙ ПЕСОК

Недавно мне приснилась история про слона. Это был очень большой слон, серый и коричневый, весь в складках, с огромными ушами, которыми он так важно двигал из стороны в сторону, каждым ухом в отдельности. Там во сне слон жил долго, и я как будто видела, как он сначала был недоумком, молодым и смешным слоненком, как потом взрослел, набирался ума и сил, как потом вошел в самый мощный и сильный возраст. Он чувствовал себя и был на самом деле умнее, быстрее и сильнее всех, хотя никаких «всех» во сне не было.

А потом он стал стареть.

Старел он долго — слоны долго живут и долго стареют. Но мой слон из сна старел как-то странно, так на самом деле не бывает, конечно. Из цельного монолита он превратился в некую зыбкую субстанцию, которая уже не была твердой, как гранит, а как будто струилась, видоизменялась. Слон начал осыпаться. Знаете, как осыпается старая необожженная глина. С нее как будто сдувает слой за слоем, и на пальцах остается тонкая коричневая пудра.

Со слона сдувало... жизнь в виде тонкой коричневой пудры, и он становился все меньше и меньше. Он пытался прятаться от всяких ветров и сильных течений, он искал местечко, где ему было бы помягче, где не было острых углов, которые сдирали бы с него жизнь, но у него ничего не получалось.

Он становился все меньше и меньше и в конце концов превратился в крохотного слоника, таких продают в сувенирных лавках под видом колониальных товаров.

Теперь он мог только стоять в лавке неподвижно.

Проснувшись, я долго раздумывала над слоном, а потом кое-как поднялась и стала рассматривать себя в зеркало. Что во мне осталось от того жизнерадостного молодого слона, которым я была когда-то? А от Женьки что осталось?..

Он забывчив стал — вон часы лежат под букетом тюльпанов, брюзглив не по делу, и то ему не нравится, и это, и былую жизнерадостность, когда нравилось все и всегда, с него постепенно сдувает время, тоненькой струйкой сдувает, почти незаметно, но — заметно.

Громкая музыка стала раздражать, и лишь время от времени, лишь иногда, очень редко, мы врубаем в нашей машине звук на полную и подвываем, как можем, группе Muse, а раньше — то и дело. В одиннадцать нам хочется спать, и это объяснимо — у нас собака, ее прогулять, потом завтрак, ребенка в школу, да и на работе нужно работать головой, а не дремать над открытой страницей Интернета!.. Вроде бы все объяснимо и разумно. Не такие уж мы и старые, в конце концов!.. Что такое?! Нынче принято в сорок семь считаться начинающей, а в шестьдесят — только «входить во вкус»!..

Не будет никакого «вхождения во вкус». Начинать в сорок семь поздно. Признаемся себе в этом. Ведь иногда, пусть не слишком часто, но все же нужно говорить себе правду.

У нас осталось очень мало времени. Почти совсем не осталось. Ветер сдувает с нас жизнь тонкой струйкой, незаметно глазу, но она убывает каждый день, и мы съеживаемся, уменьшаемся, сереем, усыхаем, как абрикос под ярким солнцем. Абрикосу особенно терять нечего — на следующий год опять будет море абрикосов, сначала зеленых, потом желтых, потом янтарных, налитых соком. Говорят, абрикосы очень нравятся слонам, они даже умудряются выплевывать косточки.

Я не могу остановить этот ветер, сдувающий с меня и со всех моих близких тонкую, почти незаметную пыль. И зацементировать их так, чтоб не сдувало, не могу тоже.

Получается, я ничего не могу, только изо всех сил любить — сегодня, сейчас, сию секунду.

У нас есть в обиходе формула: если ты хочешь что-то мне сказать, скажи сейчас.

Сейчас я хочу сказать, что люблю тебя.

ОДНАЖДЫ
ДВАДЦАТЬ ЛЕТ СПУСТЯ

Тут неожиданно выяснилось, что за несколько десятилетий совместной жизни — почти три их, этих десятилетий — мы ни разу, никогда и никуда не ездили вдвоем!

И это «никогда» не казалось ни странным, ни огорчительным! А что такое-то? Ничего такого, все прекрасно! Медовый месяц в 1988 году от Рождества Христова мы проводили со свекровью, моей сестрой и нашей общей подругой Надеждой. И в этом не было решительно ничего странного и огорчительного! В дом к свекрови мы смылись из пансионата «Строитель», где нечего было есть и пить, да и спать — по крайней мере в рамках медового месяца — тоже было затруднительно, ибо строгие, но справедливые администраторши пансионата, всерьез озабоченные нашей нравственностью, не разрешали сдвигать две утлые кроватки, чтобы предаваться разврату сразу на обеих. На одной же предаваться было не то чтоб неудобно, а даже несколько опасно. А у свекрови была широченная итальянская кровать «из гарнитура», рулет к чаю, молодая картошка, помидоры и огурчики с собственной грядки и — как награда! — все лето корзинка свежей клубники. Девчонки — сестра Инка и подруга Надежда — приехали к ней, чтобы не томиться все лето в дурацкой Москве, а шикарно отдыхать на море. Надо сказать, свекровь всегда легко принимала всех наших друзей и подруг, и кормила, и поила, и ухаживала. Предполагалось, что «молодых», то есть нас с Женькой, их присутствие нисколько не стеснит, мы-то должны были наслаждаться друг другом в пансионате «Строитель», откуда мы ловко смылись!

Мы провели чудный медовый месяц!.. Мы каждый день ездили всей компанией на море, закатывали ужины, сплетничали на кухне, уложив молодого на шикарную кровать «из гарнитура». Справедливости ради нужно заметить, что время от времени он завывал из спальни, требуя прекратить посиделки — молодая должна исполнять супружеский долг! — но на него никто не обращал внимания, и в конце концов, умаявшись от завываний, он мирно засыпал.

Мы ездили на дачу, опять же всем здоровым коллективом, и там тоже закатывали ужины, собирали клубнику и огурцы, поливали грядочки, таскались на залив купаться, и жизнь была прекрасна!.. Потом у него кончился отпуск, и он уехал в Москву, а мы с девчонками еще остались, у нас же каникулы, зачем нам в Москву?! Нам туда не надо!..

Когда родился старший сын, мы ездили в отпуск с ним — бабушка должна пообщаться с внуком, хоть пару раз в год, — и мои родители присоединялись, им тоже хотелось и отдыхать и общаться! Ну а потом уж и младший появился, и нас стало совсем много.

И нам с Женей никогда не приходило в голову, что мы чем-то обделены — интимностью, уединением. Что у нас нет возможности побыть вдвоем — ну нет и нет, значит, потом как-нибудь.

И это «потом» наступило сейчас. Два с лишним десятилетия спустя. Свекровь давно умерла. Дети выросли. Родители постарели.

Езжай куда хочешь, делай что хочешь. Не нужно ни грядки поливать, ни ужины на десять человек закатывать, ни клубнику перебирать.

И тут мы, два великовозрастных человека, несколько... струхнули. Хорошо, отпуск. Вот билеты, вот бронь гостиницы, вот наш любимый город в Прибалтике... И что дальше? Мы не умеем, не можем быть... вдвоем! Оказывается, мы так этому и не научились! Раньше казалось, что потом, потом, а сейчас как?..

Мы собирались в этот отпуск очень серьезно и сосредоточенно. Мы подготовили книги, чтоб читать; темы для разговоров, чтоб беседовать; культурную программу, чтоб не заскучать. Мало ли что от скуки и незнания предмета с нами может приключиться?

И, знаете, ничего не понадобилось! Оказывается, это так прекрасно и просто — быть вдвоем.

Оказывается, нам повезло — у нас так много впереди, чего мы не знали тогда, два с лишним десятилетия назад.

ИГРА В ДУРАКА

Сане, племяннице, было четыре года, когда мы с Женькой, два великовозрастных идиота, научили ее играть в дурака.

Было лето, и какое-то совершенно особенно прекрасное. Оно было жаркое, просторное и тянулось очень долго, а не проскочило за одну минуту. Наш младший сын Тимофей полгода как родился, и все эти полгода он вел себя довольно прилично, и мама согласилась с ним побыть, пока мы со старшими детьми сгоняем в Питер на каникулы. У нас редко случаются каникулы, решительно не каждый год, а тут все совпало.

Мы поехали в Питер на машине «Нива», в которой сзади не открываются окна — так она устроена, — и дверей тоже всего две. Нам так нравилась наша «Нива»! И она была совершенно новой, мы ее купили в марте, кажется, а в Питер поехали в июле.

Мы решили, что поедем с ночевкой — чтобы не слишком спешить и чтобы как следует насладиться путешествием. Ночевали мы в Великом Новгороде, там была такая гостиница «Садко», очень даже приличная, и мы успели сбегать к памятнику «Тысячелетию России», рассмотреть на постаменте фигурки, обходя по кругу с путеводителем, и еще даже искупаться в Волхове, и поужинать в кафе, вот как!..

В Питере нам было прекрасно. Ах как прекрасно нам там было, несмотря на жару — такая жара на Балтике случается, наверное, раз в пятьдесят лет! Мы старательно, с высунутыми от старательности и жары языками, обходили достопримечательности, выстаивали очереди в музеи, а если вдруг не было очереди, ликовали и старались провести в таком музее как можно больше времени. Мы объездили все пригороды, фотографировали Саню и Мишку на фоне Самсона, раздирающего пасть льва, рядом с Ростральными колоннами и на Трубецком бастионе, откуда открывается такой праздничный, имперский вид на Неву и Исаакиевский собор на той стороне!..

Наши дети, надо сказать, решительно не протестовали против очередей и музеев, иногда только немного скулили от усталости, и еще Саня каталась на всех лошадках, которые предлагали катание. Увести Саню от лошадки не представлялось возможным. Саня не шла. У нас было не слишком много денег, и мы специально экономили, чтобы охватить всех встреченных нами на пути лошадок. Иногда, завидев их издали, мы предпринимали маневры, чтобы Саню отвлечь, и несколько раз нам этот номер удался!..

По вечерам мы возвращались в гостиницу, совершенно изнемогшие от усталости, жары и впечатлений, обливали детей прохладной водой из душа — они стонали от наслаждения — и усаживались на кровать играть в дурака.

Сане было четыре года, и мы ее научили!.. То есть, разумеется, за нее играл Женька, и поэтому она постоянно выигрывала. Она выигрывала *вся-*

кий раз, когда мы принимались играть! Поначалу мы с Мишкой всегда бывали великодушны. Потом ее триумфы начинали нас раздражать. Потом мы оба принимались сердиться всерьез. Потом завывать. А Саня хохотала от счастья, валялась и дрыгала ногами!

Нет, мы понимали, что соперничать с Женькой, закаленным физтеховской общагой и поездками на картошку, нам не под силу, но, позвольте, хоть пару раз-то нужно дать нам выиграть! Но нет! Выигрывала все время только Саня, и каждый раз мы с Мишкой клялись, что больше никогда и ни за что на свете не станем играть в дурака, а вечером все повторялось.

Мы вернулись в Москву, и Саня рассказала бабушке, сколь прекрасно провела время в Питере. И — конечно же! — как ударно играла в дурака. Мама пришла в ужас. Мама интеллигентный человек, и, с ее точки зрения, невозможно придумать более идиотского занятия, чем этот самый дурак!

Как нам с Женькой тогда попало, знали бы вы!..

И с тех пор это одно из самых любимых воспоминаний, как наша четырехлетняя Саня делала загадочную мордаху и говорила: «Семерочка!»

АПОЛЛОН И МУЗЫ

Борис Петрович, то есть муза, — директор театра в Нижнем Новгороде, и, вообще говоря, моя муза Борис Петрович очень основательно подпортил мне работу, хотя муза прилетает, насколько я знаю, чтобы способствовать творчеству и полету!..

В данном случае я сама отправилась к музе, то есть к Борису Петровичу. Не она ко мне прилетела на крыльях, а я к ней приехала на машине. Но я еще тогда не знала, что еду к музе-то!..

Дело в том, что я придумала сюжет, и мне казалось, что прекрасно придумала! Действие происходит в театре. Всякие страшные события придумала я, всякие испытания для героев, взлеты и падения, страхи и любовь, ненависть и великодушие — в общем, от души придумала.

И театр я придумала, конечно! И в моих придумках это было такое достаточно унылое место, населенное истеричными, склочными, завистливыми людьми, которые строят друг другу всякие козни и только и мечтают — отбыть в столицу и там прославиться!

И тут — бац, муза! То есть Борис Петрович, настоящий директор настоящего театра!

Мы договорились встретиться, а приехали с опозданием, и нам сказали, что директора нету, он уехал в больницу, навещать кого-то из заболевших артистов. Все же вечером он нас принял — куда ему было деваться?..

По-моему, его страшно веселили мои вопросы, я-то все искала подтверждений своим придумкам, но и сам Борис Петрович, и театр решительно отказывались им соответствовать.

Нижегородский академический театр драмы — один из старейших в нашей стране, двести с лишним лет! Мне нравится, как в 1813 году писал князь Долгорукий: «Театр Нижегородский лучше многих таких же в России, и при недостатке забав всякого рода очень весело иметь случай съезжаться с людьми в это публичное место».

Нынешнее здание по российским меркам абсолютный новодел — построено в 1896 году, на открытии давали «Жизнь за царя», сам Шаляпин пел!..

Сегодня никакого придуманного мною унылого запустения и всеобщих устремлений «в Москву, в Москву!» не наблюдается.

Разумеется, там работают сумасшедшие, но не потому, что лишены ума, а потому, что энтузиасты, таланты, волшебники. Людей, более преданных профессии, будь то бутафоры, костюмеры или заведующая литературной частью, я давно не встречала. С ними интересно, как, наверное, было интересно с первым космонавтом Юрием Гагариным, они знают и умеют нечто такое, чего не знаем и не умеем мы, не способные или разучившиеся отрываться от земли. Там, в этом театре, по-моему, даже шоферы какие-то особенные.

Там играют классику, ставят и современные спектакли, хотя моя муза Борис Петрович сокрушается, что пьесы нынче пишут плохо и трудно, почти нечего ставить. Но находят, находят!..

В поделочном цехе, когда Борис Петрович привел нас туда на экскурсию, как раз придумывали, как сделать так, чтобы у поролоновой собаки поворачивалась голова. Эта самая собака — часть реквизита, почти в человеческий рост — сидела в центре мастерской, голова лежала отдельно, и было тихо: все думали. Мы постояли и ушли, тоже тихо, чтобы не мешать. Я часто о ней думаю и представляю себе, как у нее на сцене поворачивается голова, наверняка ребята все придумали!

Да в общем, суть не в собаке.

Суть в том, что есть люди, преданные своему делу и умеющие его делать — с удовольствием и почти с восторгом. Когда вдруг удается набрести на таких, жизнь сразу меняется, становится ярче, как будто с привычной картины стерли многолетнюю пыль.

В романе мне пришлось все переделывать. Засыпая, я теперь часто представляю себе здание на Большой Покровке, старые липы, фонари, нарядную публику, шум восторга или ужаса, то и дело пробегающий по зрительному залу. И еще я придумываю, как перееду в Нижний Новгород и попрошусь на работу в театр драмы!.. Как вы думаете, Борис Петрович меня возьмет?..

ВСЕ НИЧЕГО

Когда же это кончится, а? Вот это все, что называется «русской зимой»! Нет-нет, «московской зимой»! Русская, где-нибудь в Суздале или Архангельске, вовсе не плоха и вполне прекрасна: белые сугробы, синие тени, дома, утонувшие в чистом снегу по резные наличники, скрип валенок по проселку, галка на березе, веселые голоса, далеко слышные в морозном воздухе!

«Московская зима» — это прежде всего грязь. Грязь кругом — на тротуарах, на проезжей части, на машинах, на сапогах, на полах пальто, на собачьих лапах. «Московская зима» — это темнота. Темнота с утра до ночи, не помогают никакие фонари и веселые огоньки, которыми украшают столицу к празднику. То есть в том конкретном месте, где огоньки навешаны, еще туда-сюда, только за угол завернешь — тьма, грязь и за углом горит одинокий фонарь. Все куда-то переводили время, все чего-то подсчитывали, как именно им распорядиться, временем, и распорядились так, что темно с утра до ночи.

«Московской зимой» никогда и никуда нельзя ходить, можно только ездить — на метро, на троллейбусе, изредка на машине, но это не для слабонервных. Потратить на дорогу до дома два с половиной часа может себе позволить только индивидуум с очень крепкой нервной системой.

Слабакам вроде меня не рекомендуется категорически.

И еще почему-то в памяти таких, как я, то есть тех, кому «за сорок», насмерть засели лыжные прогулки. Послушайте, мы же в школе катались на лыжах в соседнем парке, а по выходным ходили с родителями «в походы», довольно далеко, километров по десять, и собака с нами ходила, и папа тащил небольшой рюкзачок с термосом и теплыми носками, если вдруг промочишь ноги в ручье — нужно было перебраться через ручей, чтобы дойти до леса и «хорошей лыжни»!

Зимой полагается ходить на лыжах!..

Женька, муж, просто замучил меня этими лыжами. Пойдем, и все тут!

Куда?! Куда мы пойдем?! На месте лесочка, где всегда катались, теперь проходит скоростная трасса. Трасса одним концом упирается в ворота предприятия, там летом проходит авиасалон, а другим — в поле. То есть по ней можно скоростным образом ездить от ворот до поля. Деньги были освоены, асфальт положен, фонари воткнуты, но лесочка-то нет, свели! Где кататься?!

Да ладно тебе, найдем. У нас из окна видно речушку. Она, конечно, вся тоже освоена местными жителями и их чадами, то есть завалена мусором, пакетами, бумажками, бутылками, банками из-под пива, но зимой все же замерзает и между пакетами, банками и ошметками проложена лыжня. Если не смотреть по сторонам, а строго под ноги, можно кататься.

Хорошо, а что надевать? У меня ничего нет для лыжных прогулок! У меня и в детстве ничего не было, и я помню эти мучения — под тренировочные штаны обязательно нужно было поднадеть для тепла колготки, но не новые же, новые колготки — жуткий дефицит, а старые, порванные, страшно натирали кожу там, где дырки. И куртки у меня не было подходящей, яркой, спортивной, и приходилось надевать длинную, унылую, и в шапке, связанной бабушкой, всегда было невыносимо жарко, и белый свитер так и остался в мечтах, какой там белый свитер!..

Но отвязаться от моего мужа, если уж он что-то вбил себе в голову, нет никакой возможности! Он будет зудеть, пока не заорешь нечеловеческим голосом: хорошо, черт с тобой, сейчас пойдем на лыжах!..

Перевалив через курганы мусора, мы все же выбрались на некое подобие лыжни и пошли. Я — мрачно сопя. Муж мой — как бы «резвяся и играя».

Постепенно я стала подмерзать и пошла быстрее, а потом уж почувствовала себя Турой Бергер, и чувствовала довольно долго, минут пять-семь, и так прекрасно мне было — лыжи катились, солнышко светило, из мусора мы выбрались, ветер был холодный и крепкий, и нам весело было думать, что вот мы катаемся на лыжах зимой, так и должно быть, в детстве так было, и сейчас так!

...Нет и не будет у нас с вами, ребята, никаких идеальных условий, вот что. Нам всем очень трудно жить — по разным причинам. У кого-то родители болеют, у кого-то дети лентяи, у кого начальник хам, кому зарплату урезали, а кто на скоростной трассе живет. И если все время об этом думать, можно с ума сойти.

А если закрыть глаза на неглаженое белье и кучи мусора вдоль речки, разыскать в шкафу старые брюки, достать с балкона лыжи и пойти, может оказаться, что все ничего. Ничего, ничего.

Еще не все потеряно. Пока зима не кончилась и можно еще разочек сходить на лыжах!..

ЕСЛИ ВЫПАЛО
В ИМПЕРИИ РОДИТЬСЯ

Звонит знакомый редактор и приглашает на интервью. Я отказываюсь, и редактор понимающе вздыхает: «Ах, ну конечно, начало лета, вас никого теперь до октября не соберешь, вы ведь все уезжаете!..» Не сразу, но я понимаю, что «мы все» уезжаем, видимо, в душистый лавандовый Прованс, или пахнущую взморьем, свежей малиной Тоскану, или по нынешним временам в сухую и ветреную Ялту, где под белой балюстрадой маячат «лезвия и острия агавы».

Я не знаю, как вы, а мы-то никуда не уезжаем! Мы остаемся в Москве. Отпуск, как и в предыдущие годы, смутен, перспективы неясны. Нас ожидает то, что в статьях модных журналистов и блогеров называется «лето в городе». Подавать с чашкой эспрессо, лимонным чизкейком и винным спритцем под полосатым тентом летнего кафе. Рецепты спритца и его фотографические изображения в изобилии присутствуют тут же, в журнале или блоге.

Не знаю, может, я себя уговорила, но я очень полюбила это самое «лето в городе».

В Тоскане никогда не была, Прованс далек от меня, приблизительно как планета Марс, а вот Москва... Москва все время со мной — или я все время в Москве.

Как мы научились любить это время, когда немного пустеет на дорогах и до центра можно добраться всего за какие-нибудь два с половиной, а то и два часа! Как мы научились гулять по всем этим Кривоколенным и Спасоналивковским переулкам! Когда в нашем городе лето, можно пролезать между машинами, всунутыми плотно, одна к одной, как сельдь иваси в железной банке, не рискуя попасть в селедочный рассол, — то есть в лужи и кашу из снега и химикатов! Лезешь себе и лезешь, и под ногами не хлюпает, и мокасины сухие, красота!

Мы научились заглядывать в старые московские дворики, в которых почти ничего не сохранилось от Поленова, но вдруг в каком-нибудь обнаруживается дровяной или каретный сарай, сложенный из неровного камня, а возле него лопухи и одуванчики, а на столбушке непременно кот. Пыльный, облезлый, серый московский кот-хулиган, который смотрит на нас со снисходительным презрением в желтых глазах.

Мой муж не любит Москву. Он родился в Прибалтике, взрослел и учился в Питере, а это совершенно другая история. Вольный ветер, просторы, чайки. То и дело принимающийся дождь, рваные облака, над которыми всегда синее, как полоса на флаге, небо. К Москве он... привык, как привыкают к неудобствам любого рода, человек же ко всему привыкает!.. Для него прогулки по Воротниковским и Спасопесковским переулкам — блажь романтической супруги, которую несет вечно невесть куда. Да и машину поставить негде — банка переполнена сельдью, еще одну не втиснешь. Впрочем, куда ему деваться!..

Зато когда побродишь как следует в районе Мясницкой, обойдешь дом, где жил Маяковский, заберешься еще поглубже — а пусто в центре, в городе лето, никого не соберешь до октября! — а там серый дом в стиле модерн, и по углам сидят четыре каменные собаки, почему-то повернутые к нам, зрителям, спиной, а в нишах каменные вазы, и непременно маска над входом, и наличники все разные, и где-нибудь на балконе обязательно ящик с цветами — красота! Цветы не выживают в Москве, но есть трогательные энтузиасты этого дела, которые продолжают выставлять на свои балконы ящики с гиацинтами и анютиными глазками, вот спасибо им за это.

После такой прогулки — шут с ним со всем! — я согласна и на чизкейк, и на спритц. Мне уже все это кажется вкусным.

Возьмите немного белого вина, вишневого сока, ложку-другую мартини, холодной газированной воды и влейте все это в хрустальный графин. Сверху насыпьте льда побольше, можно еще добавить замороженной вишни. Вот вам и будет лето в городе!..

МАЛЕНЬКАЯ СОБАКА

Мы решили, что кроме большой собаки нужно завести еще маленькую собаку. Ну чтобы можно было держать ее на руках, чесать поминутно пузо, целовать в морду — в общем, проделывать всякие глупости, которые люди обычно проделывают с маленькими собаками.

Кроме того, большая собака — не моя. Душой и сердцем она предана Жене, моему мужу. Она выбрала его, и на меня если обращает внимание, то только когда он в командировках и ей деваться некуда. А мне обидно — у него есть собственная собака, а у меня как будто нет!..

В общем, искали маленькую собаку и нашли. Она жила довольно далеко от нас, куда-то в сторону от Новорижского шоссе, и в дождливый летний день мы поехали ее «смотреть».

Всякий, кто хоть раз выбирал собаку, знает, что все эти самоуговоры — мол, едем просто так, брать сегодня ни за что не станем — никогда не срабатывают. Нужно сразу захватить с собой деньги, щенячий ошейник и «место» — коврик или старое одеяло. Нет никаких шансов уехать без щенка, самого толстого, самого жизнерадостного, самого веселого.

Мы приехали, и к нам выбежали двое. Один самый толстый, самый розовый, жизнерадостный и ушастый, а второй постарше, угловатый и нелепый грустный подросток, которого никто не брал. Собственно, она — девочка — знала совершенно точно, что приехали не за ней, ее не возьмут и на этот раз, и даже не старалась нам понравиться. Нет, она поприветствовала нас, изо всех сил повертела обрубком хвоста, поставила короткие лапы на Макса, мужа моей сестры, — собаку следует выбирать со всеми имеющимися в наличии родственниками, иначе ничего не выйдет, — и ушла под лавку. И ни за что не выходила.

— Да она у нас засиделась, — сказала про щенка хозяйка. — Сначала вроде брали, и даже залог внесли, а потом что-то поменялось, и они передумали. Потом еще люди приезжали, а она уже выросла, видите?.. Несуразная стала, некрасивая. Теперь вот... не берет никто.

Нелепая и грустная собака-подросток слушала хозяйку из-под лавки. Там, под лавкой, она, видимо, мучилась оттого, что сплоховала и вот теперь для всех обуза, некуда деть, и розовую, веселую, толстую подружку сейчас увезут в другую жизнь, а она останется. На этот раз уж окончательно, навсегда останется одна и без всяких надежд.

— Вот что, — решительно сказала моя сестра, она всегда и все делает решительно. — Вы должны взять обеих. Ты посмотри на нее! Она же красавица! И умница. Но так бывает. Вроде все есть, и ум, и красота, а жизнь не складывается. Как с самого начала не задалось, так и не складывается!..

Я посмотрела на Женю, а он на меня. Я спросила: «Ну что?» — и он ничего не ответил. Нам обоим было понятно, что при всех моих завываниях и уверениях, что я сама стану гулять, кормить и делать все-все, это будет только его докука — три собаки. Три!..

Он молчал, наверное, с полчаса, не меньше. Мы в это время гладили и целовали розовую и пытались выманить из-под лавки черную.

А потом он сказал: «Забираем обеих!» И мы забрали.

Первое время вторая точно знала, что взяли ее из милости, а не из любви. Она старалась лишний раз не попадаться нам на глаза, не шалила и только смотрела настороженно.

Ну вскоре разошлась, конечно. И оказалось, что она не просто собака, а душа-человек!.. Она так любит нас — и жизнь! — так ходит на задних лапах, так ждет под дверью, так кувыркается и радуется, когда все дома! А как она утешает Тимофея, если происходит картина «Опять двойка»! А как жалеет меня, когда я валюсь с ног от усталости!

...Так бывает. Вроде есть и красота, и доброта, и ум, а ничего не складывается, бывает. Но бывает и так, что в одну минуту все меняется, жизнь начинается сначала, и оказывается, что она прекрасна.

Нужно только дотерпеть.

ВИШЕНКА НА ТОРТЕ

Однажды в какой-то телевизионной программе психологи и разные другие умные люди разбирали житейские ситуации. Я была в числе «экспертов», хотя особенным умом не блещу и психологом не являюсь. Я тихо сидела, ожидая, когда меня о чем-нибудь спросят, я тогда что-нибудь отвечу, и меня отпустят домой.

И меня спросили!

— Татьяна, — спросил меня психолог, тонко улыбаясь. — А кому в вашей семье достается самый красивый кусочек торта? Ну, тот самый, на котором вишенка?

Вопрос простенький, на «троечку» вопрос, подумаешь!..

Но я растерялась. Я не знала, что ответить. Я некоторое время смотрела на психолога, как коза, а потом проблеяла, что «не знаю».

Слушайте, я правда не знаю! То есть я понимаю суть, чувствую «второе дно», ловлю подтекст — психолог спрашивает меня сейчас, кто в семье «главный любимый»!

...У нас и тортов-то этих никто не ест, кроме меня. Ни вишневых, ни шоколадных, никаких. То есть я получаю весь торт целиком, вместе со всеми вишенками и шоколадными зайцами, если таковые присутствуют. Я никогда не могу его одолеть, он медленно черствеет, и на него приходится «налегать» нам вдвоем с помощницей Ритусей. Мужики мои не едят тортов, и точка!

Еще они равнодушны к подаркам. Любым. Каким угодно. Это еще с деда Миши повелось. Дед Миша родился в 1910 году и на все именинные и прочие подношения реагировал одинаково. Он говорил: «Благодарю!» — и клал коробку или сверток рядом с собой.

Так же точно поступает мой папа. Когда мы привозим ему подарок, любой, какой угодно, он неизменно указывает нам: «Лучше бы матери чего-нибудь купили!» — и тут же о подарке забывает.

...Кто же, кто получает у нас эту «вишенку на торте»?

День рождения сестры в декабре — праздник и буйство. Море шампанского, хризантемы, приготовления. Как правило, поездка куда-нибудь, хоть в село Вятское, чудесное место под Ярославлем, хоть в Сочи, пусть один денек, да под пальмой, красота!..

Мой собственный день рождения в апреле — праздник и буйство в удесятеренном масштабе. Шампанское с утра, салат с крабами, отгул на работе, диск Максима Леонидова, куча подарков, корзины с цветами, курьеры из издательства, и гости тоже с утра.

Мужские дни рождения, от мала до велика, — на даче все таскают дрова, или ладят забор, или поправляют собачью будку, а потом шашлычок и стопочка. Подарки в пакетах стоят неразобранные, и моя задача — ничего из этих пакетов не забыть, увезти домой.

Н-да...

Восьмого марта подарки никакие, конечно, не предусмотрены, кроме мимозок и тюльпанов, зато бывает торжественный обед из пяти блюд и торт, который, кроме меня, никто не ест. Двадцать третьего февраля, напротив, обед не предусмотрен, лишний выходной можно употребить на разные хозяйственные работы или на лыжный поход, зато предусмотрен ужин. Ужинать едем к папе, у него 23 февраля день рождения. «Лучше бы матери чего-нибудь купили!»

Мне и в голову никогда не приходило, что «вишенка на торте» — тьфу ты, привязалась она ко мне! — может достаться кому-то из... мужчин. Не сестре, не маме, не мне, а, допустим, Максу, Инкиному мужу. Он и тортов-то никогда не ест...

...После передачи я решила вот как: в этом году Восьмого марта я буду изо всех сил поздравлять своих мужчин! Боже мой, как это трудно — жить с нами!

Как иногда невыносимы бываем мы, как несправедливы, как придирчивы, как мы лучше всех все знаем, как любим упрекать и как не любим признавать ошибок! Как много нужно великодушия и широты души, чтобы все это выносить, прощать, не обращать внимания! А они выносят, прощают, не обращают.

Они не едят тортов, и всучить им вишенку не удастся, зато я напеку две кастрюли пирогов — с мясом и с капустой, суну в морозилку стопки, а водочка давно припасена, наварю солянки и накуплю всем по десять пар носков. Почему-то им всегда не хватает носков и штанов!..

А вовсе не вишенок. Хоть бы и на торте.

СИНИЙ ПЛАТОЧЕК

Так получилось, что воевал только дядя Коля, бабушкин брат, единственный из всех. И еще Витя, дядя моего мужа, мальчишкой мечтал отправиться на фронт, и отправился в 45-м году. Две недели состав с ним и еще сотнями мальчишек стоял на путях, а потом грянула победа, и до войны он не доехал, просто не успел. По меркам нашей страны случай почти уникальный. Все остальные члены семьи «работали на оборону» в научных институтах и на заводах, эвакуированных за Урал и в Казань.

В Казани был как раз авиационный завод, и там работали мои бабушка и дед, и с ними моя маленькая мама, которой, когда началась война, стукнуло два года.

Даже мне — третьему поколению! — даже сейчас — прошло семьдесят лет! — трудно писать об этом.

Маленькую маму оставляли в квартире с какими-то совсем древними старухами, которые в силу возраста уже не могли работать и сидели с детьми тех, кто «ковал победу». Это были совершенно посторонние старухи, и это было совершенно нормально. Или с соседками, которые выходили на завод «в другую смену». Потом прибегала бабушка и сидела с мамой и соседскими детьми. Иногда ни старух, ни соседок не было, и мама оставалась совсем одна. Она отлично это помнит до сих пор. Она сидела под столом и ждала, когда кто-нибудь придет. Сидела очень смирно, она знала, что нужно сидеть смирно. Представьте себе трехлетнюю девочку, которая целый день сидит одна под столом и ждет. Представили?..

Дед старался ей... помочь. Он старался ее развлечь. Он сутками работал на заводе, а когда прибегал домой, приносил ей что-нибудь утешительное. Нет, не еду, конечно, какая там еда, не было еды. Однажды принес зайца, сшитого из куска серой тряпки. Это они там, на заводе, сшили, когда после смены у них было часа два-три, чтоб поспать. Они с бабушкой не спали, а шили зайца. Он был бугристый, в комьях, уши разной длины, но у него была дивная морда, нарисованная химическим карандашом, — дед превосходно рисовал. Заяц лежал в коробке из-под прибора — вот это был подарок, вот это счастье!.. С тех пор маме легче было ждать под столом — у нее был заяц.

Для того чтобы ребенок не умер от голода, бабушка, выпросив у военного коменданта завода специальное разрешение, раза два ездила с эшелонами в какой-то более далекий тыл, где еще была еда, и меняла на крупу и сахар довоенные дедовы пальто. Дед был инженер, следовательно, человек состоятельный, ему было тридцать лет, он был очень хорош собой, и у него имелись пальто и даже плащ! Бабушка пересаживалась из теплушки в теплушку, пряталась от начальника поезда, чтоб не ссадил, стерегла узлы, чтоб не украли. В общем, как все. Что тут особенного?

Она была очень хорошенькой, моя бабушка. Похожа на рождественскую открытку 1903 года, где пухлая, кудрявая девочка протягивает розовые ладошки ангелу, спускающемуся с елки. Она такой оставалась всю жизнь. Почти никто и никогда не называл ее Антонина Федоровна, исключительно Тонечка. И еще она хорошо пела.

В каком-то эшелоне солдаты пели под гармошку «Синий платочек», это была новая песня. Ее еще никто не знал! И бабушка всю дорогу ее учила, повторяла, очень боялась, что позабудет. Что тогда делать? У кого спросить слова?

Вернувшись на завод, он спела «Синий платочек» подругам в перерыве. Ее услышал начальник цеха, составил два ящика из-под снарядов, взметнул на них Тонечку и велел петь. Она еще раз спела. Пришли из соседних цехов, и Тонечка опять спела. И после вечерней смены она, стоя на двух ящиках, опять пела.

И так она пела каждый день. И каждый день «Синий платочек» в Тонечкином исполнении слушали голодные, грязные, смертельно усталые люди, которым некуда было отступать, потому что позади Москва и у каждого под столом свой ребенок с прижатым к груди уродливым зайцем.

«Синенький скромный платочек падал с опущенных плеч, ты говорила, что не забудешь...»

БОЖЬЕ МЕСТО

У нас и было-то всего часа два, наверное.

У нас было часа два и очень плохое настроение — из рук вон. Так бывает, когда все поперек, все не ладится, в какую-то больницу надо ехать — господи, как мне надоели больницы! — везти родственников и ждать, чем дело кончится, — господи, как это ужасно, ждать в больнице! И жаловаться не на кого и некому, ничего особенного не происходит, просто время пришло. Никто не молодеет и не здоровеет, а все стареют и болеют, всем нужна помощь, поддержка, в больницу поехать, в командировку проводить, вещи собрать, потом еще подумать о чем-то возвышенном, например о летнем спортивном лагере для Тимофея.

В общем, времени «на отдых на природе» у нас было мало, почти совсем не было.

Муж мой приехал с работы в середине дня и сказал тусклым голосом, что послезавтра, в воскресенье, он опять должен улететь — это ненадолго, может, дня на четыре, а может, на неделю, а в общем, как пойдет. Очень хорошо, сказала я, скатертью дорога. Кажется, сумка твоя так и стоит неразобранная. Мы вытащим оттуда ватные штаны, ибо в тот раз ты летал за полярный круг, и всунем плавки, ибо в этот раз планируется южное направление.

— Подожди ты острить, — сказал он по-прежнему тускло. — Я сегодня больше на работу не поеду. Давай куда-нибудь съездим... по старой памяти.

— По старой памяти — это, значит, куда? — не поняла я.

Оказалось, что в лес. Ну как раньше ездили, когда дети были маленькие, деревья, соответственно, большие, березы белые, машина была «Нива», и мы страшно ее любили, потому что наша «Нива» лезла через любую лужу и любую размолотую трактором грязь, и только двигатель ее бодро и радостно урчал. Нашей «Ниве» нравилось возить нас в лес!..

Ругая Женьку, которого скрутил приступ сентиментальности — такое бывает крайне редко, — я нашла какие-то брезентовые штаны — с трудом нашла, между прочим! — косынку голубого цвета, клетчатую рубаху и какую-то торбочку. Зачем ездят в лес? В лес ездят, чтобы собирать ягоды и грибы на лесной поляне. До грибов дело не дошло, рано еще, выходит, едем за ягодами.

...И мы поехали!

Мы поехали «как раньше» — деревнями и узкими дорожками, чтобы не угодить в пятничные толпы страждущих вырваться из «каменных джунглей».

Мы проехали Тимонино, Коренево, Собакино, поворот на проселок и съезд в лес в Никитском, это мы помнили со времен «когда деревья были большие», а дети маленькие и нас везла «Нива». Ничего вокруг не узнать, конечно. Дачные кооперативы «Ромашки», кафе «У Клавы» и хинкальные «Вкус № 1».

Но все-таки лес мы нашли. Он еще цел пока.

Мы пошли через поле — как нормальные люди, в брезентовых штанах и с торбочкой, и солнце палило так, что пришлось скинуть с плеч клетчатые рубахи, и мы удивились друг другу — под этим солнцем и на этом поле оказалось, что у нас какие-то неправдоподобно бледные лица и такие же белые, как тесто, руки.

Мы дошли до косогора, до берез, и здесь было просторно и прохладно, и даже оводы не летали. Бабушка моя очень любила это место, называла его «божье», именно потому, что ветерок и никаких оводов. В колеях старой, заросшей мелким кустарником и иван-да-марьей дороги мы углядели крепенький белый гриб с кофейной шляпкой, а потом еще и еще один! Мы аккуратно срезали их и складывали в торбочку, и она моментально и приятно потяжелела. Березы шумели высоко-высоко, и небо было просторное, жаркое, какое бывает только в начале лета, когда все самое лучшее еще впереди.

Мы долго бродили по лесу, поверх боровичков насыпали еще две горсти земляники — на самом деле мы больше ели, чем собирали, а это уж так, детям и чтоб пахло! Нет более прекрасного запаха на земле, чем запах земляники.

Мы вернулись затемно, и в этот момент мы очень любили друг друга и нашу жизнь, которая, оказывается, была и осталась прекрасна.

КРУГОМ ВРАГИ

Она — чертовски талантливая артистка. В таких случаях принято говорить — с большой буквы. Другие, менее талантливые, начинаются с обычных, менее больших, а она — именно с большой.

Нет, в ее случае все буквы должны быть большими — АРТИСТКА, вот так.

Он — гениальный артист. Не просто какой-то там талантливый! Буквы даже не большие, а огромные — ГЕНИАЛЬНЫЙ.

И у них ЛЮБОВЬ.

Не просто там как у всех, обыкновенная, серая, будничная, в которой дети орут, родители болеют, вечно денег нет, на работе зарплату не прибавляют, а, наоборот, вот-вот уволят, дома холодно, а квартплату все повышают, и скоро Новый год, нужно всем подарки покупать, у младшего по алгебре два, зато по русскому четыре с минусом, сапоги развалились, они же китайские, как им не развалиться, и резина на машине лысая совсем, и посреди всего этого — любовь. Вот и разберись, как с ней быть, с этой простой и обыкновенной любовью. Никак не быть. Есть она и есть. Хорошо.

У них — не так. У них все на сверхвысоких температурах и бешеных скоростях. У них ураган эмоций и страстей. Они — как натянутая струна, на которой играет гениальный Паганини. Они — как Пастернак и Ольга. Они — добро и зло, слитое в знаке Великого Предела. Они — вечное странствие и вечный дом, обретенный в конце пути. Они...

Ох, с моей страстью к «красивостям» я тут могу придумывать до бесконечности. Самое смешное, когда я говорю эдакие глупости про струны и Великий Предел, ей очень нравится, честно! Она замирает, прикрывает в экстазе глаза и подтверждает — да, это все про нас! Про меня и про него!..

В чем тут дело, я не знаю. Может, в необходимости все преувеличивать по актерской привычке и в этой преувеличенной реальности жить, потому что в масштабе один к одному скучно и тесно?..

И вот, у них враги. Вселенная ополчилась против них, чтобы растоптать их любовь — ни больше ни меньше. Им отчаянно завидуют — их молодости, красоте, успеху, дочурке и, главное, их любви! Весь мир устремил на них недоброжелательные взоры с единственной целью — стереть с лица земли, заставить страдать, погубить, довести до разлуки. Они борются, но!.. В театре наушники и шпионы доносят главному режиссеру подробности их любви, режиссер люто завидует и лишает их главных ролей. Этому режиссеру восьмой десяток, он чрезвычайно знаменит, чертовски ироничен, чудовищно умен, но — не может себя сдержать, пакостит этим, которым по двадцать семь и они уже снялись в трех концептуальных фильмах. Один из них даже показали по

ТВ в ночь со вторника на среду, большой успех. В кино завистники и ревнивцы выкидывают их из кастингов — завидуют любви — и не дают работы по мере таланта. На вечеринках на нем всегда виснет пара-тройка красавиц, задавшихся целью их разлучить и разрушить любовь. Ему на почту приходит в день по полдюжине подметных писем, компрометирующих любимую.

...Как жить?!

Ребята, блею я, когда в очередной раз за очередным кофе они рассказывают мне о происках злодеев, может, дело не в любви и зависти, а в том, что вы оба то и дело в истерических припадках и с вами просто очень... неудобно, неловко? Не только режиссерам и кастинг-директорам, но и коллегам, подругам, соседям, продавщицам, няням дочурки, которых сменился уже десяток? Может, нужно как-то... в рамочках? Ну, если и ролей хочется, и работы интересной, и в выходные с друзьями на шашлыки? Может, хоть там, на шашлыках, стоит воздержаться и не вовлекать присутствующих в сверхвысокие бешеные эмоции, ваши личные? Ведь они у нас у всех, эмоции-то, но мы как-то стараемся вести себя прилично.

Впрочем, я понимаю — вести себя прилично очень скучно. Тихо растить свой сад — вообще долгая и трудная работа. Р-р-разметать все гораздо прикольней!..

И враги тут ни при чем. Нет никаких врагов.

НОВЫЕ ЗОЛУШКИ

Вот молодой корреспондент. Он приехал ко мне домой — семь верст до небес, и все лесом. Он нервничает — обратно ехать опять семь верст до небес, и все в пробках. Он спешит — материал горит, дым валит. Он начинает с золушек — с чего еще ему начинать, он точно знает, кто это такие, и он решительно не знает, кто я.

— Татьяна, — говорит он и облизывает сухие от взвинченности и спешки губы. — Вот вы все время пишете про золушек! Почему вы все время пишете о золушках?!

...Не знаю, что ответить, и тоже начинаю нервничать и потеть. Признаться, что не пишу я ни о каких золушках?..

Итак, есть схема. Всеобщим достоянием на века ее сделал Шарль Перро, хотя и до него она вполне себе прекрасно существовала, например, в балладах о храбрых рыцарях и несчастных красавицах. Вот она — несчастное создание в силу ряда причин. Она должна быть бедной, обиженной, падчерицей, нищенкой, в общем, котенок-сирота. Вот он — благородный, храбрый, на коне, в плаще, с гитарой и шпагой, в сапогах-скороходах, на ковре-самолете. В общем, победительный мужчина. Они встречаются — на балу, на охоте, на болоте. Они влюбляются друг в друга. Окружающие строят им козни и пытаются помешать их любви осуществиться. Летают нетопыри. После некоторых испытаний влюбленные соединяются. Золушка становится принцессой. Играет оркестр.

Ничего не забыла? Все детали на месте?..

Ну да, вроде все на месте.

Что же, черт возьми, в этой схеме такого, что не дает нам, читателям и писателям, покоя уже некоторое количество столетий?! Что так берет за душу? Награда нашла героя? Золушка после страданий получила дворец, кучера с каретой и целый шкаф с платьями вместо одного предательского платья, которое растаяло в полночь заодно с кучером и каретой?.. Добро восторжествовало, зло наказано, то есть мачеха и сестры не получили штампа в паспорте «ж. п-ца» — жена принца?.. Утверждены некие стандарты красоты, что ли?.. Ножка должна быть маленькой-маленькой, а душа огромной-огромной?

Что?.. Что?!

Почему любая — подчеркиваю, любая! — история о счастливой любви без надрыва, психопатии и попыток суицида непременно называется «историей Золушки»?! Мало ли историй и схем, где награда находит героя, а все ж именно Золушка застит нам глаза. Именно она — устойчивый и понятный образ, скажешь Золушка, и ничего не нужно ни добавлять, ни объяснять. Сразу ясно — хорошая девушка пропадала ни за грош, но появился принц, все оценил и понял, спас, теперь она больше не пропадает, а, напротив, процветает во дворце с конем и кучером.

Так что в основе восторга-то? Что хорошая или что во дворце? Тут стоит задуматься, и бедному корреспонденту никуда не деться — придется ждать, покуда я задумаюсь.

Мне кажется, что хороша во всей этой истории именно... окончательность награды. Это уж такая награда, после которой никак нельзя сказать «но». К примеру, они были счастливы, но бедствовали до конца дней. Они были благополучны до конца дней, но счастья не было. Они любили друг друга, но вскоре разлюбили. Они мечтали соединиться в счастии любви, но им помешали. Так вот, ничего этого нету, нету «но»!.. Очень утешительно, когда награда полная и окончательная — и выигрыш миллиона по трамвайному билету, и любовь до гроба, и кучер с конем. Очень утешительно, когда можно не бояться, что все развалится, рассыплется, пойдет прахом, например, потому что денег нету, или принц подлец, или негодяи напакостят. Не рассыплется и не развалится, потому что любовь стоит на бетонном постаменте материального благополучия, а негодяи повержены еще до прихода счастья. Счастье в полной безопасности, девочки. Не волнуйтесь.

То есть получается, что важны оба пункта: Золушка «хорошая», и за то, что она «хорошая», ей достается любовь не свинопаса, а принца. Может, свинопаса любить тоже интересно, кто его знает. Но после всех хлопот с чугунками, там, с корчагами, с работой по ночам, с преодолением оскорбительных нападок родственников, с их вечным недовольством, после дикой усталости, когда не хочется ничего, только спать, после этого вечного дурацкого грязного передника и пыточных деревянных башмаков, которые месят непролазную грязь скотного двора, как-то совсем не хочется свинопаса. И не хочется разбирать, хорошо с ним было бы или плохо. Как-то не до этого. Как-то хочется отдыхать во дворце в красивом платье. И дворец сбывается тоже!..

Думаю, нас как раз и привлекает получение всего и сразу. Для постиндустриального общества, видимо, вусмерть уставшего от создания материальных ценностей, работы на производстве, борьбы за существование — чугунки ворочать — это вам не на лютне играть! — очень привлекательна идея отдыха. От всего. Тяжелое и грязное прошлое прочно забыто, его не было. Будущее надежно устроено и стоит на бетонном постаменте. В настоящем сытно, богато, красивая любовь присутствует. Можно отдыхать.

Поэтому и фильмов так много снято про золушек — или отдыхающим кажется, что про золушек. И книг много написано, опять же отдыхающие достраивают истории, изложенные в книгах, до золушкиных, чтоб уж ни о чем не беспокоиться, а продолжать отдыхать.

Что в этом плохого? Ничего! Все прекрасно!..

Но тут опять бы притормозить и еще немного подумать.

...Вот эта мечта, чтоб все и сразу, так ли уж безобидна и мила? Ну мечта мечтой, а насколько хороша жизненная схема, которая приводит нас в умиление? Ведь если уж ею руководствоваться всерьез, она может завести вовсе не туда, и мне кажется, что уже завела многих. С Золушкой-то все более или менее понятно, она заплатила за любовь и материальное благополучие мытарствами предыдущей, допринцевой и додворцовой жизни. А здесь, по эту сторону телевизионных приемников, планшетов и прочих инстаграмов как все происходит? Какая цена должна быть заплачена за Золушкино счастье? Какие мытарства должны пойти в зачет, а какие пойти в зачет не могут решительно?

Вот тут всякие сложности возникают. Разные нюансы вмешиваются. Сомнения одолевают.

Весь мир знает, как нелегко жилось принцессе Диане. Ох ты господи. Также мы охвачены некоторыми трудностями жизни принцессы Грейс

Келли. Страшные дела творились, страшные. Интриги всякие. Папарацци. Наветы и клевета. Воспоминания бывших охранников, сокольничих, постельничих, янычар. Все довольно гадкие. Бракоразводные процессы. Бедные дети, бедные родители. Бедные принцессы.

Нам до них есть дело. Им нет никакого дела до нас. Они герои мифов, мы эти мифы творим на свое усмотрение, а потом сами потребляем и удивляемся, что приготовлены они как-то скверно, после них как-то жить грустно. Вон у Золушки все было по-другому! Где тут мой фильм «Красотка», поставлю-ка, посмотрю еще разок!.. Почему в жизни золушкина схема то и дело дает сбой? Почему в худшем случае Золушка умирает, в лучшем — разводится, у нее остаются алименты, кучер и карета, вырисовывается скандальный роман со скандальным футболистом или стриптизером, и готово дело, сказка полностью погибла? Чего не хватает в рецепте магистра Перро? Почему ртуть превращается в золото только лишь на бумаге, в планшете и прочем инстаграме? Какого именно волшебного ингредиента не хватает золушкиным историям в жизни?..

Я вам скажу какого, и вы будете смеяться, как дети!..

Ингредиент называется любовь, и его не хватает.

Видите ли, в чем дело, в сказке этот ингредиент подразумевается и входит в базовую систему координат, как и железобетонное материальное благополучие. О нем не особенно много и говорится. Принц полюбил Золушку, Золушка полюбила принца. Все остальное именно из этого и проросло — крыса превратилась в кучера, тыква в карету, обноски и передник в бальное платье. Не наоборот! Целью жизни не были ни палаты царские, ни выезд, ни горностаи, ни карьера первой статс-дамы. Собственно, у Золушкиной жизни не было вообще никакой цели, покуда не явился принц, и вместе с ним явилась цель — счастье вдвоем. В реальности все немного иначе. В реальности любовь никак невозможно установить на железобетонный постамент, зацементировать и любоваться. В жизни она, бывает, и умирает или вообще не является, или ею прикидываются другие, гораздо более простые и плоские чувства. А без нее нету истории Золушки! Есть история принцессы Дианы — очень несчастной, очень. Или история еще какой-нибудь страдалицы — работала она себе в огороде, потом поняла, что больше не хочет и не может пропадать, и стала предпринимать адские усилия, чтоб из огорода как-то выбраться. В ряде случаев эти усилия не пропадают даром, страдалица из огорода постепенно и не слишком быстро перемещается в бальную залу, а там случайно болтается какой-нибудь принц, или сэр, или пэр. На этом этапе совершенно не важно, плох он или хорош, может, он наркоман, или тупица, или бабник, волочится за каждой юбкой. Он — последний мазок в картине. Бывшая огородница подцепляет его на крючок и некоторое время чувствует себя окончательной принцессой, вот же и штамп в паспорте «ж. п-ца». А дальше все. Дальше начинаются страдания, метания, разводы и романы с футболистами, бедные дети, бедные родители.

Как правило, у золушек и принцев из действительности, а не из сказки, отсутствует самое главное — общий путь. Не в смысле совместного строительства материального благополучия, а в смысле сходного детства, одинаковых учителей грамматики и французского языка, похожих канонов воспитания, железного понимания, что такое хорошо и что такое плохо, и т. д. Любовь, даже если она и заходит к ним на минутку, быстро не выдерживает и ретируется. Вместе с ней ретируется и надежда на сказку.

И вот тут — опля, какой кульбит! — становится ясно, почему каждая история о счастливой любви представляется нам, читателям и зрителям, историей Золушки. Именно потому, что история о ЛЮБВИ. Какое-никакое материальное благополучие под горячую руку принимается нами за «приваловские миллионы», и мы любуемся любовью, достраивая картины катаний на яхте, дарения островов и бриллиантов «Шах» на рождение малютки, швейцарские шале и часы на День святого Валентина (Петра и Февронии), горностаевые мантии и трехметровую ель на Новый год.

Ничего этого может не быть в действительности. Есть только ЛЮБОВЬ, а все остальное мы придумываем, и нам этого достаточно для счастья.

Может, поэтому сейчас мир с таким удовольствием наблюдает за Уильямом и Кэтрин, считает их детей, мусолит их фотографии, прикидывает, как они там живут на его офицерскую зарплату, — все надеются, может, хоть эта история про любовь?! Может, у них хватит сил, терпения, чувства юмора эту самую любовь не губить и топтать, а растить и оберегать, и она не погибнет?.. Может, не бедные дети, бедные родители, а счастливые дети и родители?! Ну, пожалуйста, ребята! Ну хоть на этот раз!!!

Дворцы, «Роллс-Ройсы», изумрудные лужайки, берилловые диадемы, собачки корги, Вестминстерские аббатства — чудные, прелестные декорации к истории о любви. Смотреть на них без этой истории скучно, мы время от времени видим их в «Новостях», ну и что?! Нам-то они интересны именно и исключительно потому, что из «Роллс-Ройса» молодой отец вытаскивает корзину с младенцем, пятисотлетние газоны попираются кедами бутуза, а берилловая диадема украшает голову сияющей от счастья молодой матери и жены! И даже если — ну предположим — назавтра диадемы и аббатства провалятся в тартарары, эти двое прекрасно справятся. У них же останется его офицерская зарплата, он, в конце концов, вертолетчик, а не просто какой-то там прощелыга-принц! И что тут такого?! Ничего! Ведь ЛЮБОВЬ-то останется. Дай бог.

Вот, дорогой мой корреспондент. Об этом я и пишу. Я пишу истории о любви, которая сама по себе и есть окончательная награда, если она не больная, не бешеная, не выматывающая душу. Иногда я придумываю к ней красивые декорации — дома, машины, лужайки, а иногда и декораций никаких не придумываю, полным-полно историй, где герои живут в панельных домах и работают, скажем, в больнице!.. Это вам так сгоряча кажется, что все они про золушек. Ничего подобного.

Они все про людей, которым повезло встретить любовь и не убить, не пропустить, а остаться с ней рядом и стараться и дальше, чтобы она никуда не делась. Вот и ответ на ваш вопрос!..

Гораздо лучше меня его сформулировал писатель Дмитрий Быков, которого очень трудно заподозрить в том, что он любитель историй про золушек. «На самом деле все мы золушки, — сказал он мне как-то в разговоре, — и мужики и бабы. Все мы что-то трудимся, устаем, в себя не верим, чугунки ворочаем. До той самой поры, пока в одних-единственных глазах не увидим восторг и подтверждение: да, я самый лучший, самый умный, самый талантливый и нужный! Хоть в опорках, хоть в трусах, хоть в лохмотьях, какая разница! И в этот момент мы рррраз, и превращаемся из золушек в принцев и принцесс!»

Мы с Димкой давно превратились. Чего и вам желаем.

Литературно-художественное издание

ТАТЬЯНА УСТИНОВА. ПЕРВАЯ СРЕДИ ЛУЧШИХ

Устинова Татьяна Витальевна

СВИДАНЬЕ С БОГОМ У ОГНЯ
Разговоры о жизни, любви и самом важном

Руководитель группы *И. Архарова*
Ответственный редактор *А. Антонова*
Младший редактор *А. Залетаева*
Художественные редакторы *С. Груздев, А. Аверьянов*
Технический редактор *Г. Этманова*
Компьютерная верстка *Г. Балашова*
Корректор *В. Соловьева*

ООО «Издательство «Эксмо»
123308, Москва, ул. Зорге, д. 1. Тел.: 8 (495) 411-68-86.
Home page: www.eksmo.ru   E-mail: info@eksmo.ru
Өндіруші: «ЭКСМО» АҚБ Баспасы, 123308, Мәскеу, Ресей, Зорге көшесі, 1 үй.
Тел.: 8 (495) 411-68-86.
Home page: www.eksmo.ru   E-mail: info@eksmo.ru.
Тауар белгісі: «Эксмо»
Интернет-магазин : www.book24.ru
Интернет-магазин : www.book24.kz
Интернет-дүкен : www.book24.kz
Импорттаушы в Республику Казахстан ТОО «РДЦ-Алматы».
Қазақстан Республикасындағы импорттаушы «РДЦ-Алматы» ЖШС.
Дистрибьютор и представитель по приему претензий на продукцию,
в Республике Казахстан: ТОО «РДЦ-Алматы»
Қазақстан Республикасында дистрибьютор және өнім бойынша арыз-талаптарды
қабылдаушының өкілі «РДЦ-Алматы» ЖШС,
Алматы қ., Домбровский көш., 3«а», литер Б, офис 1.
Тел.: 8 (727) 251-59-90/91/92; E-mail: RDC-Almaty@eksmo.kz
Өнімнің жарамдылық мерзімі шектелмеген.
Сертификация туралы ақпарат сайтта: www.eksmo.ru/certification
Сведения о подтверждении соответствия издания согласно законодательству РФ
о техническом регулировании можно получить на сайте Издательства «Эксмо»
www.eksmo.ru/certification
Өндірген мемлекет: Ресей. Сертификация қарастырылмаған

Подписано в печать 16.04.2019. Формат 84x108 $^1/_{32}$.
Гарнитура «Journal». Печать офсетная. Усл. печ. л. 18,48.
Тираж 35 000 (2-й завод - 3000) экз. Заказ 6400.

Отпечатано с электронных носителей издательства.
ОАО "Тверской полиграфический комбинат". 170024, г. Тверь, пр-т Ленина, 5.
Телефон: (4822) 44-52-03, 44-50-34, Телефон/факс: (4822)44-42-15
Home page - www.tverpk.ru Электронная почта (E-mail) - sales@tverpk.ru

16+

Оптовая торговля книгами «Эксмо»:
ООО «ТД «Эксмо». 123308, г. Москва, ул.Зорге, д.1, многоканальный тел.: 411-50-74.
E-mail: reception@eksmo-sale.ru

По вопросам приобретения книг «Эксмо» зарубежными оптовыми
покупателями обращаться в отдел зарубежных продаж ТД «Эксмо»
E-mail: international@eksmo-sale.ru

International Sales: International wholesale customers should contact
Foreign Sales Department of Trading House «Eksmo» for their orders.
international@eksmo-sale.ru

По вопросам заказа книг корпоративным клиентам, в том числе в специальном
оформлении, обращаться по тел.: +7 (495) 411-68-59, доб. 2261.
E-mail: ivanova_ey@eksmo.ru

Оптовая торговля бумажно-беловыми
и канцелярскими товарами для школы и офиса «Канц-Эксмо»:
Компания «Канц-Эксмо»: 142702, Московская обл., Ленинский р-н, г. Видное-2,
Белокаменное ш., д. 1, а/я 5. Тел./факс +7 (495) 745-28-87 (многоканальный).
e-mail: kanc@eksmo-sale.ru, сайт: www.kanc-eksmo.ru

В Санкт-Петербурге: в магазине «Парк Культуры и Чтения БУКВОЕД», Невский пр-т, д. 46.
Тел.: +7(812)601-0-601, www.bookvoed.ru

Полный ассортимент книг издательства «Эксмо» для оптовых покупателей:
Москва. ООО «Торговый Дом «Эксмо». Адрес: 123308, г. Москва, ул.Зорге, д.1.
Телефон: +7 (495) 411-50-74. E-mail: reception@eksmo-sale.ru
Нижний Новгород. Филиал «Торгового Дома «Эксмо» в Нижнем Новгороде. Адрес: 603094,
г. Нижний Новгород, ул. Карпинского, д. 29, бизнес-парк «Грин Плаза».
Телефон: +7 (831) 216-15-91 (92, 93, 94). E-mail: reception@eksmonn.ru
Санкт-Петербург. ООО «СЗКО». Адрес: 192029, г. Санкт-Петербург, пр. Обуховской Обороны,
д. 84, лит. «Е». Телефон: +7 (812) 365-46-03 / 04. E-mail: server@szko.ru
Екатеринбург. Филиал ООО «Издательство Эксмо» в г. Екатеринбурге. Адрес: 620024,
г. Екатеринбург, ул. Новинская, д. 2щ. Телефон: +7 (343) 272-72-01 (02/03/04/05/06/08).
E-mail: petrova.ea@ekat.eksmo.ru
Самара. Филиал ООО «Издательство «Эксмо» в г. Самаре.
Адрес: 443052, г. Самара, пр-т Кирова, д. 75/1, лит. «Е».
Телефон: +7(846)207-55-50. E-mail: RDC-samara@mail.ru
Ростов-на-Дону. Филиал ООО «Издательство «Эксмо» в г. Ростове-на-Дону. Адрес: 344023,
г. Ростов-на-Дону, ул. Страны Советов, д. 44 А. Телефон: +7(863) 303-62-10. E-mail: info@rnd.eksmo.ru
Центр оптово-розничных продаж Cash&Carry в г. Ростове-на-Дону. Адрес: 344023,
г. Ростов-на-Дону, ул. Страны Советов, д. 44 В. Телефон: (863) 303-62-10.
Режим работы: с 9-00 до 19-00. E-mail: rostov.mag@rnd.eksmo.ru
Новосибирск. Филиал ООО «Издательство «Эксмо» в г. Новосибирске. Адрес: 630015,
г. Новосибирск, Комбинатский пер., д. 3. Телефон: +7(383) 289-91-42. E-mail: eksmo-nsk@yandex.ru
Хабаровск. Обособленное подразделение в г. Хабаровске. Адрес: 680000, г. Хабаровск,
пер. Дзержинского, д. 24, литера Б, офис 1. Телефон: +7(4212) 910-120. E-mail: eksmo-khv@mail.ru
Тюмень. Филиал ООО «Издательство «Эксмо» в г. Тюмени.
Центр оптово-розничных продаж Cash&Carry в г. Тюмени.
Адрес: 625022, г. Тюмень, ул. Алебашевская, д. 9А (ТЦ Перестройка+).
Телефон: +7 (3452) 21-53-96/ 97/ 98. E-mail: eksmo-tumen@mail.ru
Краснодар. ООО «Издательство «Эксмо» Обособленное подразделение в г. Краснодаре
Центр оптово-розничных продаж Cash&Carry в г. Краснодаре
Адрес: 350018, г. Краснодар, ул. Сормовская, д. 7, лит. «Г». Телефон: (861) 234-43-01(02).
Республика Беларусь. ООО «ЭКСМО АСТ Си энд Си». Центр оптово-розничных продаж
Cash&Carry в г.Минске. Адрес: 220014, Республика Беларусь, г. Минск,
пр-т Жукова, д. 44, пом. 1-17, ТЦ «Outleto». Телефон: +375 17 251-40-23; +375 44 581-81-92.
Режим работы: с 10-00 до 22-00. E-mail: exmoast@yandex.by
Казахстан. РДЦ Алматы. Адрес: 050039, г. Алматы, ул. Домбровского, д. 3 «А».
Телефон: +7 (727) 251-59-90 (91,92). E-mail: RDC-Almaty@eksmo.kz
Интернет-магазин: www.book24.kz
Украина. ООО «Форс Украина». Адрес: 04073 г. Киев, ул. Вербовая, д. 17а.
Телефон: +38 (044) 290-99-44. E-mail: sales@forsukraine.com

Полный ассортимент продукции Издательства «Эксмо» можно приобрести в книжных
магазинах «Читай-город» и заказать в интернет-магазине www.chitai-gorod.ru.
Телефон единой справочной службы 8 (800) 444 8 444. Звонок по России бесплатный.

Интернет-магазин ООО «Издательство «Эксмо»
www.book24.ru
Розничная продажа книг с доставкой по всему миру.
Тел.: +7 (495) 745-89-14. E-mail: imarket@eksmo-sale.ru

EKSMO.RU
новинки издательства

ISBN 978-5-04-100323-4

9 785041 003234 >

В доме упоительно тепло и так пахнет, что немедленно хочется всего и побольше, и всю ночь мы будем хохотать, вкусно есть, скакать, орать, плясать вокруг елки и старой сирени, разворачивать подарки.

...А я представляю себе, как под елкой поедет паровоз с Дедом Морозом, а в мешке у него будут серьги, и как она их найдет, и вденет в уши, и станет бегать к зеркалу и целовать своего любимого мужа, а на сугробах будут лежать акварельные пятна от разноцветных витражей.

Потерять, разломать, не услεдить, сделать недовольное лицо, зачитать приговор гораздо проще, чем сохранить, уберечь, сделать счастливое лицо и добиться помилования! Несчастным и нелюбимым вообще быть проще, чем счастливым и любимым, ибо любовь и счастье — большая работа!

И я ей очень благодарна, Ларисе. За последний год, за то, что мы здесь и сейчас, и только об этом и нужно думать, и помнить, а все остальное — чушь и ерунда.